Festungen in Baden-Württemberg

AF328862

Deutsche Festungen, Band 3

Herausgegeben von der Deutschen Gesellschaft für Festungsforschung e.V., Wesel

Christian Ottersbach · Heiko Wagner · Jörg Wöllper

Festungen in Baden-Württemberg

SCHNELL + STEINER

Umschlagabbildung: Der gewaltige Klotz der ehem. württembergischen Landesfestung Hohenneuffen überragt weithin das Albvorland.

Satz und Druck: Erhardi Druck GmbH, Regensburg
Umschlaggestaltung: Astrid Riege, Regensburg und Anna Braungart, Tübingen

Bibliografische Information der Deutschen Nationalbibliothek:
Die Deutsche Nationalbibliothek verzeichnet diese Publikation
in der Deutschen Nationalbibliografie; detaillierte bibliografische
Daten sind im Internet über <http://dnb.dnb.de> abrufbar.

1. Auflage 2014
© 2014 Verlag Schnell & Steiner GmbH,
Leibnizstr. 13, D-93055 Regensburg
ISBN 978-3-7954-2826-6

Weitere Informationen zum Verlagsprogramm erhalten Sie unter:
www.schnell-und-steiner.de

„Und obgleich um die Stadt herum einige Berge liegen,
meynen doch erfahrne Kriegsleute, es könnte kein Stuckschuß
der Stadt einen Schaden thun, weil sie sehr wohl verschantzt ist,
und treffliche Vorwercker hat [...]. Dann ist es nicht möglich,
dass der von Erden auffgeworffene und hundert Schuh breite
Wall mit Stuck-Kugeln solle können niedergeworfen werden.
Die Mauren aber sind niederer, dass man sie nicht treffen kann;
könnte man also eher ein ganzes Königreich ruiniren, als diese
Stadt erobern. Wann ein Julius Caesar oder sonst einen von
denen Helden, welche viele Städt und gantze Länder zerstört haben,
sollte wundern, über die ungemeine Befestigung und unterirdische
Wercker dieser und anderer Städte in Teutschland.“

*(Martin Crusius 1596 über Schorndorf in: Schwäbische Chronik [...] Aus dem Lateinischen übersetzt,
und mit einer Continuation vom Jahr 1596 bis 1733, hg. v. Johann Jacob Moser 1738, Bd.1, S. 399)*

Inhaltsverzeichnis

Vorwort

Die Deutsche Gesellschaft für Festungsforschung, 1981 in der ehemaligen Festungsstadt Wesel gegründet, hat sich zum Ziel gesetzt, die wissenschaftliche Erforschung des historischen Festungswesens zu fördern und sich für die zukunftsorientierte Erhaltung entsprechender Relikte einzusetzen. Zu diesem Zweck gibt sie die Periodika „Festungsjournal" und „Festungsforschung" heraus. Mit der seit 2008 bestehenden Buchreihe „Deutsche Festungen" werden ausgewählte, bedeutende Festungen aus den verschiedenen Bundesländern vorgestellt, um ein breites Publikum auf die Bauwerke aufmerksam zu machen und zur Besichtigung anzuregen. Besuchern und Festungsinteressierten wird mit den Beiträgen ein Überblick über den Bestand und die Geschichte dieser historischen Orte gegeben. Die einzelnen Bände der Buchreihe stellen somit den idealen Reisebegleiter dar.

Nach den beiden Bänden Bayern und Hessen liegt mit diesem Buch ein Titel zu Baden-Württemberg vor. Das Bundesland, das einst eine Vielzahl von kleinen und mittleren Territorien umfasste, weist einen ausgesprochen reichen Festungsbestand auf. Vor allem aus der Frühzeit des Festungsbaus im 15. und 16. Jh. haben sich zahlreiche Anlagen erhalten, während die großen Festungen des 17. bis 19. Jh. am immer wieder umkämpften

Oberrhein spätestens mit dem Versailler Vertrag weitgehend geschleift wurden. Doch verfügt Baden-Württemberg mit der ehemaligen Bundesfestung Ulm über eines der größten Festungsensembles in Europa, dessen Fortgürtel in weiten Teilen intakt geblieben ist. Neben den Festungen der großen Landesfürsten wie der Kurfürsten von der Pfalz oder den Herzögen von Württemberg blieb eine ganze Reihe von reichsritterlichen und gräflichen Festungen erhalten. So bietet das Land einen Querschnitt durch die Geschichte des europäischen Festungsbaus von seinen Anfängen bis zu den Stahlbetonwerken des Westwalles in der ersten Hälfte des 20. Jh.

Die Forschungslage zu vielen Anlagen ist bis heute recht dürftig, andere sind gut aufgearbeitet. Entsprechend waren umfangreichere Recherchen und Vorarbeiten nötig. Vor allem wurde versucht, bislang weitgehend unbekanntes Planmaterial aus Bibliotheken und Archiven zu präsentieren.

Zur Entstehung des Buches haben zahlreiche Institutionen und Einzelpersonen beigetragen. Zu danken ist hier neben der Württembergischen Landesbibliothek und dem Hauptstaatsarchiv in Stuttgart der Landes- und Hochschulbibliothek in Darmstadt, dem Landesamt für Denkmalpflege beim Regierungspräsidium Stutt-

gart, dem Geschichtsverein Rastatt e. V.,
Guido von Büren, Regine Dendler, Sö-
ren Galster, Till Kiener (Geschichtsverein
Bietigheim-Bissingen e. V.), Stefan King,
Manfred Müller, Timm Radt, Michael Sai-
le, Hans Ulrich, Dr. Klaus Weber, Achim
Wendt sowie den Familien Gutschmann
und Ottersbach. Ein abschließender Dank
geht an den Verlag Schnell & Steiner für
die gute Zusammenarbeit.

Wir wünschen Ihnen, liebe Leser, nun
spannende Entdeckungen zwischen Main
und Bodensee, an Neckar, Oberrhein und
Oberer Donau.

Andreas Kupka,
Präsident der Deutschen Gesellschaft
für Festungsforschung

Dr. Anja Reichert-Schick,
Geschäftsführerin der Deutschen
Gesellschaft für Festungsforschung

Dr. Christian Ottersbach,
Dr. Heiko Wagner, Jörg Wöllper
Autoren und Mitglieder der Deutschen
Gesellschaft für Festungsforschung

*Baden-Württemberg ist reich an frühen Fes-
tungen des 15. und 16. Jahrhunderts. Viele Burgen wurden mit Geschütztürmen für die Verteidigung mit Feuerwaffen nachgerüstet, so auch
die Deutschordensburg Neuhaus bei Igersheim
an der Tauber. Ein mächtiger Batterieturm aus
der 1. Hälfte des 16. Jahrhunderts schützt den
Zugang und die Angriffsseite.*

Festungen 16. - 18. Jahrhundert

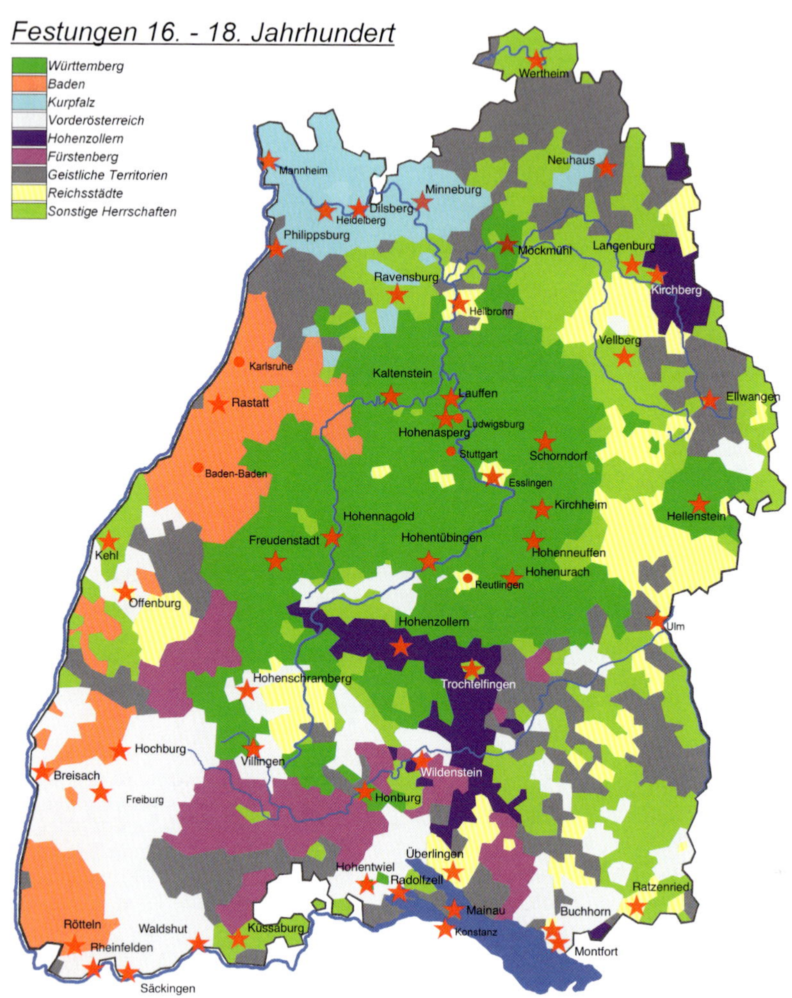

Festungen in Baden-Württemberg 1440–1945
Eine Einführung

Die Entwicklung des Festungsbaus in Südwestdeutschland verlief keinesfalls geradlinig. Er ist sehr vielfältig und zeigt durchaus eigenständige Schöpfungen. Immer wieder erscheinen neben vermeintlich „modernen" Wehrelementen Rückgriffe auf ältere Formen. Das zeigt die Abhängigkeit des Festungsbaus von der jeweiligen Geländesituation, den finanziellen Ressourcen oder der Funktion, welche ein Objekt innerhalb des militärischen Denkens einnahm. Mitunter ging es lediglich darum, einen Platz gegen Überfälle zu schützen, nicht um ihn gegen eine ernsthafte Belagerung mit schwerer Artillerie zu sichern. So treten noch im 17. Jh. neben den inzwischen etablierten Bastionen vermeintlich veraltete Geschütztürme und Rondelle auf.

Das heutige Bundesland Baden-Württemberg bestand bis 1806 aus einer Vielzahl verschiedener Herrschaften. Seit dem Spätmittelalter zählten zu den tonangebenden Mächten das Kurfürstentum der Pfalzgrafen bei Rhein, das Herzogtum Württemberg, die Markgrafschaft Baden, die vorderösterreichischen Lande und die Grafschaft Hohenlohe. Dazwischen lag eine Unmenge kleinerer Herrschaften weltlichen und geistlichen Standes, nicht zu vergessen die vielen Reichsstädte, deren größte und bedeutendste Ulm war. Viele dieser Territorien, vor allem aber die führenden Landesherren investierten seit dem 15. Jh. in den Ausbau einzelner Bur-

gen und Städte zu feuerwaffentauglichen Festungen. Im Spätmittelalter gab es fast keinen Adelssitz und keine Stadtmauer, die nicht wenigstens mit Schießscharten für Handfeuerwaffen nachgerüstet worden wäre.

Bis in die Mitte des 16. Jh. überwogen territoriale, räumlich begrenzte Auseinandersetzungen zwischen einzelnen Fürsten, Adel und Reichsstädten. Sie gewannen durch die konfessionellen Spannungen in Folge der Reformation an Brisanz. Mit dem Ausbruch des Dreißigjährigen Krieges 1618 wurde Südwestdeutschland für gut 200 Jahre einer der Hauptschauplätze der großen militärischen Auseinandersetzungen zwischen den Großmächten und dabei oft schwer verheert. In diesen Kriegen spielten vor allem die großen Stadtfestungen am Oberrhein eine Rolle. Von ihren weitläufigen Befestigungen sind nach den Schleifungen im 18. und 19. Jh. heute kaum noch Reste vorhanden.

Was ist eine Festung?

Der Begriff Festung bedeutet ursprünglich eigentlich eine Bekräftigung, eine Verfestigung und Verstärkung. Und damit sind wir schon beim Thema.

Nachdem um 1300 erste Pulverwaffen aufgekommen waren, entwickelten sich bis Ende des 14. Jh. mauerbrechende Kanonen. Bereits zu diesem Zeitpunkt konnte der pfälzische Kurfürst und römisch-deutsche König Ruprecht (1352–1410) eine ganze Reihe von Steinbüchsen sein eigen nennen. Obwohl 1399 die Burg Tannenberg an der Bergstraße mit Hilfe solch schwerer Steinbüchsen sturmreif geschossen worden war, blieb der Einsatz

Hohenrechberg. Torhaus und Maschikuliturm des 15. Jh. Die Bauten zeigen große Steigbügelscharten zum Einsatz von Armbrüsten und Hakenbüchsen gleichermaßen.

schwerer Artillerie noch lange Zeit die Ausnahme. Daher verstärkte man auch erst seit dem 2. Drittel des 15. Jh. Stadt- und Burgmauern. Das aber kostete Geld. Anfänglich gelang es auch noch kleineren Herrschaften und einzelnen Adeligen, hier baulich mitzuhalten, spätestens aber um 1600 waren nur noch sehr vermögende Reichsstände in der Lage, bestehende Wehranlagen zu Festungen auszubauen oder neue anzulegen. Auch waren sie es, die über einen entsprechend großen Artilleriepark verfügten. Die Festung wurde so zu einem Mittel des Landesausbaus und der Herrschaftsdurchsetzung der Fürsten gegenüber dem übrigen Adel. (Abb. 2)

Schon im Hochmittelalter war das ursprünglich königliche Befestigungsrecht vom Adel okkupiert worden. An der Wende zur Frühen Neuzeit waren dann die Landesherren im alleinigen Besitz dieses Privilegs und sicherten sich damit das Gewaltmonopol. Eine Festung war also eine vorzugsweise landesherrliche Befes-

tigung zur Verteidigung mit Feuerwaffen gegen Feuerwaffen, ein besonders gesicherter, militärisch bedeutsamer Ort, der gegen einen gewaltsamen Angriff gerüstet war. Dies konnte ein Schloss sein, aber auch eine Stadt. Fast jeder Landesherr suchte mindestens eine Landesfestung zu errichten, oftmals durch Ausbau einer älteren Burg oder des eigenen Residenzschlosses.

In der Festung spiegelte sich die Militärhoheit, Festungsbau war immer auch eine Sache des Prestiges. So erhielt die Residenz des Hochmeisters des Deutschen Ritterordens in Bad Mergentheim um 1600 feldseitig eine weitläufige Wallbefestigung mit dreieckigen Bollwerken. Militärisch hat diese Anlage keine Rolle gespielt. Sie repräsentierte aber als Bestandteil des Residenzschlosses die Hoheitsrechte eines der vornehmsten geistlichen Reichsfürsten. Die Festung Hohentwiel wiederum hatte strategisch für Württemberg keinen realen Wert als

Teil der Landesverteidigung, vielmehr stellte sie besonders im 17. Jh. als Exklave im habsburgisch dominierten Hegau eine stete Provokation für Österreich dar. Noch nach der Zerstörung 1801 war der württembergische Berg für das Großherzogtum Baden ein Ärgernis, das man vergeblich zu erwerben suchte. Württemberg wiederum hegte Ansprüche auf den Hohenzollern. Die Inbesitznahme und der Wiederaufbau durch Preußen als Festung seit 1850 führten zu politischen Verstimmungen. Der Hohenzollern war jetzt ein preußischer Stachel im von Österreich dominierten Süddeutschland.

Die Landesherrschaft als Bauherr und Besitzer einer Festung trat in großen Wappen als Hoheitszeichen über den Toren oder an den Werken sichtbar in Erscheinung und machte sich in der Bezeichnung der Bauten bemerkbar. So wurden die Bastionen der badischen Hochburg nach Teilherrschaften und den Hausheiligen des Hauses Baden benannt. Die Festungswerke in Breisach änderten ihren Namen je nach Inhaber – mal bezogen sie sich auf den französischen König und Angehörige des Hauses Bourbon, mal auf den Kaiser und Mitglieder des Hauses Habsburg. Noch im 19. Jh. wurden einzelne Forts nach Regenten und Angehörigen der Herrscherdynastie benannt, so in den Bundesfestungen Rastatt und Ulm. Jetzt erhielten einzelne Werke auch die Namen verdienter Militärs, wie z. B. das Fort Prittwitz in Ulm, das an den Chefplaner der Bundesfestung erinnert.

Anfänge des Festungsbaus in Südwestdeutschland

Wenn man den Begriff Festung als Anlage definiert, die zur Verteidigung gegen und mit Feuerwaffen gedacht war, beginnt ihre Geschichte im 1. Drittel des 15. Jh. Um Städte und Burgen wurden Zwinger gelegt, deren Mauern deutlich niedriger als die innere Ringmauer waren. Sie wurden zu ihrer flankierenden Bestreichung mit meist halbrunden Schalentürmen bewehrt. Das ermöglichte eine Verteidigung in die Tiefe und hielt den Gegner auf Abstand. Solche Anlagen entstanden u.a. auf den württembergischen Burgen Kaltenstein ob Vaihingen a. d. Enz und Hohennagold sowie auf dem Hohenrechberg oder im hohenlohischen Waldenburg. Neben Stadtmauern modernisierte man die zahlreichen Burgen, die in der Regel mit einer kleinen Mannschaft zu verteidigen waren. Zu dieser Zeit begann man, die hochmittelalterlichen Befestigungen auf die noch recht unvollkommenen Schusswaffen umzurüsten, indem man hierzu geeignete Schießscharten für die sog. Hakenbüchsen in die Mauern setzte. Die frühesten Scharten für den Einsatz von Büchsen zeigen vermutlich die Zwingeranlagen der Burgen Hirschhorn (Hessen) und Zwingenberg am Neckar, die beide um 1400 von den Herren von Hirschhorn ausgebaut wurden. Ihre schlitzförmigen Öffnungen weiten sich nach außen. Nur wenig später

Die wohl frühesten Maulscharten in Südwestdeutschland besitzen die Schalentürme am Zwinger von Schloss Kaltenstein ob Vaihingen an der Enz.

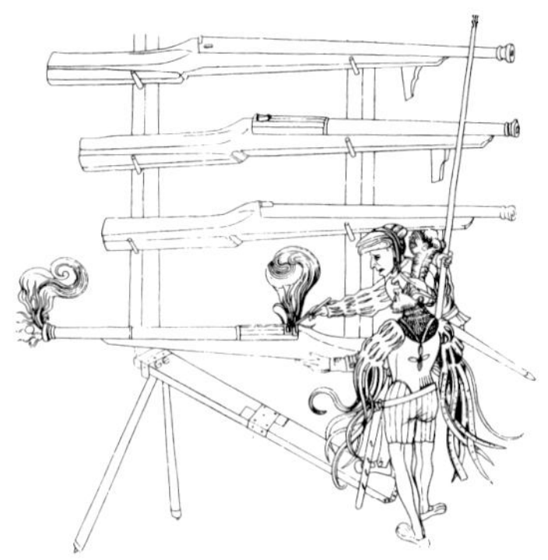

Hakenbüchsen, wie sie für die Festungsverteidigung im 15. und 16. Jh. eingesetzt wurden, in einer zeitgenössischen Darstellung

dürften auch die Türme und Zwinger der etwas südlicher gelegenen Burg Gutenberg mit solchen Scharten versehen worden sein, die sich im Neckargebiet wohl rasch verbreitet haben. Zu Anfang des 15. Jh. erscheinen erstmals Schlüssel- und Steigbügelscharten, so auf Hohenrechberg, und schon um 1427/29 sind auf Kaltenstein Maulscharten nachweisbar.

In der zweiten Jahrhunderthälfte beschleunigte sich der Wettlauf zwischen „Feuer und Stein". Die Belagerungsartillerie wurde immer leistungsfähiger, Räderlafetten ermöglichten den raschen Transport. So setzte Friedrich I. von der Pfalz zur Eroberung von Burgen und Städten sehr erfolgreich auf Artillerie. Daraus resultierte, dass die Mauern gegen Beschuss massiv verstärkt werden mussten. Sog. Doppelhaken, großkalibrige Handbüchsen, gehörten nun zur bevorzugten Waffe der Verteidiger. Damals entstanden im Südwesten die ersten „richtigen" Festungen. Dies waren zum einen Neubauten wie die württembergische Honburg bei Tuttlingen und das rechbergische Hohenschramberg, zum anderen Ausbauten wie auf den Burgen Möckmühl (Kurpfalz) oder Langenburg (Hohenlohe). Während die Honburg sich allein durch ihre schiere Größe und Regelmäßigkeit von den damaligen Bur-

gen abhob, gab der Hohenschramberg mit bis zu 6 m dicken Mauern die Antwort auf die leistungsfähigen Mauerbrecher.

An Stelle schmaler Schalentürme entstanden massive Rundtürme zur Verteidigung mit Hakenbüchsen und kleinem Geschütz. Viele Befestigungen wurden nun mit solchen Türmen verstärkt. Hier sind die württembergischen Burgen Hohenbeilstein, Hohenneuffen und Mägdeberg zu nennen. Zu den ersten Anlagen mit großen Geschütztürmen gehört Langenburg, das in den 1490er-Jahren neu befestigt wurde, und das ab den 1480er-Jahren stark ausgebaute Heidelberger Residenzschloss, hier vielleicht angeregt durch die Kenntnisse italienischer Bauten. In Heidelberg entstand auch erstmals eine Batteriestellung für Kanonen.

Neu waren Kasematten als beschusssichere Wehrgänge, die sich zuvor im Burgenbau nur sehr selten finden lassen und hierzulande wohl zuerst im fränkischen Raum verbreitet waren. So datieren die Kasematten in Möckmühl und auf Burg Amlishagen noch in die 2. Hälfte des 15. Jh., und auch die 1466–99 errichtete Vellberger Befestigung besitzt kasemattierte Wehrgänge. Den Einsatz großer Geschütze sah man hier noch nicht vor. Mit Ausnahme eines größeren Kanonenturmes sind die übrigen Türme Vellbergs im Durchmesser noch verhältnismäßig bescheiden.

Verschiedener Orts entstanden seit der 2. Hälfte des 15. Jh. breite Erdwälle um die bestehenden Ringmauern, die allerdings noch nicht sehr hoch waren. So wurde für den südwestdeutschen Raum verhältnismäßig früh vor dem Graben der vorderösterreichischen Stadt Villingen ein 7 m breiter gemauerter Wall mit Rondellen, die sog. Fülle, angelegt. Davor verlief ein äußerer Graben, so dass Villingen zu einer starken Frühfestung ausgebaut war, deren tief gestaffelte Befestigung die feindliche Artillerie auf Abstand hielt und noch in den Kriegen des 17. und 18. Jh. als vorderösterreichische Festung eine bedeutende Rolle spielte. Eine ähnliche Befestigung schützte die um 1500 neu errichtete Burg Ratzenried im Allgäu. Zu den frühen Wallanlagen zählt auch die Befestigung der Burg Kilchberg bei Tübingen. Um die stauferzeitliche Kernburg wurde kastellförmig ein niedriger Wall mit gemauerter Eskarpe und kleinen runden Ecktürmen gezogen. Die Türme waren durch eine Kasematte miteinander verbunden, die über einen Gang vom inneren Graben unter dem Wall hindurch zugänglich war. Hier wurde um 1490–1500 eine Befestigung geschaffen, wie sie zeitgleich auch andernorts im Reich, allerdings in größeren Dimensionen, errichtet wurden.

Welche mentale Bedeutung der Einsatz von Feuerwaffen nun hatte, zeigt der Brauch, Kanonenkugeln in die Mauern einzusetzen, mitunter als martialische Rahmung von Schießscharten. Sie wirken als symbolischer Abwehrgestus: Als sollten die feindlichen Geschosse dadurch in ihrer Wirkung gebannt werden, verkündeten die vermauerten Kugeln doch, dass die Kanonen der Belagerer den starken Mauern nichts würden anhaben kön-

nen. Das hatte einen realen Hintergrund: Bei der eingangs erwähnten Belagerung Tannenbergs war eine große Steinkugel im Mauerwerk des Bergfrieds stecken geblieben. Tatsächlich wurden gerade nach Belagerungen an Neu- oder Wiederaufbauten feindliche Kugeln ins Mauerwerk eingesetzt, so in Esslingen.

Geschütztürme und Rondelle

Zu Anfang des 16. Jh. explodierte die Entwicklung förmlich. Um 1500 hatten die Kanonen jene Form erhalten, die sie für rund 400 Jahre behalten sollten. Die aus Bronze gegossenen Rohre wurden durch Schildzapfen in der mit Rädern versehenen Lafette gehalten, waren somit leichter höhenverstellbar und feuerten nun Kugeln aus Gusseisen statt aus Stein. Damit verfügte man über bewegliche, leistungsfähige Geschütze, die eine weitaus größere Zerstörungskraft entfalteten.

Bis in diese Zeit waren Kriege oft genug eine Angelegenheit von wenigen Hundert Beteiligten, die sich bei Gefahr in den Schutz ihrer Burgen zurückzogen. Nun umfassten die Heere der Landesfürs-

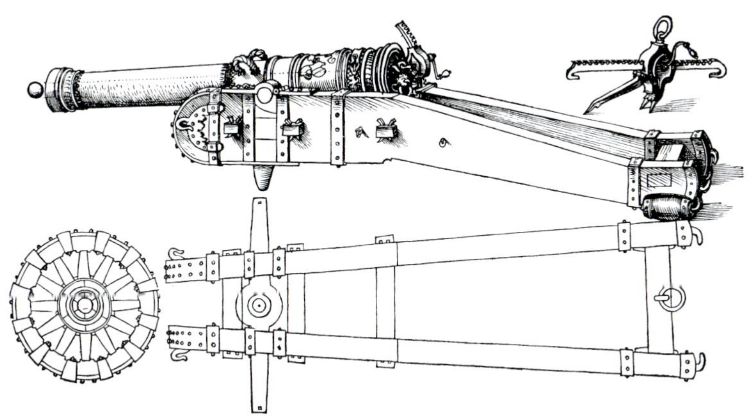

Eine Revolution um 1500 stellten Geschützrohre dar, die mit Schildzapfen in Wandlafetten befestigt wurden. Sie waren schnell zu transportieren, ließen sich rascher in der Höhe verstellen und entfalteten mit Eisenkugeln enorme Zerstörungskraft. Darstellung aus Albrecht Dürers „Etlicher undericht zur bevestigung", Nürnberg 1527

Bad Wimpfen am Berg. Das sog. Bollwerk wurde um 1536 nach Vorschlägen des Straßburger Malers Heinrich Vogtherr errichtet.

ten mehrere Tausend Söldner samt Belagerungsartillerie, die innerhalb kurzer Zeit viele Befestigungen erobern konnten. Die Loslösung der Eidgenossen vom Reich 1499, der Landshuter Erbfolgekrieg 1504, die Durchsetzung landesherrlicher Interessen gegenüber der Reichsritterschaft in der Sickingischen Fehde 1522/23, die Reformationswirren mitsamt dem Bauernkrieg 1525 und die Politik der habsburgischen Kaiser, die oft genug mit Waffengewalt durchgesetzt wurde, machten deutlich: Wer Akteur im Geschehen bleiben wollte, benötigte starke Festungen. Es begann eine Phase des intensiven Experimentierens. Man suchte das Innere der Festung gegen Beschuss zu schützen und die Mauern dem Feuer schwerer Artillerie durch Erdwälle zu entziehen. Um einen Belagerer effektiv bekämpfen zu können, wurden große Kanonen aufgestellt. Dazu wiederum wurde Platz benötigt. Die Geschütztürme nahmen daher, wie z. B. in Heidelberg oder Esslingen, immer größere

Ausmaße an, um darin schweres Geschütz aufstellen zu können. Nicht umsonst tragen sie oft den Namen „Dicker Turm".

Mehr Raum boten Rondelle, die typisch für diese Entwicklungsphase sind, niedrige Rundtürme wie z. B. das sog. Bollwerk in Bad Wimpfen. Sie wurden schließlich immer breiter, bis sie sich in mächtige Erdbauten, sog. Erdenberge, verwandelten.

Opfer und zugleich Akteur dieser Entwicklung war Herzog Ulrich von Württemberg (1487–1550). Schon ab 1504 hatte er auf den Landesburgen Weibertreu, Hellenstein und Hohentübingen mächtige Geschütztürme und Rondelle errichten lassen. 1519 wurde der wegen Mordes und Landfriedensbruches in die Reichsacht gestellte Ulrich vom Schwäbischen Bund aus seinem Herzogtum gejagt. Dieser verfügte über eine leistungsfähige Belagerungsartillerie, dank derer man die zahlreichen württembergischen Burgen innerhalb kurzer Zeit einnahm.

In einer berühmten Silberstiftzeichnung Albrecht Dürers ist festgehalten, wie der Bund mit schwerer Artillerie den schon damals stark ausgebauten Hohenasperg belagerte und eroberte.

Nachdem Ulrich 1534 mit hessischer Hilfe sein Herzogtum zurückerobert hatte, begann er unverzüglich, fünf Bergschlösser und zwei Städte zu zeitgemäßen Landesfestungen auszubauen, um sein Herzogtum gegen zukünftige Angriffe der bayerischen Wittelsbacher und Habsburger zu schützen: Hohenasperg, Hohenneuffen, Hohentübingen, Hohentwiel, Hohenurach, Kirchheim und Schorndorf. Vorbild waren dabei jene Werke, die er während seines Exils auf dem ihm verbliebenen Hohentwiel erbaut, aber noch weit mehr jene gewaltigen Festungen, die er in Hessen kennengelernt hatte. Es waren dann auch hessische Baumeister einschließlich des Landgrafen Philipp des Großmütigen selbst, die den Herzog berieten. Der protestantische Landgraf unterstützte Württemberg im Festungsbau, um damit einen wichtigen Bündnispartner der Reformation in Süddeutschland gegen den Kaiser zu stärken.

Das System der neuen Festungen, die das Herzogtum im Süden und Osten gegen Invasionen abschirmen sollten, wurde bis zu Ulrichs Tod 1550 mit enormem Kostenaufwand angelegt. Die modernste Anlage war sicher das durch hohe Erdwälle und Rondelle gesicherte Schorndorf. Es orientierte sich deutlich an hessischen und sächsischen Vorbildern, also den Festungen der Protagonisten der Reformationsbewegung im Reich.

Die ganze Spannbreite der Möglichkeiten zeigt dagegen die zeitgleiche, aber merkwürdig altertümliche Befestigung Kirchheims. Hier ließ Ulrich lediglich den Zwinger durch Streichwehren verstärken

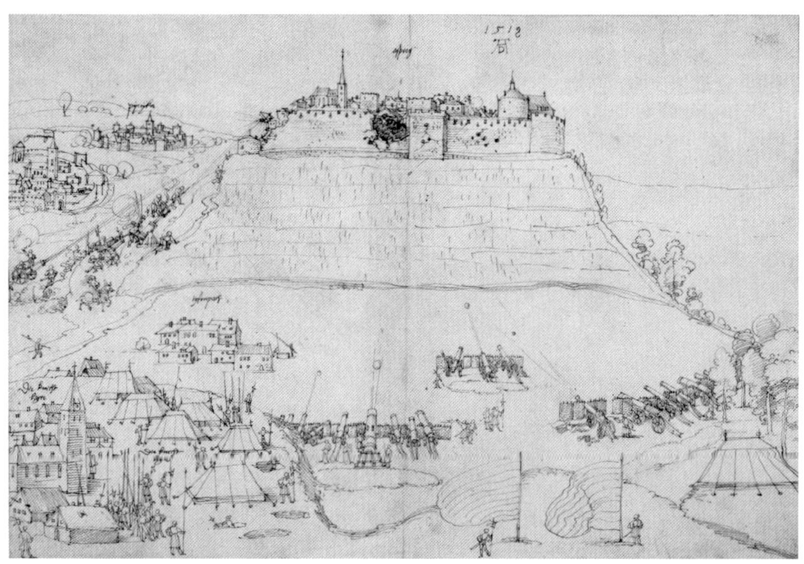

Belagerung des Hohenasperg durch den Schwäbischen Bund 1519 in einer Silberstiftzeichnung Albrecht Dürers. Im Vordergrund ein schweres Legestück. Die hohe Ringmauer weist schon schwere Beschädigungen auf, die verheerende Wirkung der Geschütze wird eindrücklich durch einen unter dem Artilleriefeuer einstürzenden Turm vorgeführt. Teile der Zeichnung stammen wohl nicht von Dürer, so die merkwürdigen, kaum glaubhaften vierrädrigen Lafetten der Kanonen.

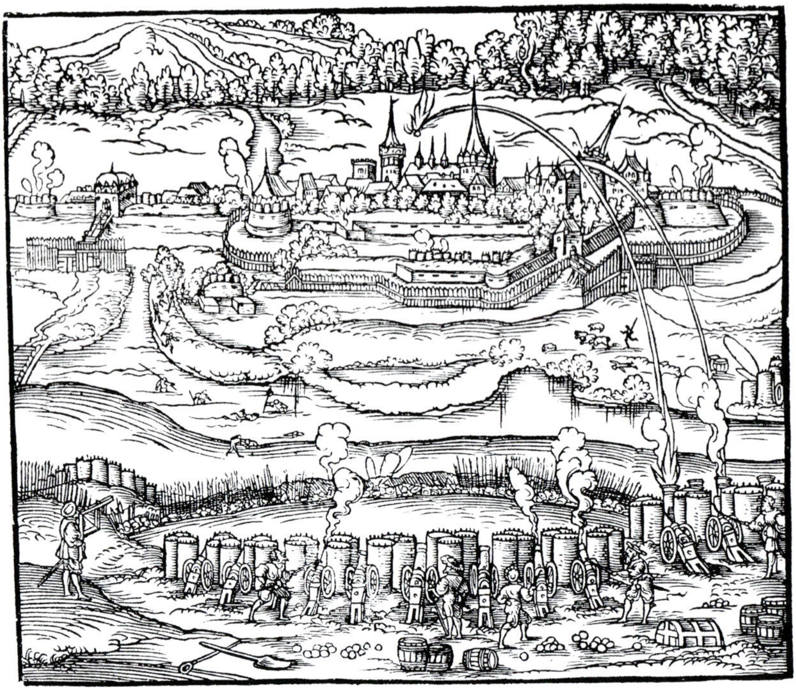

Belagerungsszene aus Walter Ryffs „Vitruvius Teutsch", Nürnberg 1548. Dargestellt ist eine typische Festung in der 1. Hälfte des 16. Jh. mit Rondellen und hohen Erdwällen, welche den Schlossbau decken. Ähnlich muss man sich die württembergische Landesfestung Schorndorf nach ihrem Ausbau vorstellen. Am Wallfuß verlaufen krenelierte Mauern mit Streichwehren zur Infanterieverteidigung. Auf den Rondellen sind als Deckung für die Kanonen Schanzkörbe aufgepflanzt. Die Belagerer haben ihrerseits Schanzkörbe aufgebaut und sich in Laufgräben verschanzt.

Villingen. Schütt hinter der Stadtmauer mit Auffahrtsrampe für Kanonen und jenseits des Grabens einen deckenden Erdwall um die Stadt ziehen. Das unterschied sich wenig von den zu Beginn des 16. Jh. errichteten Zwingertürmen der Reichsstadt Reutlingen, welche Ulrichs Kanonen 1519 sturmreif geschossen hatten. Reutlingen reagierte hierauf mit der Anschüttung sog. „Bollwerke" hinter zwei Mauerecken, um zukünftig über den Wehrgang der Ringmauer hinweg mit Artillerie zielen zu können. Vergleichbare Anlagen haben sich in Überlingen und Villingen erhalten.

Wegen der horrenden Kosten, die sich aus diesen Modernisierungsmaßnahmen ergaben, war es fast nur noch den vermögenden Reichsständen möglich, in den Aus- oder Neubau von Befestigungen zu investieren. So mancher Reichsritter geriet jetzt ins Hintertreffen. Schon der hochmittelalterliche Burgenbau war keine billige Angelegenheit gewesen. Die ungeheuren Summen für den Festungsbau lassen sich erahnen, wenn man sich vor Augen hält, dass allein Herzog Ulrich in manchen Jahren fast die Hälfte seiner Einkünfte für seine Bauprojekte ausgab. Sein Nachfolger Christoph (1515–68) investierte immerhin noch 15 % des jährlichen Haushalts in die Landesbefestigung.

Schwäbisch Hall. Mehrgeschossige Streichwehr, sog. Großes Bollwerk, von 1490

Konnte man sich keinen vollständigen Neu- oder Ausbau leisten, so setzte man wenigstens an besonders gefährdeten Punkten einen Geschützturm oder verstärkte die Mauer durch ein- oder mehrgeschossige Kaponnieren wie in Villingen oder Schwäbisch Hall. Äußerst eindrucksvoll zeigt sich dies am Deutschordensschloss Kapfenburg, das 1534 ein großes gemauertes Rondell als Torbau erhielt. Es gab allerdings keine Flankierung des Zugangs mitten in der Front. Hier wird der symbolische Wert der neuen Form offensichtlich: Was früher der Torturm war, war nun das Rondell.

Kapfenburg bei Lauchheim. Torbastei

Andernorts rüsteten Reichsritter ihre Burgen mit kleinen Geschütztürmen und kasemattierten Wehrgängen nach. Gegen eine ernste Belagerung mit schwerer Artillerie konnten solche Objekte allerdings kaum bestehen. Ein eindrucksvolles Beispiel stellt der Wiederaufbau der 1546 zerstörten Ravensburg im Kraichgau dar, wo kleine Geschütztürme, Kasematten und ein umlaufender Erdwall entstanden und so die großen Festungen rezipierte. Diese Befestigungen genügten in den nach und nach abnehmenden Fehden des Adels untereinander oder zur Abschreckung umherziehender Söldner und Banden.

Erste Bastionen

In Italien wurde in den Jahren nach 1480 ein neues Verteidigungssystem entwickelt, das mit Hilfe der Mathematik dem Verteidiger einen Vorteil gegenüber dem Angreifer zu verschaffen suchte. Dort entstand die Bastion, ein fünfeckiges, mit der Spitze gegen die Angriffsseite gerichtetes Bauwerk, das als Geschützplattform diente. Grundidee dieser neuen „Manier" war, aus den kasemattierten Flanken der Bastionen den Graben bei einem Angriff mit wenig Mannschaft wirkungsvoll zu verteidigen. Die Bastionärfestung wurde auf geometrischer Grundlage konstruiert. War der Grundriss richtig ausgesteckt, so ließ sich jeder Bereich des Grabens unter Feuer nehmen und tote Winkel vor den Fronten wurden vermieden. Vor die Flanken gezogene sog. Bastionsohren deckten die Geschützstellungen gegen Einsichtnahme und Beschuss.

Bereits unter dem pfälzischen Kurfürst Friedrich I. (1425–76) war analog zur Entwicklung in Italien beim Ausbau der Burg und Stadtbefestigung von Möckmühl in den 1470er-Jahren mit solchen Formen experimentiert worden. Und schon 1448 waren in dem reichsritterschaftlichen Städtchen Neckarbischofsheim Türme

Möckmühl. Bastionierter Nordturm der Burg. Saillant mit Resten eines Postenerkers

über bastionärem Grundriss zum Einsatz von Feuerwaffen errichtet worden. Etwa zeitgleich entstand auf der Schauenburg bei Oberkirch ein Zwinger mit zwei fünfeckigen Streichwehren. Das sind die wohl frühesten Bauten dieser Art in Südwestdeutschland, vielleicht inspiriert durch ähnliche Anlagen der Hussiten in Böhmen. Sie blieben aber ohne direkte Nachfolge.

Das italienische Bastionärsystem wurde unabhängig von solchen Vorformen in den 1530er-Jahren vereinzelt im Reich aufgenommen. Italienische Spezialisten entwarfen die ersten Bastionen. Bald experimentierten auch die deutschen Baumeister mit der neuen Form. Die protestantischen Reichsstände wie Hessen oder Württemberg setzten allerdings noch lange überwiegend auf die bewährten Ron-

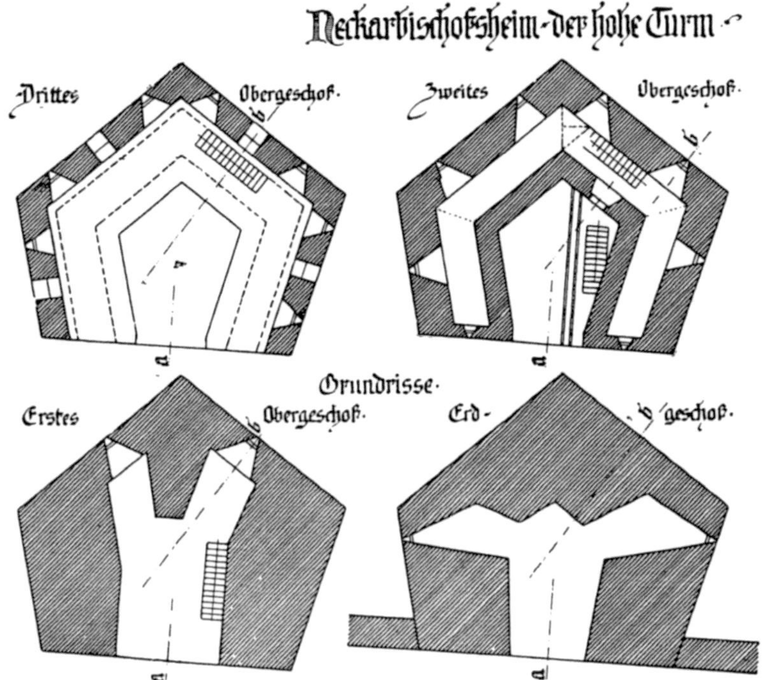

Neckarbischofsheim. Grundrisse des Hohen Turms. Die mächtigen Mauerstärken in den unteren Geschossen reagieren bereits auf mauerbrechende Kanonen.

delle. Erste, eigenwillige Interpretationen des Themas Bastion zeigt Mitte der 1550er-Jahre Kirchheim, obwohl der Ingolstädter Baumeister Georg Stern Entwürfe zu Ohrenbastionen vorgelegt hatte. Etwa gleichzeitig erhielt die Reichsstadt Ulm kleine, nach italienischem Muster konstruierte Bastionen. Auf der badischen Hochburg entstanden Rondelle und zwei frühe Bastionen parallel zueinander. Die württembergischen Festungen erhielten erst um 1600 richtige Bastionen, so der Hellenstein nach Entwürfen Heinrich Schickhardts (1558–1635). Die Bastion wurde in Südwestdeutschland insgesamt also nur sehr langsam rezipiert, obwohl in Straßburg mit dem schon zu Lebzeiten bekannten und gefragten Spezialisten Daniel Specklin (1536–89) einer der Protagonisten des neuen Systems tätig war.

Der einfache Adel setzte hingegen weiterhin auf Ringmauern und flankierende Türme mit Scharten zur Verteidigung mit Handfeuerwaffen, wie zahlreiche Beispiele auch in Baden-Württemberg zeigen. Ebenso wurden landesherrliche Jagd- und Landschlösser in dieser Weise befestigt. Die Befestigung war dort sowohl Ausweis des adeligen Status wie auch des Befestigungsrechtes der Landesherrschaft, bei der es sich auch um einen Reichsritter mit nur winzigem Territorium handeln konnte. Ohne Einverständnis des Landesherrn konnte jedenfalls niemand eine Befestigung anlegen.

Die Bastion erfuhr auch ihre Rezeption im Schlossbau. Kirchberg in Hohenlohe bietet ein hervorragendes Beispiel, wie das Neue genutzt wurde, um in letztlich traditioneller Weise ein Schloss zu si-

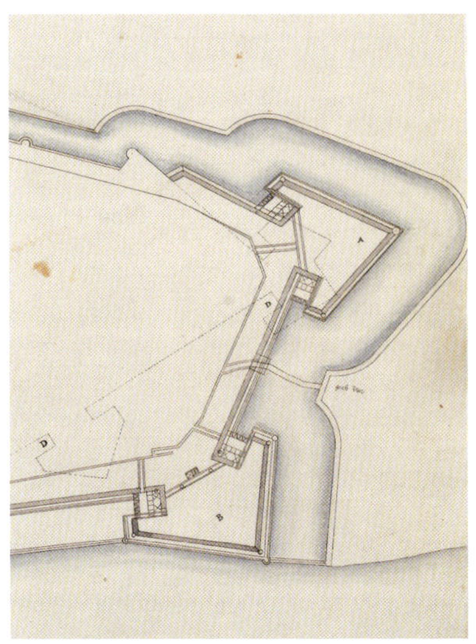

Ulm. Ausschnitt aus der Bastionärbefestigung Gideon Bachers der Zeit um 1600 mit italienischen Ohrenbastionen. Deutlich erkennbar die zurückgezogenen Flanken mit den Kanonenhöfen. Gestrichelt eingetragen die rund 50 Jahre älteren, kleineren Ohrenbastionen.

Ebersberg. Bastionierter Turm an der Ringmauer der Burg, eventuell nach Entwurf Heinrich Schickhardts um 1624/26 errichtet

chern. Statt Rundtürmen besetzen Türme über bastionärem Grundriss die Ecken der Hauptangriffsseite. Die Bastion begann ein Eigenleben als wehrhaftes Zeichen im Schlossbau zu führen und trat neben althergebrachte Bauformen wie Zinnen und Türme. Hoch aufragende Mauerwerksbauten widersprachen eigentlich dem Bemühen, der gegnerischen Artillerie möglichst wenig Angriffsfläche zu bieten. So entstand um etwa 1626, vermutlich nach Entwurf Schickhardts, auf Ebersberg ein bastionierter Turm, der zugleich als hoher Schalenturm weithin sichtbar ist. Hier wurde die Bastion zu einem neuen Zeichen für Stärke und Wehrhaftigkeit.

Die altniederländische Manier

In den Niederlanden tobte seit 1567 ein erbitterter Unabhängigkeitskampf der calvinistischen Stände gegen die Herrschaft der katholischen spanischen Könige. Im Laufe dieses Konflikts entwickelte sich eine neue Manier des Bastionärsystems: Mit dem weitgehenden Verzicht auf Mauerwerksbauten, Kasematten, Flankenhöfe und Ohren war sie nicht nur kostengünstiger, sondern auch sehr viel schneller zu errichten als die Bastionen nach italienischem Muster. Holz und Erde bildeten das Hauptbaumaterial, Wälle und Bastionen bestanden aus einem Haupt- und einem Niederwall und nach Möglichkeit sicherten breite Wassergräben die Festungen. Schon bei der 1573–82 erfolgten Befestigung Frankenthals (Rheinland-Pfalz), das der reformierte Pfälzer Kurfürst für Glaubensflüchtlinge gegründet hatte, fand diese „altniederländische Manier" Anwendung. Mit der neuen Manier ließen sich mittelalterliche Stadt- und Burgmauern rasch verstärken, die Erdwälle boten optimalen Schutz gegen das Geschützfeuer, da die Geschosse in ihnen versackten. Waren es im 16. Jh. Italiener, welche von Fürsten und Städten in Dienst genommen wurden, so nun Niederländer wie z. B. in

Ulm der seinerzeit berühmte Johan van Valckenburgh (1575–1625). Mit der niederländischen Manier setzte sich die Bastion in Südwestdeutschland endgültig als Norm durch. Besonders im Dreißigjährigen Krieg wurden zahlreiche Städte innerhalb kurzer Zeit mit Bastionen, Schanzen und Wällen nach der neuen Art befestigt.

Zu Anf. des 17. Jh. verschärften sich die konfessionellen Spannungen im Reich. 1608 wurde, angeführt von der reformierten Kurpfalz, die protestantische Union gegründet, der u.a. Baden-Durlach und Württemberg angehörten. Im Gegenzug entstand 1609 unter Führung Bayerns die katholische Liga. Vor diesem Hintergrund sind der Neubau und die Verstärkung diverser Festungen am Oberrhein zu sehen. Kurfürst Friedrich IV. (1574–1610) ließ ab 1606 mit Mannheim an der Neckarmündung in den Rhein durch den Niederländer Barthel Janson und den Pfälzer Adam Stapf eine völlig neue, regelmäßig angelegte Festungsstadt aus dem Boden stampfen. Sie galt bald als Bollwerk der Union. Als Philipp Christoph von Soetern (1567–1652), Fürstbischof von Speyer, in Reaktion darauf 1615 das Städtchen Udenheim am Rhein zur Landesfestung ausbauen ließ, wurden die Werke 1618 in einer konzertierten Aktion von Baden-Durlach, Württemberg und der Pfalz geschleift, die keine katholische Festung in unmittelbarer Nähe zu Mannheim dulden wollten. Nach einem kaiserlichen Machtwort konnte der Bischof Udenheim bis 1623 wieder aufbauen, das fortan Philippsburg hieß. In diesem konfessionspolitischen Zusammenhang ist auch der Ausbau Ulms als wichtiger Festung der Union an der Donau zu sehen.

Mannheim wurde mit einer siebeneckigen Zitadelle, der Friedrichsburg, über streng regelmäßigem Grundriss erbaut, in dem sich das mathematische Denken spiegelte. Mittels Geometrie und reiner Mathematik schien dem Verteidiger die Überlegenheit gegenüber dem Angreifer

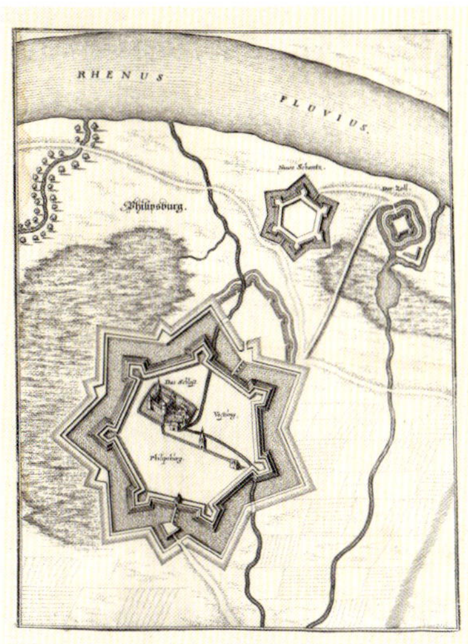

Streng geometrisch umgibt eine Enceinte mit sieben Bastionen Stadt und Schloss Phlippsburg. Die alte Vorstadt wird rücksichtslos durch den neuen Wallbau abgeschnitten. Jenseits ein sechseckiges Fort. Beide Anlagen entsprechen dem Streben nach der idealen, regulären Form, die man als optimal für eine effiziente Verteidigung erachtete.

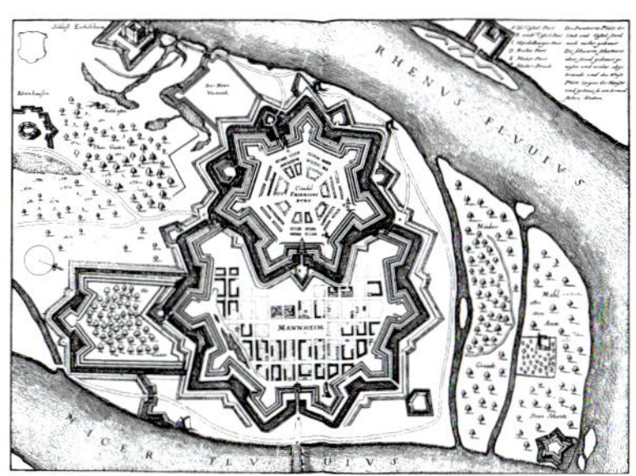

Mannheim. Die Vogelschau Merians zeigt deutlich die Befestigung nach der altniederländischen Manier mit Ober- und Niederwall.

gesichert. Alles war einsehbar und durch flankierendes Kreuzfeuer zu beherrschen. Zugleich demonstrierte die Landesherrschaft in regulär angelegten Neubauten wie Mannheim ihre gestalterische Kraft und ihre Landeshoheit. Dabei war Mannheim nicht die erste Planstadt der Renaissance in Südwestdeutschland. Schon 1599 hatte Friedrich I. von Württemberg (1557–1608) als Bergbau- und Wirtschaftszentrum nahe dem Kniebis-Pass im Schwarzwald Freudenstadt gegründet. Die neue Stadt sollte zugleich ein neu erworbenes Gebiet an der wichtigen Passstraße zum Oberrhein und ins Elsass mit den dortigen württembergischen Besitzungen sichern. Die Pläne lieferte Schickhardt. Er reichte verschiedene Entwürfe zur Befestigung ein. In einem ersten Entwurf sollte das Schloss als Zitadelle eine Ecke der Stadt beherrschen, in den späteren Entwürfen im Zentrum derselben auf dem riesigen Marktplatz zu stehen kommen. Tatsächlich wurden diese Entwürfe nie realisiert, die Stadt lediglich 1627 mit einem Plankenzaun umfriedet.

In der Geometrie der frühneuzeitlichen Festungsstadt manifestierten sich gutes Regiment und gute „Policey", also das wohl geordnete Staatswesen des patriarchalisch regierenden Landesvaters. Sie verkörperte die Ordnung im Chaos. In der mathematischen Präzision der Werke triumphierte menschlicher Wille über die Natur. Parallelen zur höfischen Gartenkunst sind nicht von der Hand zu weisen. Allerdings waren solch regelmäßige Festungen nur selten zu verwirklichen, meist musste man sich mit einer Verstärkung älterer Anlagen begnügen, die keinesfalls

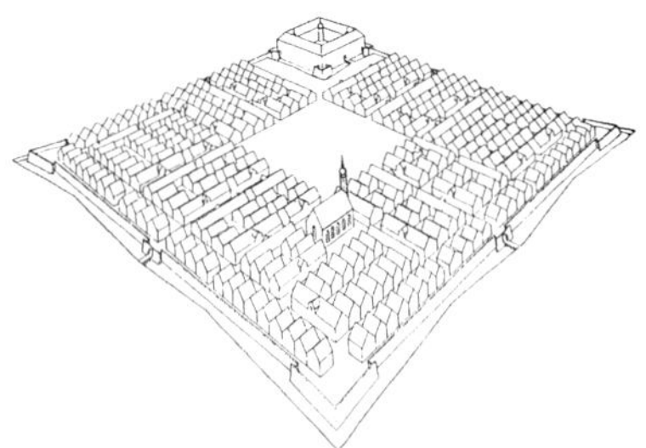

Freudenstadt. Idealentwurf Schickhardts mit bastionierter Enceinte 1599, die letztlich nicht umgesetzt wurde

dem gewünschten Ideal entsprachen. Trotzdem versuchten die Ingenieure dieses, wenn möglich, auch bei Ausbauten bestehender Festungen zu verwirklichen.

Weniger modern als Mannheim oder Philippsburg zeigte sich das gleichfalls im frühen 17. Jh. ausgebaute Residenzschloss der Fürstpröbste von Ellwangen, dessen Hauptangriffsseite ein Wall mit Rondell und Geschütztürmen, aber auch einer Halbbastion vorgelegt wurde.

Ausgenommen das Jahr 1622, als die Kurpfalz durch die Liga erobert wurde, kam es in den ersten Jahren des Dreißigjährigen Krieges bis Ende 1631 im Südwesten zu keinen größeren Kampfhandlungen. Mit dem Auftritt der Schweden auf der Bühne des Kriegstheaters änderte sich dies grundlegend. Überall wurde nun an den Befestigungen gearbeitet. Vor allem in der Oberrheinebene, die als Hauptdurchzugsgebiet der spanischen Truppen aus Italien in die Niederlande fungierte, wurden mit Offenburg, Breisach, Rheinfelden, Laufenburg, Waldshut, Bad Säckingen und Konstanz ältere Stadtbefestigungen ausgebaut. Als starke Festung im Bodensee galt die in Deutschordensbesitz befindliche Insel Mainau, die wie Überlingen heftig umkämpft war.

Während des Krieges wurden viele noch intakte Burgen wie Küssaburg und Honburg zerstört. Mitunter wurden sie gezielt geschleift, um dem Gegner keinen Stützpunkt zu bieten. Das verdeutlicht, dass auch diese, aus unserer heutigen Sicht vermeintlich veralteten Anlagen in den Augen der Militärs strategische und taktische Bedeutung besaßen und keineswegs als wertlos galten. Gerade das Beispiel der württembergischen Bergfestungen zeigt, dass solche Anlagen gegnerische Truppen auf längere Zeit mit aufwendigen Belagerungen banden. Die Besatzungen beunruhigten zudem den Feind im Land mit Ausfällen und Streifereien. Gerade der Hohentwiel verdeutlicht, welche Wirkung damals eine

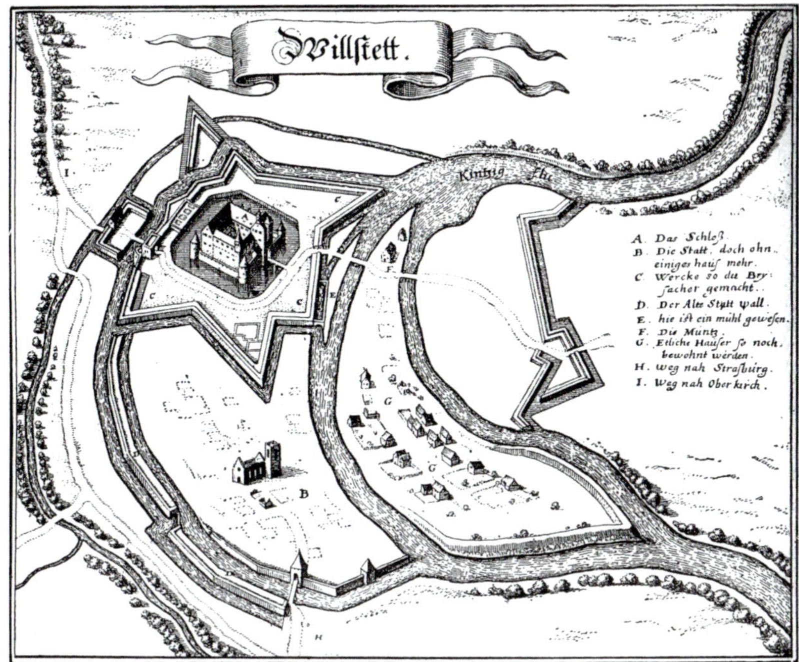

Willstätt am Rhein. Das gräflich hanau-lichtenbergische Schloss zeigt eine typische, den altniederländischen Prinzipien folgende Erdwallbefestigung in der Zeit des Dreißigjährigen Krieges zum Schutz von Burg und Städtchen.

starke und gut ausgerüstete Bergfestung in sturmfreier Lage, die mit Artillerie kaum zu bezwingen war, unter einem entschlossenen Kommandanten und einer loyalen Besatzung regional entfalten konnte.

Doch letztendlich war die große Zeit der Burgen und Schlösser als Festungen spätestens nach 1648 vorbei. Sie boten zu wenig Raum für Mannschaften und Proviant. Städte hingegen verfügten über eine gute Infrastruktur, waren wirtschaftlich bedeutend und schon daher von strategischem Interesse für Landesherren und kriegführende Parteien. Statt kleiner Burgen baute man zunehmend wichtige Städte zu Festungen aus. Hier war Platz für große Garnisonen, welche die Umgebung beherrschen und deren Ressourcen nutzen konnten und sollten.

Barocke Festungssterne und feste Linien

Nach Kriegsende 1648 standen bei den verarmten Reichsständen in Südwestdeutschland erst einmal nur Reparaturen im Vordergrund. Zwar wurden in Württemberg während der 1650er-Jahre von Georg Andreas Böckler und Jakob Alfonz Franz Calderon d'Avila verschiedene neue Festungen wie (Bad) Cannstatt oder Untereisesheim geplant, aber mit einer Umsetzung solcher Pläne wurde nur in Freudenstadt zur Sicherung des strategisch wichtigen Kniebis-Passes begonnen. Hier entstand endlich 1661–81 nach Entwurf von Matthias Weiß (1636–1707) eine Umwallung in niederländischer Manier, die Zugänge sicherten repräsentative Tortürme mit kräftigen Rustikaportalen.

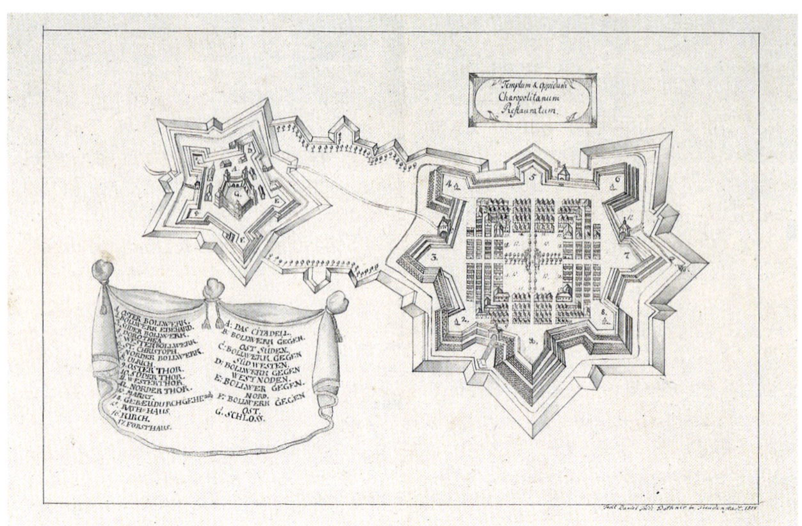

Ausbauplanung für Freudenstadt in altniederländischer Manier um 1670. Auf der Höhe südlich der Stadt sollte eine Zitadelle mit Schloss entstehen. Ausgeführt wurde aber lediglich die Stadtumwallung.

Der vollständige Ausbau aber unterblieb schließlich, da die Festung durch benachbarte Berge ungünstig überhöht wurde. Etwa gleichzeitig begann man mit dem Ausbau des Hohenaspergs, aber auch hier blieben die Arbeiten stecken.

In der Zeit nach dem Krieg kam man von der niederländischen Manier wieder ab. Sie war für die rasche Erstellung von Befestigungen, insbesondere Vorwerke, Schanzenlinien und Feldbefestigungen sinnvoll, aber nicht für permanente Bauten, da im Unterhalt zu aufwendig. Man verkleidete die Wälle wieder mit Steinwerk, behielt aber den einfacheren Grundriss der Bastionen ohne Ohren bei. Typische Zeugnisse des Festungsbaus jener Zeit sind der Fünfeckturm auf Hohentübingen und die mehrgeschossigen, kasemattierten Fortifikationen am Heidelberger Schloss, deren reich gestaltete Architektur auch eine repräsentative Funktion erfüllte.

Aufgrund der Erfahrung im Kampf um feste Plätze setzten die süddeutschen Festungsbaumeister vermehrt auf eine starke Infanterieverteidigung der Gräben gegen stürmende Angreifer. So gewannen Kaponnieren wieder an Bedeutung. Aus diesen niedrigen, im Graben liegenden, bombensicher gewölbten Bauten konnte ein Graben auch dann noch unter Flankenfeuer genommen werden, wenn die größeren Bollwerke vom Feind durch Beschießung ihrer Geschütze entblößt worden waren. Jeder Sturmangriff wurde damit zu einem ausgesprochen verlustreichen Wagnis. Schon unmittelbar nach dem Krieg entstand in Überlingen eine monumentale Streichwehr, die in ihrer Form stark an Geschütztürme des 16. Jh. erinnert. Der Tiroler Ingenieur Elias Gumpp (1609–76) entwarf beim Ausbau des Freiburger Schlosses in den 1660er-Jahren Kaponnieren, das Heidelberger Schloss erhielt um 1670 eine starke Kaponniere und auch auf dem Hohentwiel entstanden mehrere Streichwehren. Dieses Element fand ebenso wie kasemattierte Werke bis ins 18. Jh. Anwendung, so auf den württembergischen Bergfestungen.

In jener Zeit kam es zunehmend zu einer Trennung zwischen der Zivilarchitektur und der Fortifikation. Hatte noch in der 1. Hälfte des 16. Jh. ein Maler für die Reichsstadt Wimpfen ein Gutachten zur Verstärkung ihrer Befestigungen abgegeben, so erforderte die neue Wissenschaft des auf mathematischer Berechnung beruhenden Festungsbaus nun Spezialisten. Es entstand der Berufsstand des Ingenieurs, der in der Regel Offizier war. Er berechnete die Winkel, bezog die Erkenntnisse der Ballistik in seine Planungen ein und entwarf das Trace, den Festungsumriss, der nach seinen Vorgaben eingemessen und abgesteckt wurde.

Als militärpolitisch nachhaltigste Folge des Krieges stellte sich die Inbesitznahme der beiden großen Festungen Breisach und Philippsburg durch Frankreich heraus, das hier dauerhaft am Oberrhein Fuß fassen konnte. Damit war der Schauplatz für die Kriegstheater der nächsten rund 150 Jahre zwischen Deutschland und Frankreich festgelegt. Ludwig XIV. (1638–1714), der Frankreichs Grenzen bis an den Rhein zu verschieben bestrebt war, ließ vor allem am Oberrhein durch Vauban zahlreiche Festungen neu bzw. ausbauen. Die rechtsrheinischen Plätze Breisach, Philippsburg und Freiburg (erobert 1677) sollten als Ausgangspunkte für französische Operationen dienen. Das ab 1679 ausgebaute Freiburg war eines der ersten großen eigenständigen Werke Vaubans. Es zeigt zugleich, welche Nachteile von den Bürgern in Kauf genommen werden mussten: Für die Anlage des sternförmigen Festungsgürtels wurden sämtliche älteren Vorstädte niedergelegt, Freiburg wurde sehr viel kleiner und hatte mehrfach die Drangsale einer Belagerung auszustehen.

Nach Vaubans Plänen wurde überdies Straßburg mit dem Brückenkopf Kehl ausgebaut und das Fort Louis bei Rastatt angelegt. Nachdem u.a. Breisach im Frieden von Rijswijk 1697 wieder an Österreich zurückgefallen war, entstand nach Vaubans Entwurf auf dem jenseitigen Rheinufer als Gegenfestung Neuf-Brisach, das Idealbild einer regulären, geometrischen Prinzipien folgenden Barockfestung und Garnisonstadt.

Sébastian Le Prestre, Marquis de Vauban (1633–1707) darf als einer der Protagonisten für die Weiterentwicklung des Bastionärsystems in der 2. Hälfte des 17. Jh. gelten. Er erfand zwar nichts völlig Neues, doch allein die Anzahl der Festungen, die unter seiner Leitung gebaut wurden, und sein gekonnter Einsatz der vorhandenen Mittel und Werke sicherten ihm seinen Rang als bedeutendster Militärbaumeister seiner Zeit und machten ihn in ganz Europa berühmt. Darüber hinaus galt er als ein Meister der Belagerung. Vauban gelang es, mit Hilfe eines ausgeklügelten Systems von Laufgräben und Breschbatterien eine Festung innerhalb weniger Wochen zur Übergabe zu zwingen. Seine eigenen Festungen wiesen eine große Zahl von weit ausgreifenden, sternförmig angelegten Vorwerken auf.

Ingenieure beim Vermessen und Ausstecken eines festen Platzes. Kupferstich aus Christoph Weigels „Haupt-Stände" 1698

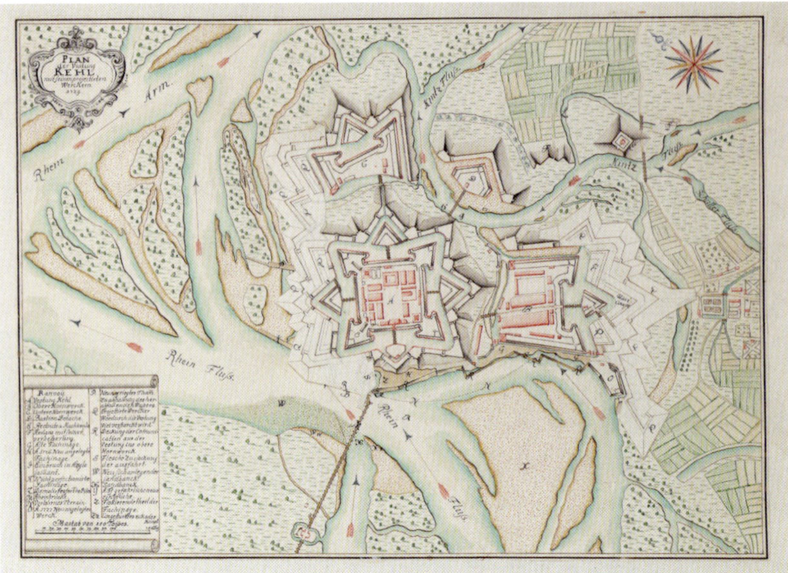

Kehl um 1729. Der Straßburger Brückenkopf wurde von Vauban angelegt und in der Folge mehrfach ausgebaut.

Sie zwangen einen Angreifer zu langwierigen Belagerungsarbeiten und schützten die Kernwerke gegen das Artilleriefeuer. Vauban verzichtete auf reine Erdbauten, in den Flanken der Bastionen wurden Kasematten zur Bestreichung der Gräben angelegt. Komplizierte Wasserbausysteme ermöglichten die Flutung von Gräben und Teilen des Glacis, um das Anlegen von Laufgräben und ein Unterminieren der Mauern zu erschweren. Vaubans Genie zeigte sich dabei nicht in der starren Anwendung festgelegter Manieren, sondern der Franzose berücksichtigte sehr wohl Geländebedingungen und variierte das Bastionärsystem je nach Bedarf und Bauplatz. Auch legte er kasemattierte Werke und Kaponnieren an, so auf dem Freiburger Schlossberg.

In all den Kriegen des 17. und 18. Jh. war der Oberrhein oft genug Kriegsschauplatz mit verheerenden Folgen für die Region. Im Pfälzischen Erbfolgekrieg führten Ludwig XIV. und sein Kriegsminister Louvois eine erbarmungslose Politik der verbrannten Erde. Städte wie Speyer, Mannheim und allen voran die kurpfälzische Residenz Heidelberg fielen in Schutt und Asche. Verantwortlich hierfür war u.a. der Brigadegeneral Ezéchiel du Mas, Comte de Melác (ca. 1630–1704), der bald in Flugblättern als „Mordbrenner" zum Inbegriff der französischen Zerstörungswut wurde. Teil der Kriegsführung war eine systematische Entfestigung, der nicht nur militärisch bedeutende Plätze wie Mannheim, Hohenasperg oder Rheinfelden, sondern auch zahllose Burgen zum Opfer fielen. Es war eine fürchterliche Machtdemonstration des Königs gegenüber den deutschen Landesherren, die nicht befähigt schienen, ihr Land und ihre Bevölkerung zu schützen.

In sehr effektiver Weise übernahm 1693 der vom ungarischen Kriegsschauplatz abgezogene Markgraf Ludwig Wilhelm von Baden-Baden (1655–1707) die Verteidigung am Oberrhein. Er ließ ab

Französischer Angriffsplan auf Breisach aus dem Jahr 1732. Das Blatt zeigt die im Zickzack geführten Angriffsgräben und die Breschbatterien der Belagerungsartillerie, die durch Parallelgräben miteinander verbunden sind, ein System, das von Vauban perfektioniert worden war.

Die Sternschanze am Hau bei Neuenweg gibt einen guten Eindruck von den Schanzen und Linien-befestigungen, die unter Markgraf Ludwig Wilhelm zur Abwehr der Franzosen am Oberrhein und im Schwarzwald angelegt wurden.

1694 umfangreiche Feldbefestigungen anlegen. Diese zogen sich über den gesamten Schwarzwald, in der Rheinebene, im Kraichgau und am Bodensee hin und wurden mit wenigen regulären Soldaten und örtlichen Milizen besetzt. Zwar konnten diese Linien keine Armeen aufhalten, aber zumindest vermochten sie Streifereien einzuschränken und dem Reichsheer gesicherte Aufmarschplätze zu verschaffen, aus denen heraus man den Gegner angreifen und zurückwerfen konnte. Neben Schanzen, Erdwällen und Verhauen waren sog. Chartaquen als hölzerne Signaltürme Teil des ausgeklügelten Systems. Darin wurden auch bestehende Schlossbauten wie das Jagdschloss Scheibenhardt bei Karlsruhe einbezogen, welche man zu Forts ausbaute. Größere Festungsprojekte für einzelne Städte wie in Kenzingen unterblieben allerdings.

Ähnlich motiviert war das Bauprogramm, das Herzog Carl Alexander (1684–1737) seit seinem Regierungsanritt 1733 in Württemberg umsetzen ließ. Der erfahrene Militär ging wie einst Herzog Ulrich daran, das Land umfassend mit einem System von Festungen zu schützen. Französische Truppen waren mehrfach über den Kraichgau und den Schwarzwald vorgestoßen und hatten immer wieder württembergische Städte und Dörfer geplündert und niedergebrannt. Dem Land fehlten ein stehendes Heer und eine gut organisierte Verteidigung.

Carl Alexander hatte es im Türkenkrieg bis zum Feldmarschall gebracht und dabei reiche Erfahrungen im Festungskrieg sammeln können. Er beschäftigte sich intensiv mit der Fortifikation und stand mit dem Mathematiker Georg Bernhard Bilfinger (1693–1750) in freundschaftlichem Kontakt, den er als Geheimen Rat zum Oberaufseher über das Festungswesen machte. Der Herzog ging mit viel Sachverstand an den Ausbau der Landesbefestigung. Dabei bevorzugten er, sein Festungsbaudirektor Johann Anton von Herbort (1701–57) und Bilfinger das Tenaillensystem, das beim Ausbau der unteren Festung des Hohentwiel wie auch bei der Neubefestigung der Reichsstadt Heilbronn konsequent umgesetzt wurde. Hohentwiel, Hohenasperg und Hohenneuffen wurden mit kasemattierten Werken verstärkt. Aber auch neue Festungen wurden auf dem Hohenstaufen und der Teck begonnen, das Schloss Kalten-

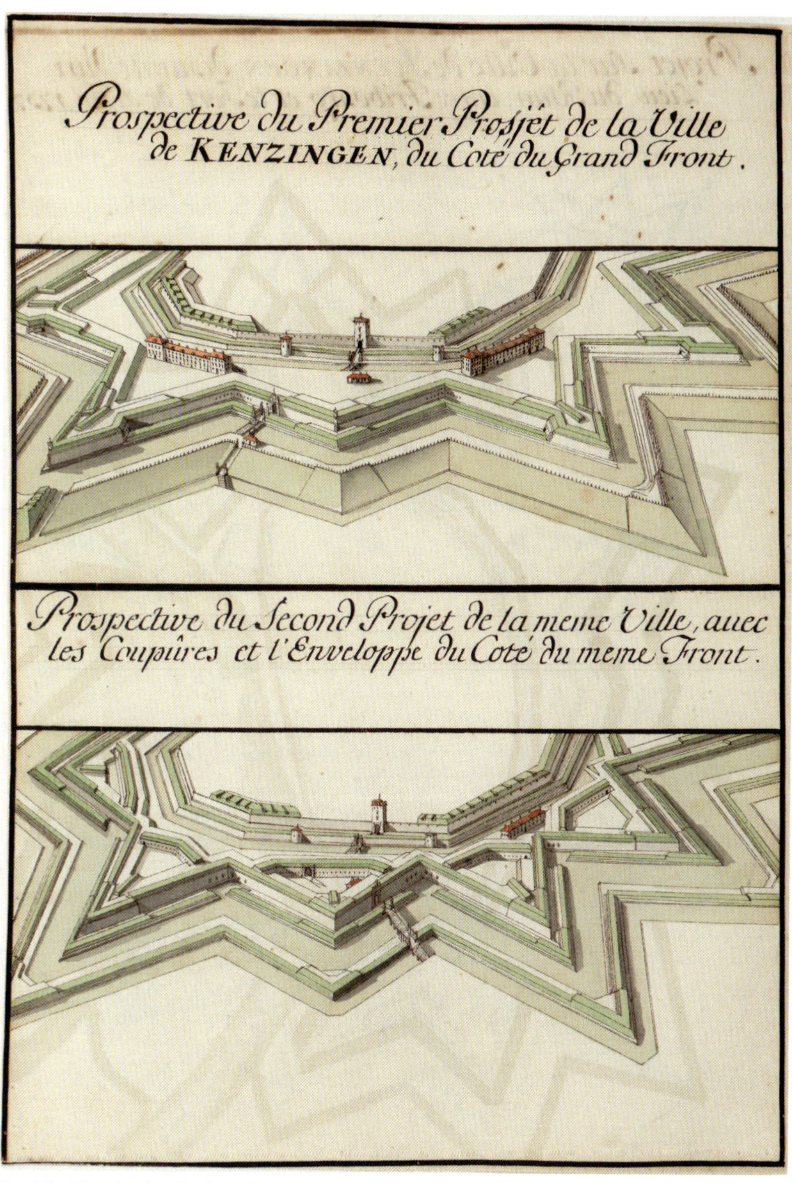

Zwei Projekte für den Ausbau Kenzingens zur Festung mit tenaillierten, kasemattierten und in einzelne Abschnitte untergliederten Werken. Die Entwürfe spiegeln die Tendenzen im deutschen Festungsbau zu Beginn des 18. Jh.

stein und Lauffen wurden mit Bastionen und Kaponnieren verstärkt und die 1689 zerstörte Burg Hornberg im Schwarzwald neu befestigt und mit einer Kaserne versehen. Eine erhebliche Erweiterung erfuhren die Schanzen auf dem Kniebis.

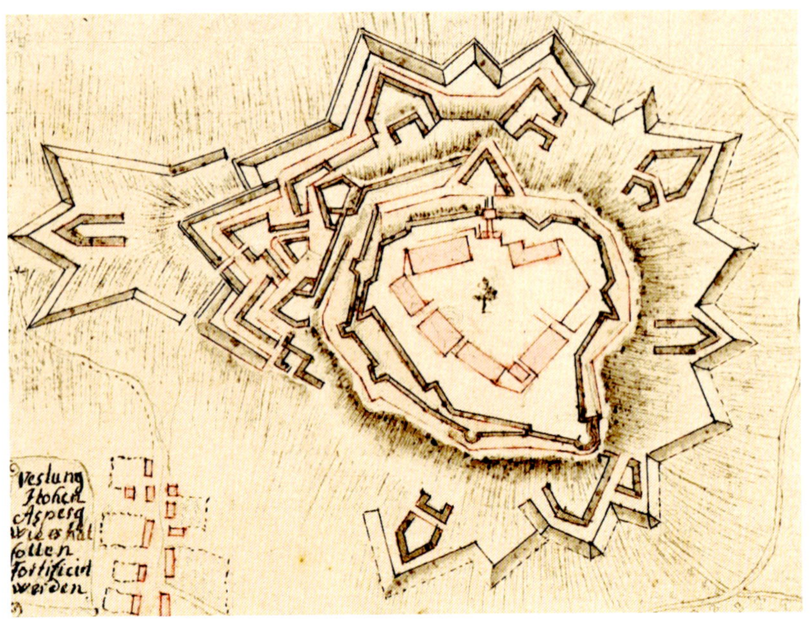

Ausbauprojekt für den Hohenasperg unter Herzog Carl Alexander. Ausschnitt aus einem Sammelblatt mit württembergischen Landesfestungen

Nach des Herzogs Tod kam das ambitionierte Programm rasch zum Erliegen, nur auf Hohenneuffen, Hohentwiel und Hohenasperg wurde das Begonnene zu Ende geführt.

Es fällt auf, dass Carl Alexander nicht nur strategisch wichtige Positionen neu befestigen ließ, sondern zugleich Orte historisch-symbolischer Bedeutung für das Herzogtum wie die Burgruinen Teck und Hohenstaufen. Es ging ihm wohl auch um eine Machtdemonstration gegenüber den Landständen, die sich wenig begeistert von dem Ansinnen ihres Landesherrn zeigten, ein stehendes Heer aufzustellen. Sie fürchteten, der Herzog werde dieses gegen sie verwenden, um seine Macht in absolutistischem Sinne durchzusetzen.

Zu den gewaltigsten Festungen im Südwesten gehörten im 18. Jh. Breisach, Freiburg, das zur Reichsfestung erklärte Philippsburg und die kurpfälzische Residenz Mannheim. Aus der Luft betrachtet glichen sie gigantischen Sternen. Alle diese großflächigen Anlagen fielen der Schleifung anheim. Obertägig blieb wenig von ihnen, in Mannheim immerhin der Rest einer kasemattierten Bastion, und in Breisach ist ein ganzes Torgebäude erhalten. Nur noch Pläne zeugen davon, dass diese Festungen hochkomplexe, weitläufige Anlagen aus Gräben, Vorwerken, Außenforts, vorgeschobenen Schanzen und dem eigentlichen Hauptwall mit seinen Bastionen bildeten. Mannheim, seit 1720 Residenzstadt der Kurpfalz, folgte dabei der sog. „neuniederländischen Manier". Sie war durch den Ingenieur Menno von Coehorn (1641–1704) entwickelt worden, der 1698 auch den Entwurf für die Mannheimer Befestigung lieferte. An Stelle reiner Erdwerke traten erneut Mauerwerksbauten, die kasemattierten Bastionen erhielten wieder Ohren. Die Flankenhöfe allerdings waren viel breiter und ermöglichten in zwei

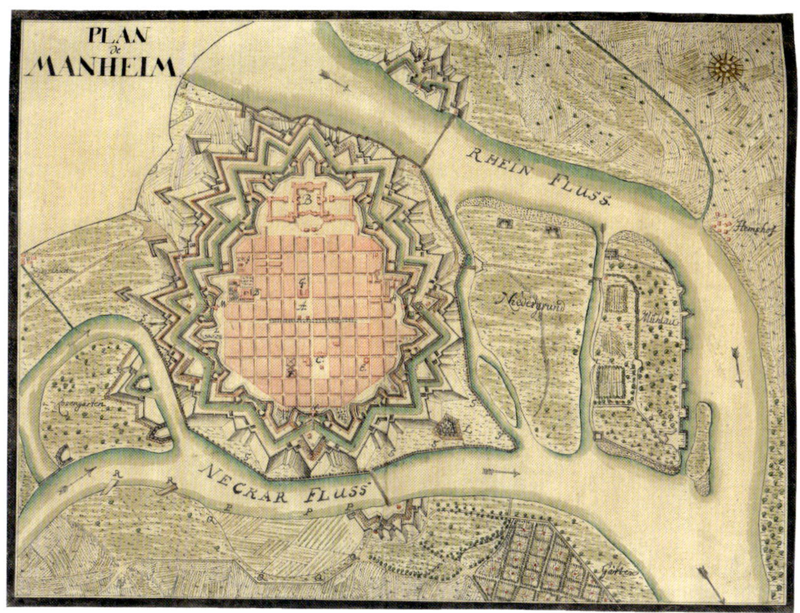

Die kurpfälzische Festungs- und Residenzstadt Mannheim mit ihren ausgedehnten Werken und den Schanzen zur Sicherung von Neckar- und Rheinübergang im 18. Jh.

Reihen hintereinander gestaffelt die Aufstellung einer Vielzahl von Kanonen zur Bestreichung der Kurtinen und der gegenüberliegenden Bastionsfacen.

Nach Ende des Österreichischen Erbfolgekriegs 1748 begann für Süddeutschland eine lange Friedensperiode, was zur Folge hatte, dass die Bedeutung vieler Festungen schwand; einige wurden aufgegeben, wie z. B. Breisach. Der Hohenurach wurde unter Herzog Carl Eugen (1728–93) abgebrochen und Hohentübingen von der Universität bezogen. Viele Höhenfestungen wurden jetzt als Invalidengarnison und Staatsgefängnis genutzt, so der Hohenasperg. Fast allen Höhenfestungen war gemein, dass viel zu wenig Mittel für ihren Unterhalt bereitgestellt wurden. Als 1792 die Revolutionskriege mit Frankreich ausbrachen, waren sogar bedeutende Anlagen wie die Reichsfestung Philippsburg in keinem guten Zustand und schlecht gerüstet. Auch hatte sich das

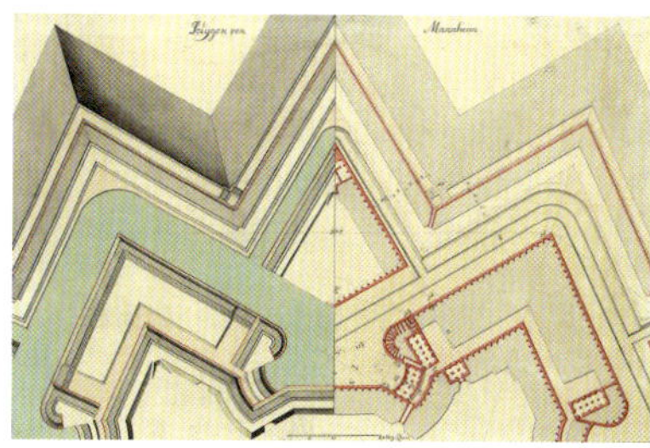

Die Befestigung Mannheims beruhte auf dem durch Menno van Coehorn entwickelten neuniederländischen System mit großen Ohrenbastionen. Jede Bastion ist in einzelne Verteidigungsabschnitte untergliedert. Die Ohren bildeten niedrige, kasemattierte Geschütztürme zur Flankierung des Niederwalles. Ein Graben trennt diesen vom Kernwerk. Die breiten, konkaven Flanken waren tief gestaffelt und boten Aufstellungsraum für zahlreiche Kanonen.

Kriegswesen durch die massive Zunahme der Heeresstärken erheblich gewandelt. Nun wurden Lagerfestungen mit enor-

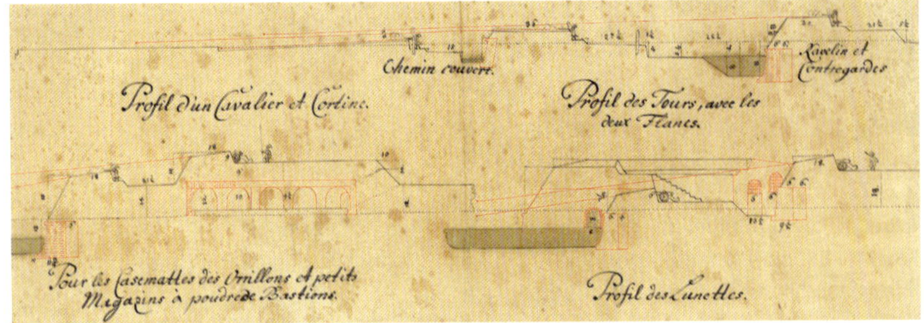

Profile der Festung Mannheim machen die Verteidigung der komplexen Werke in die Tiefe und die beabsichtigte Wirkung des Feuers aus verschiedenen Höhenniveaus durch Artillerie und Infanterie deutlich.

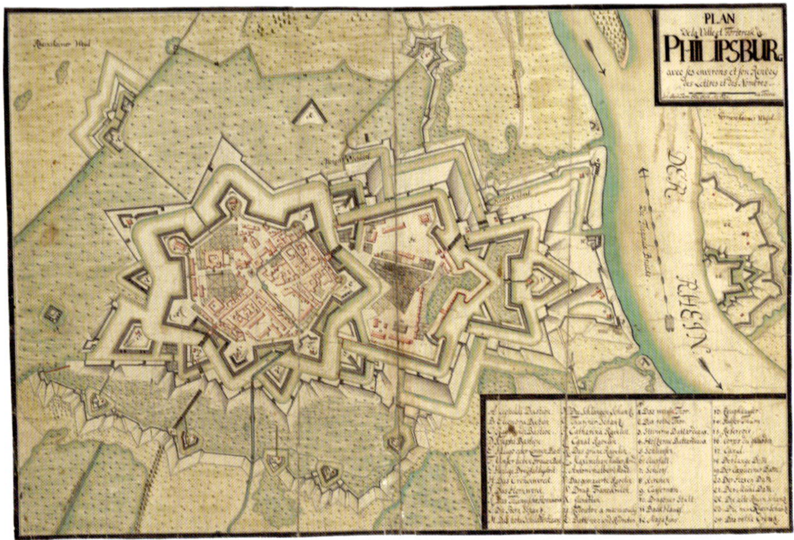

Philippsburg in einem Plan von 1727. Die kontinuierlich ausgebaute Festung zeigt eine Vielzahl von weit ins Glacis vorgeschobenen Vorwerken und Schanzen. Der Plan dokumentiert den Ausbauzustand der Reichsfestung durch deutsche Ingenieure nach dem Spanischen Erbfolgekrieg. Heute zeugt nichts mehr von diesen ausgedehnten Fortifikationen.

mer Ausdehnung benötigt. Diesen Ansprüchen genügte keine der vorhandenen Anlagen. In Ulm legte die österreichische Besatzung daher während der Revolutionskriege eine ausgedehnte provisorische Befestigung an, denn von den umliegenden Höhen im Norden der Stadt konnte der wichtige Donauübergang mit neuen, weiter reichenden Geschützen in Schutt und Asche gelegt werden.

Napoleon Bonaparte (1769–1821) sorgte schließlich für eine erneute Entfestigungspolitik, bei der fast alle bedeuteten Festungen in Süddeutschland niedergelegt wurden. Wenn Befestigungen benötigt wurden, handelte es sich meist um von den Armeen schnell aufgeworfene Erdwerke. Als Beispiel mag hier der österreichische Brückenkopf am Schaarenwald bei Schaffhausen in der benachbarten Schweiz dienen.

Polygonalsystem und Bundesfestungen

Bereits 1814 wurden in Württemberg intensive Überlegungen zur Sicherung Südwestdeutschlands gegen Frankreich angestellt. Sie reichten von permanenten Fort- und Schanzensystemen auf den Schwarzwaldhöhen bis zum Ausbau alter Bergfestungen wie Kaltenstein, Hohentwiel oder Hohenzollern. Als Standorte für Bundesfestungen waren Stockach, Donaueschingen und Freudenstadt im Gespräch. Schon in der Bundesakte, mit welcher der Deutsche Bund 1815 als Zusammenschluss der deutschen Einzelstaaten in eine lockere Staatsform gegossen wurde, war die Anlage von Bundesfestungen als Aufmarschplätze und Rückzugsorte der deutschen Armeen festgelegt worden. Schließlich entschied man sich 1819 für Rastatt und Ulm als Deckung des süddeutschen Raumes. Ersteres sollte den Oberrhein schützen, Letzteres das Zentrum Süddeutschlands, doch verzögerte sich der Baubeginn um Jahrzehnte. Schwung in die Sache brachte erst die Rheinkrise von 1840, als sich der Deutsche Bund mit einer aggressiven französischen Außenpolitik konfrontiert sah und alte Kriegsängste aufflammten. Die nun in Angriff genommenen Neubauten in Rastatt und Ulm folgten den Prinzipien der u.a. von preußischen und österreichischen Ingenieuroffizieren entwickelten Prinzipien der sog. neudeutschen Manier. Sie bildete ein durch Erfahrung gewonnenes Konglomerat vieler bekannter Befestigungselemente und war keiner einheitlichen Manier an sich verpflichtet. Neben der als modern geltenden Polygonalbefestigung, die weitgehend auf Bastionen verzichtete und vor allem von Preußen und Bayern vertreten wurde, griff man auch auf das italienische System mit Ohrenbastionen zurück, wie z. B. in Rastatt, das von österreichischen Ingenieuren geplant wurde. Die Stärke der neudeutschen Manier

Villingen. Wurden andernorts moderne Bastionen gebaut, so entstand in der vorderösterreichischen Land- und Festungsstadt noch 1734 ein Geschützrondell, ein äußerst später Vertreter dieses Bautyps.

lag in der Verschmelzung des Bekannten mit neuen Elementen und vor allem in deren praktischer Anwendung entsprechend den Gegebenheiten des Geländes, statt es zu negieren, indem man mit mathematischer Präzision und Gleichgültigkeit einen Ring von Bastionen erstellte. Patriotisch gesonnen und in Abgrenzung zum französischen Festungsbau und seinen Vertretern berief man sich bewusst auf deutsche Ingenieure wie Specklin. Im Mittelpunkt des Interesses stand der nationale Kunstheros Albrecht Dürer (1471–1528), in dessen Traktat zum Festungsbau, der frühesten deutschen Abhandlung zum Thema, man die Grundlagen für die zeitgenössische Fortifikation fand. Besonders die Kaponnieren führte man auf den großen Meister zurück, ein Irrtum, der aber im Angesicht des Patriotismus nicht interessierte. Tatsächlich wurden Kaponnieren gerade für die Polygonalbefestigung zum zentralen Element, sie ersetzten die Bastionen. Bombensicher gewölbt, ermöglichten sie die Bestreichung der Gräben mit Artillerie auch dann noch, wenn ein Gegner schon den Wall mittels Geschützfeuer „rasiert" hatte.

Zum eigentlichen Vorbild für diese Bauten wurden die Schriften des Franzosen Marc-René de Montalembert (1714–

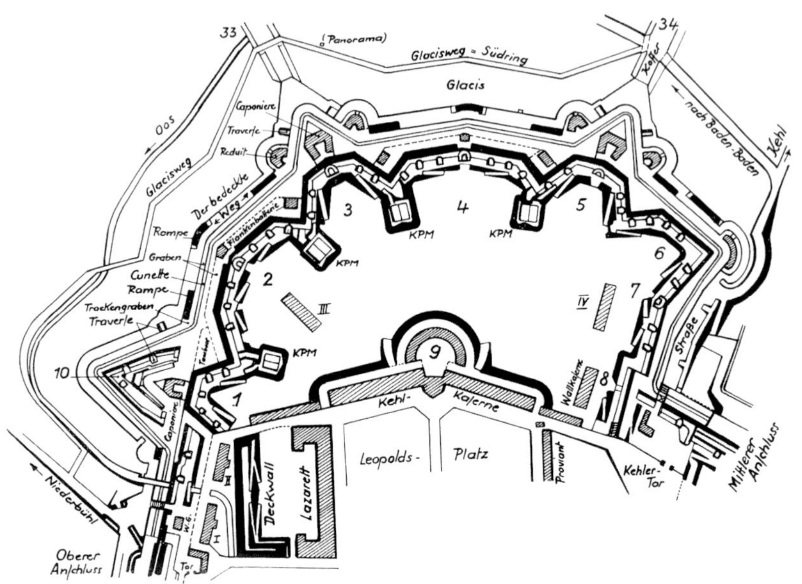

Die Leopoldsfeste der Bundesfestung Rastatt zeigte die typische neudeutsche Front im Polygonalsystem mit Kaponnieren. Zur Stadt schloss eine defensible Kehlkaserne als Reduit das ausgedehnte Werk ab.

1800), der wesentliche Elemente von dem in Vorschlag gebracht hatte, was nun in Deutschland in vielerlei Variationen Anwendung fand. Dazu gehörten detachierte Forts, erneut Geschütztürme und eine große Anzahl an Kasematten, um Mensch und Material dem feindlichen Feuer zu entziehen. Kerngedanke war, dass man der eigenen Artillerie mittels geballter Feuerkraft durch Kanonen in Kasematten die Überlegenheit gegenüber der Belagerungsartillerie sichern wollte. Die Werke wurden so angelegt, dass man die Verteidigung mit Ausfällen auch größerer Verbände offensiv gestalten konnte. In das Vorfeld wurden stark ausgebaute Forts gelegt, die sich gegenseitig mit Artilleriefeuer unterstützen konnten, die Ausfälle decken sollten und einen Belagerer nicht nur auf Abstand zum Kernwerk hielten, sondern ihn dazu zwangen, jedes Fort einer zeit- und kraftraubenden regulären Belagerung zu unterziehen. Die weite Ausdehnung der Werke sorgte dafür, dass der Belagerer eine enorme Truppenzahl vor der Festung gebunden sah, die ihm für das Feldheer dann nicht mehr zur Verfügung stand. Daher beschränkte man sich auch auf wenige, dafür sehr große Festungen, die sich nun nicht mehr so leicht umgehen ließen. Gleichzeitig ermöglichten die Fortgürtel die Anlage eines fortifizierten Lagers, die Forts bildeten dessen Eckpunkte. So entstanden ausgedehnte Lagerfestungen als Rückzugspunkte für geschlagene Feldarmeen bzw. als Sammel- und Aufmarschplätze.

Hatten schon die Festungen der Renaissance- und Barockzeit oft aufwendig gestaltete Tore erhalten, so wurden die Mauerwerksbauten nun insgesamt einer ansprechenden, wenn auch nüchternen Architektursprache unterworfen. Neben den in der ersten Jahrhunderthälfte modernen Klassizismus traten Elemente der Burgenromantik und Neugotik. Mittelalterliches Rittertum sollte vorbildhaft auf den einfachen Soldaten wirken, Burgenarchitektur führte sichtbar Stärke vor Augen und suggerierte so Sicherheit.

Während in Ulm und Rastatt zeitgemäße Lagerfestungen entstanden, trug sich Württemberg noch mehrmals mit Wiederaufbauprojekten für den Hohentwiel als Bergfestung, weil man einen Angriff Frankreichs über eine eventuell revolutionierte Schweiz befürchtete. Er besaß wegen seiner sturmfreien Lage immer noch einen militärischen Wert, ebenso der Hohenzollern. Diese sog. Bergschlösser ermöglichten als Stützpunkte und Zitadellen die Beherrschung eines Landstriches. Sie hatten als Rückzugsorte für Regierungsgremien, den Herrscher und Archive bei Unruhen immer noch einen Wert, solange sie sich mit Artillerie nicht bedrohen ließen. Noch schossen Vorderladerkanonen mit Vollkugeln, die Artillerie hatte sich seit dem 18. Jh. in ihrer Wirkung und Reichweite nicht viel weiter entwickelt.

Gerade der Hohenzollern sollte der inneren Sicherheit dienen, aber auch das kleine, 1849 von Preußen übernommene Territorium der zollerischen Fürstentümer Hechingen und Sigmaringen gegen Württemberg und Baden sichern.

Baden errichtete ein Fort in Kehl. Nachdem hier als deutsch-französisches Projekt 1861 eine Eisenbahnbrücke über den inzwischen regulierten Rhein geschlagen worden war, wurde diese auf badischer Seite durch einen Brückenkopf mit krenelierten Mauern und kasemattierter Geschützstellung gesichert, die als Unterbau einer 1914 erbauten Villa erhalten blieb.

Beton, Stahl und Technik: Festungsbau im Zeitalter der Hochindustrialisierung

In den Einigungskriegen spielten die Festungen im Südwesten keine große Rolle. Einzig der Hohenzollern wurde 1866 kurz von Württemberg besetzt. Weitreichende Folgen hatte dagegen die Annexion von Elsass-Lothringen 1871. In den Jahren bis zum Ersten Weltkrieg wurden daher auch nur noch wenige neue Festungswerke im Südwesten gebaut, um Kehl errichtete man drei sog. Biehler-Forts als Brückenkopf der Reichsfestung Straßburg, welche heute noch mit ihren Gräben im Gelände ablesbar sind. Die Grenze zu Frankreich war nun in die Vogesen verschoben. In Konsequenz daraus wurde Ulm als Festung 2. Ranges in den folgenden Jahrzehnten nur noch punktuell verstärkt, Rastatt gab man 1888 auf.

Mit der Hochindustrialisierung kam es in der Waffentechnik zu weitreichenden Veränderungen. Der bisherige Festungsbau war innerhalb kürzester Zeit völlig überholt. Geschütze mit gezogenem Lauf ermöglichten seit den 1860er-Jahren ein weit reichendes präzises Feuer mit spitz zulaufenden Granaten statt Vollkugeln. In der Folge rüstete man die Forts durch höhere Wallaufschüttungen nach. 1883 kam es mit der Einführung der Brisanzmunition zu einem noch gewaltigeren Umbruch. Die Granaten durchschlugen nun mit stahlgehärteten Spitzen alle bisherigen Wall- und Mauerwerksbauten und krepierten im Inneren. Die Schussweiten wuchsen enorm. Als Abwehrmaßnahme wurden einzelne Ulmer Werke mit Beton armiert. An Stelle von Mauerwerksbauten traten Bunker aus Beton und Stahl. Festungen verloren jede Form von Repräsentationscharakter. Immer niedriger duckten sich die Bauten ins Gelände, geschützt durch Stacheldrahtverhaue und Laufgräben. Die weitreichende Artillerie wurde seit den 1890er-Jahren in neuartigen, drehbar gelagerten Panzertürmen unter dicken Stahlkuppeln fest montiert. Der Festungsbau begann sich von den Städten wieder zu lösen. Es entstanden rein militärische Anlagen, die sog. Festen, Betonwerke mit Panzerkuppeln, die durch Gräben und Drahthindernisse zu einer

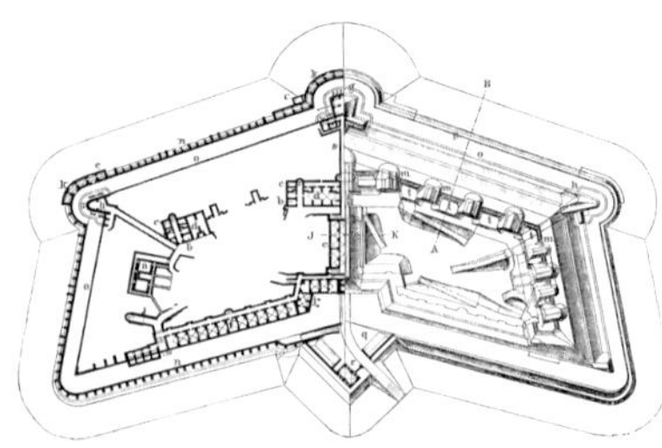

Deutsches Einheitsfort der Zeit nach der Reichsgründung von 1871. Gürtel dieses Bautyps umgaben Straßburg und den Brückenkopf Kehl, zwei solcher Werke entstanden in Ulm.

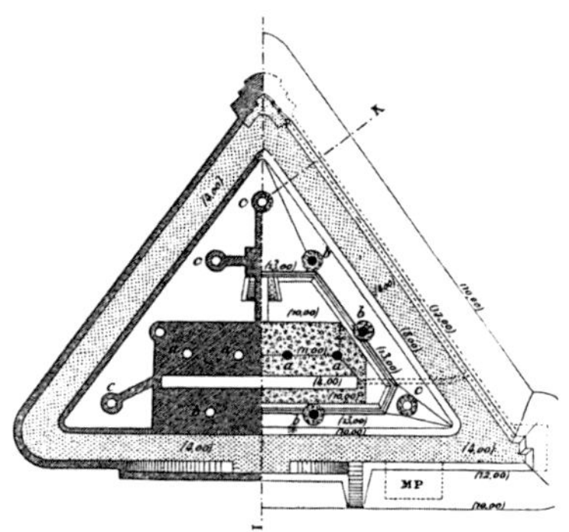

Deutsches Fort der Zeit um 1900 mit drehbaren Panzertürmen. Ähnlich sahen die Batterien auf dem Isteiner Klotz aus.

Gruppe zusammengefasst waren. Hierzu zählte der Isteiner Klotz, dessen 1902–10 gebauten Panzerbatterien über den Rhein ins Elsass wirken konnten und tatsächlich im Ersten Weltkrieg zur Unterstützung der Feldarmee zum Einsatz kamen.

Nach dem Krieg mussten alle Befestigungen in einer Zone bis zu 50 km rechts des Rheins geschleift werden. Nicht nur die Werke des Isteiner Klotzes und die rechtsrheinischen Forts von Straßburg wurden gesprengt, sondern auch große Teile der völlig veralteten Rastatter Festung mussten niedergelegt werden.

Schon vor der Machtübernahme Hitlers 1933 und der folgenden Aufrüstung hatte man den Bau von Befestigungen wieder ins Auge gefasst, doch ausgeführt wurden diese Projekte erst unter der Diktatur. Aus dem Ersten Weltkrieg hatte man die Lehre gezogen, dass eine isolierte Festung nicht lange zu halten war, hingegen permanent ausgebaute Linienbefestigungen einen Feind lange Zeit in seinem Vormarsch beeinträchtigen konnten. Deswegen baute man unter großer Propagandabegleitung bis 1939 in Südwestdeutschland zwei Befestigungslinien: zum einen ab 1938 den sog. Westwall, der die gesamte Westgrenze des Reiches sichern sollte, zum anderen schon ab 1935 die Neckar-Enz-Stellung, die als Vorgriff auf die am Westwall zur Anwendung gebrachten Beton- und Panzerfortifikationen gelten kann. Beide Linien waren vorbereitete Stellungen für die Feldarmee und bestanden aus einzeln stehenden Kampf- und Mannschaftsbunkern mit einer leichten Bewaffnung. Entgegen der Propaganda waren sie schlecht ausgerüstet und zu schwach gebaut. Als im April 1945 die Alliierten Süddeutschland überrollten, spielten die beiden Linien keine allzu große Rolle. Der Westwall am Oberrhein wurde östlich umgangen, die Neckar-Enz-Stellung hielt die Franzosen im Raum Ludwigsburg zumindest eine Woche auf. Nach dem Krieg wurden die Bunker großenteils gesprengt.

Baden-Württemberg hat ein reiches Erbe an Festungsbauten. Ihre Erhaltung ist kostenintensiv und nicht immer einfach. Doch sie sind ein wichtiger Bestandteil unseres kulturellen Erbes. In einigen Städten, so in Ulm und Rastatt, setzen sich inzwischen Fördervereine für Pflege und Instandhaltung ein. Sie haben viel dazu beigetragen, dass gerade die jüngeren Zeugnisse der Militärgeschichte ins Bewusstsein der Öffentlichkeit gerückt wurden und heute als Baudenkmale erhalten werden.

Schloss Heidelberg. Löwenkopf im Schlussstein des Torgangs der Großen Batterie

Die Festungen

Breisach,
der Schlüssel des Reiches

1

Plan Breisachs kurz nach der Rückgabe an Österreich. Das Fort des Cadets und die Befestigung der Ville Neuve auf der Rheininsel sind hier schon geschleift und nur noch durch dünne Linien angedeutet. Fort Mortier ist nun gegen Breisach gerichtet.

Breisach hatte aufgrund seiner Lage bereits seit dem Altertum eine herausragende Bedeutung als militärischer Platz. Der markante, ringsum frei stehende Vulkanfelsen war schon in vorgeschichtlicher Zeit zur Anlage von befestigten Höhensiedlungen genutzt worden, in spätrömischer Zeit sicherte ein Kastell den Rhein, im Mittelalter entstand eine Stadt und die Zähringer erbauten ab 1198 eine Burg. Ende des 13. Jh. entstand eine der wenigen festen Brücken am Oberrhein. Seit 1331 war Breisach in österreichischem Besitz. Erste Anstrengungen zu einer stärkeren Befestigung fanden um 1500 unter

Kaiser Maximilian I. statt, aber der Ausbau zur stärksten Festung am Oberrhein begann erst 1614 durch den Innsbrucker Festungsbaumeister Boll.

Die Stadt wurde im Lauf des 16. Jh. eine wichtige Etappe auf der „Spanischen Straße", die von Oberitalien über das Elsass und Burgund in die Niederlande führte. Sie hatte als Nachschubroute für die Spanier während des über 80 Jahre dauernden Konfliktes mit den aufständischen Niederlanden eine herausragende Bedeutung. Das erstarkende Königtum der Bourbonen in Frankreich wiederum fühlte sich von den Habsburgern zuneh-

mend eingeengt und versuchte im 17. Jh., diese Umklammerung am Oberrhein zu durchbrechen.

Mit Beginn des Dreißigjährigen Krieges bekam Breisach erstmals Bedeutung als Festung von europäischem Rang zu. Nun begann ein massiver Ausbau. Durch den Festungskommandanten Ascanio Albertini wurden die Stadt, der Eckartsberg und der Brückenkopf mit Erdbastionen altniederländischer Manier verstärkt.

Ab Sommer 1632 wurde um die Festung gekämpft. 1633 und 1634 wurde Breisach von den Schweden permanent blockiert, aber erst im Dezember 1638 konnten sie die Festung nach einer monatelangen Belagerung einnehmen. Die Schweden unter Herzog Bernhard von Weimar und die mit ihnen verbündeten Franzosen hatten dabei nicht nur sämtliche Außenwerke im zähen Kampf einnehmen, sondern auch noch drei kaiserliche Entsatzarmeen schlagen müssen. Während der Blockade hatten die Schweden eine sog. Circumvallation angelegt. Dieses System aus Schanzen, Gräben und befestigten Lagern schnürte die Festung vom Umland ab und schützte die Belagerer vor kaiserlichen Angriffen.

Im Juni 1639 fiel Breisach nach dem Tod Bernhard von Weimars an Frankreich. Es wurde zur Grenzfestung und ab 1640 zur Hauptstadt der neu besetzten französischen Gebiete im Elsass mit Statthalter und Gouverneur. Auch wurde die Festung permanent verstärkt, u.a. wurde durch Paul Mörshäuser 1638–43 die Zahl der Bastionen von sieben auf acht erhöht. Er errichtete vor den Kurtinen Ravelins. Seit 1664 war der berühmte Vauban unter seinem Lehrer de Clerville und dem Intendanten Charles Colbert als „entrepreneur" und Baumeister erstmals in Breisach tätig. Seine Pläne wurden bis 1688 größtenteils umgesetzt. Auf einer großen Rheininsel wurde eine bastionierte Kadettenanstalt (Fort des Cadets) erbaut. Aus der unmittelbar angrenzenden anfänglichen „Strohstadt" nordwestlich von Breisach entstand eine echte bastionierte Stadt (Ville Neuve Saint Louis) mit Steinbauten, für die umfangreiche Auffüllungen notwendig waren. Auf dem linken Rheinufer wurde dem Fort des Cadets das Fort Mortier vorgelagert, das seine Front als Schutz des Brückenkopfes in Richtung Westen kehrte.

1676–78 und 1681–88 war der Festungsbaumeister Tarade für Breisach zuständig, durch den u.a. das von Vauban entworfene Rheintor mit seiner repräsentativen Fassade errichtet wurde. Der Friede von Rijswijk 1697 sprach Breisach wieder Österreich zu; Frankreich behielt aber Fort Mortier, das nun „umgedreht" und damit gegen Breisach gerichtet wurde. Die Neustadt Saint Louis wurde bis 1700 abgerissen, ebenso das Fort des Cadets und die Rheinbrücke. Als Ersatz für das verlorene Breisach bzw. als Gegengewicht wurde 1698–1703 in rund 5 km Entfernung Neuf-Brisach errichtet. Die achteckige, sternförmige Anlage war die letzte der zahlreichen Festungen Vaubans und

46

Eine Festungslandschaft am Oberrhein: Nach der Rückgabe Breisachs an Österreich entstand links-rheinisch als Gegenfestung die von Vauban über dem Grundriss eines Oktogons konstruierte Festungsstadt Neuf-Brisach.

ist sicher als einer der Höhepunkte seines Schaffens anzusehen.

Im Spanischen Erbfolgekrieg wurde Breisach erneut von Frankreich angegriffen. Unter dem nominellen Kommando des Dauphin Duc de Bourgogne, tatsächlich aber von den beiden Baumeistern der Festung, Vauban und Tarade, wurde Breisach belagert und 1703 per Akkord eingenommen. Infolge des 1714 geschlossenen Friedens von Rastatt gab Frankreich 1715 Breisach an Österreich zurück.

Ab 1715 ließ Kaiser Karl VI. die Festung weiter ausbauen. In der Phase von 1715–23 wurden unter Oberst Graf Walsegg die Werke im Süden verstärkt. 1724–33 liefen Arbeiten am Eckartsberg unter dem kaiserlichen Baumeister Comte Melchior August de la Venerie, der auch in Freiburg tätig war. Er baute ihn zum selbständigen Fort aus. Im Osten entstanden u.a. Fleschen mit einem weiteren Glacis und einem nassen Graben. Damit hatte die Festung ihre größte Ausdehnung erreicht. Sie sah ihren fertigen Ausbauzustand nur für wenige Jahre, denn schon 1741–45 erfolgte in mehreren Etappen die Schleifung. Maria Theresia verfolgte seit ihrem Regierungsantritt eine neue Politik und wollte den Zankapfel beseitigen. Im Österreichischen Erbfolgekrieg wurde die Festung zwischenzeitlich von den Franzosen notdürftig instand gesetzt, nachdem diese die schon weitgehend entfestigte Stadt eingenommen hatten. 1745 wurde Breisach von den Franzosen wieder aufgegeben; in diesem Zeitraum erfolgten die letzten Schleifungen.

Plan Breisachs im letzten Ausbauzustand vor der Schleifung

Als Grenzstadt geriet Breisach aber immer wieder in die folgenden Kriegsereignisse. 1793 wurde die Stadt vier Tage lang durch die französischen Revolutionstruppen besonders von Fort Mortier aus in Brand geschossen. Einige Portale von damals zerstörten Häusern sind heute noch auf dem Münsterberg zu sehen. Noch 1870 kam es zu einem Artillerieduell zwischen dem Münsterberg und Fort Mortier, und im Zweiten Weltkrieg erlitt Breisach durch Artilleriefeuer starke Zerstörungen.

Der Kern der Festung wird durch den befestigten Münsterberg gebildet. Die meisten Teile der erhaltenen Stützmauern stammen aus der Barockzeit, es fehlen nur die Mauerkronen und Brustwehren. Beim Münster sind mächtige Hangstützmauern zu sehen, die Reste einer etwa dreieckigen Bastion. Am östlichen Hangfuß ist ein Abschnitt der barocken Festungsmauer mit drei Entlastungsbögen aus Ziegeln zu erkennen, die sich noch unter das heutige Straßenniveau fortsetzen. Ecken und Knicke sind mit vulkanischen Steinquadern hervorgehoben. Darunter erstrecken sich Kasematten, die heute als Sektkeller benutzt werden.

Im Zentrum des Berges steht der mittelalterliche Radbrunnenturm mit dem darunter liegenden Schacht des Tiefbrunnens. An der Nordspitze erhob sich seit etwa 1198 die Burg, die in der Neuzeit als Sitz des Festungskommandanten diente. Sie ist durch einen 20 bis 24 m breiten und 12 m tiefen Halsgraben von der Oberstadt getrennt. Von der Burg sind noch die nachträglich bastionierten Ecken im Norden und Südosten sowie die barock überformte Ringmauer erhalten.

Unterhalb des Münsterbergs hatte sich im Westen und Osten seit dem Mittelalter die Bebauung ausgedehnt, außerdem zog die sog. Unterstadt nach Südosten, von deren Befestigung noch das 1402 errichtete Gutgesellentor (Spector) steht. Die Aufgänge auf den Berg wurden schon im 14. Jh. durch Tortürme gesichert, das Kapftor im Nordwesten und den Hagenbachturm (Bürgerturm) im Süden. Von der spätmittelalterlichen Unterstadtmauer sind besonders auf der Ostseite noch Abschnitte zu sehen.

Die Befestigungen unterhalb des Münsterbergs bestanden aus acht Bastionen und sieben Kurtinen, die von einem breiten nassen Graben umgeben wurden, sowie aus umfangreichen Vorwerken. Von den Bastionen sind inmitten der modernen Bebauung heute noch die Aufschüttungen erhalten, außerdem tlw. die Gräben und Kurtinen. In den Parkanlagen an der Rempartstraße sind ein Abschnitt des etwa 80 m breiten inneren Grabens und der Vorwall zu erkennen. Die landseitig dem Festungsgürtel vorgelagerten Werke sind durch die Neubebauung intensiv überprägt, nivelliert und kaum mehr zu erahnen, tlw. nimmt die Flucht von Parzellengrenzen und Straßen noch ihre ehem. Ausrichtung auf.

Eine herausragende Stellung nahm der Eckartsberg ein, der schon früh befestigt und mehrfach ausgebaut wurde. Stützmauern, besonders auf der Süd- und Westseite, stammen tlw. noch von den umgebenden Werken. An der Ecke Eckartsbergweg und dem Auffahrtsweg zum Aussichtspunkt blieb eine Mauerecke mit einem Türmchen erhalten. Auf der Westseite bestehen mehrere Terrassen, auf der unteren ist offenbar noch ein ehem. Wachraum erhalten, der dem Ausbau unter de la Venerie zuzuweisen ist. Der Aus-

sichtspunkt zeigt unter seiner historistischen Brüstung noch festungszeitliches Mauerwerk; an der Südwestspitze des Berges finden sich Reste eines Bunkers aus dem Zweiten Weltkrieg, im Berginnern noch ehem. Kasematten. Auf der Westseite des Berges ist unterhalb des Straßenniveaus noch der untere Teil des Festungsgürtels als Uferstützmauer erhalten.

Stattlichstes Überbleibsel ist das 1670–75 erbaute ehem. Rheintor mit einem wieder hergestellten Brückenabschnitt. Der Wassergraben stellt einen kleinen Überrest des hier großflächig aufgefüllten und überbauten ehem. Rheinlaufes dar. Der dreigeschossige Bau war ursprünglich mit Zugbrücke und Fallgitter gesichert; er ist stadtseitig schlicht gehalten, seine Schaufassade weist zum Rhein. Sie besteht aus sauber gehauenen vulkanischen Quadern, zu denen die reichen Verzierungen aus gelblichem Sandstein kontrastieren, die das französische

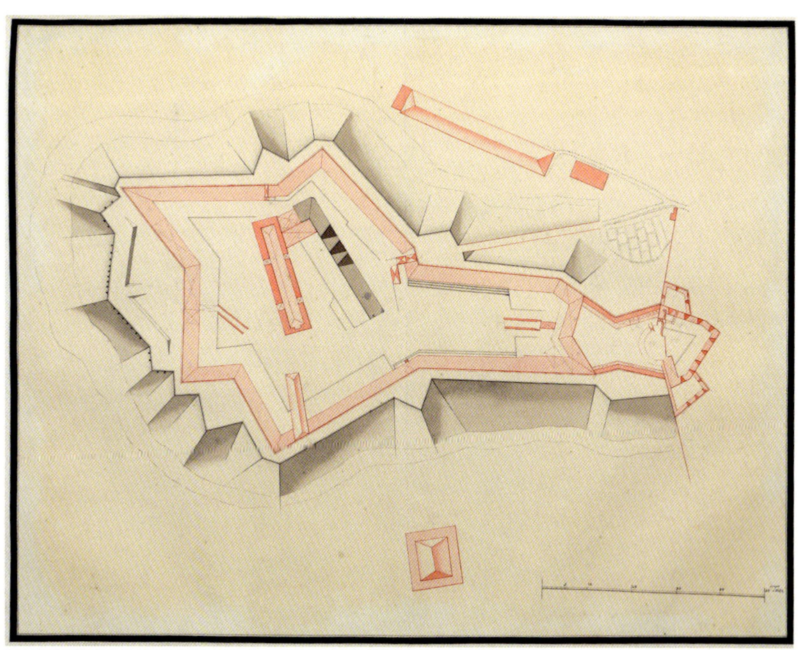

Plan des Forts auf dem Eckartsberg im 18. Jh. mit tenaillierter Enceinte

Reste barockzeitlicher Festungswerke am östlichen Hangfuß des Münsterberges

Wappen mit den Bourbonenlilien, Waffentrophäen sowie Statuen von Mars und Herkules zeigen. Ludwig XIV. wird in einem Medaillon als Jupiter verherrlicht, seine Gemahlin als Juno. Die gefesselten Germanen neben den Obelisken nehmen auf antike Münzbilder römischer Siege Bezug, erinnern bewusst an Cäsars Germanenfeldzug und Rheinbrückenbau. Das liegende Paar zuoberst soll Rhein und Donau darstellen und lässt wie die heute verlorene, doch überlieferte lateinische Inschrift weitergehende Ambitionen erkennen: „Grenze war ich einst den Galliern, nun bin ich Brücke und Tor. Brechen die Gallier durch, nirgends wird Grenze mehr sein." Am 31. August 1673, offenbar noch vor der Fertigstellung, nahm der König seinen Einzug durch dieses Tor in die Stadt. Heute ist hier das Museum für Stadtgeschichte untergebracht. Neben einer Dokumentation mit Plänen zeigt es zahlreiche Fundstücke und macht in eindrucksvollen Modellen die Ausdehnung der Festung anschaulich.

Auf der französischen Rheinseite sind Reste des um 1676 errichteten Fort Mortier als Privatbesitz erhalten; einige Kilometer westlich lohnt der Besuch des Unesco-Welterbes Neuf-Brisach mit seinem Musée Vauban.

H.W., J.W.

2

Schloss Ellwangen, späte Rondellierung einer geistlichen Residenz

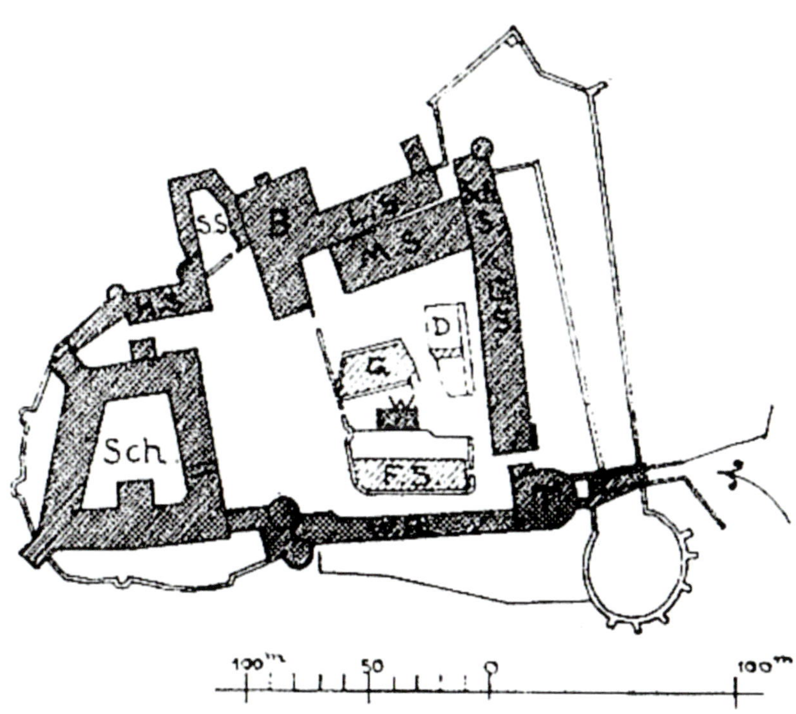

Plan der Gesamtanlage 1913 (Sch. = Schloss, W. = Wasserturm, F. S. = Feuersee, B. = Brauerei, S. S. = Schweinestall, G. S. = großes Stallgebäude, M. S. = Meierei-Scheuer)

Die Fürstprobstei Ellwangen war bis zur Inbesitznahme durch Württemberg 1802/03 ein eigenständiger geistlicher Staat, der sich aus einem Benediktinerkloster entwickelt hatte. Seit der 1. Hälfte des 13. Jh. trugen seine Äbte den Titel eines Reichsfürsten. 1460 wurde das Kloster in ein adeliges Chorherrenstift umgewandelt, aus den Fürstäbten wurden Fürstpröbste. Ihre Residenz bildete das nördlich der Stadt auf einer Bergzunge gelegene Schloss. Dieses wurde wohl noch unter dem ersten Fürstabt Kuno I. gegründet. In der 1. Hälfte des 15. Jh. kam es zur Anlage eines Zwingers mit runden und halbrunden Schalentürmen um die Kernburg. Vielleicht datiert in diese Zeit die Torburg mit dem von zwei runden Türmen flankierten Tor, die im 18. Jh. weitgehend umgebaut wurde.

Spätestens um 1444 wurde unter Abt Johann von Holzingen die weiträumige Vorburg ummauert. Bis 1739 trennte sie ein Graben von der Hauptburg.

Schloss Ellwangen von Nordosten. Deutlich sichtbar ist die an der Angriffsseite im Osten gestaffelte Verteidigungsanlage mit vorgelegtem Wall, innerem Graben und Vorburgmauer. Die Südostecke beherrscht zur Eingangsverteidigung das große Rondell, gegen Norden sind zwei Halbbastionen gerichtet.

Der Status eines Reichsfürsten verlangte nach entsprechender Repräsentation. So ließ Fürstprobst Johann Christoph von Westerstetten (reg. 1603–12) einen umfangreichen Um- und Ausbau vornehmen. Seine Bemühungen, nicht nur ein standesgemäßes, repräsentatives Gehäuse für seine Hofhaltung zu schaffen, sondern auch eine Landesfestung für sein kleines Territorium, ist sicher auch vor den sich zunehmend verschärfenden religionspolitischen Auseinandersetzungen zu sehen. Am Vorabend des Dreißigjährigen Krieges sah sich das katholische Ellwangen mit evangelischen Nachbarn wie Württemberg konfrontiert, welche der Protestantischen Union angehörten.

Da hieß es, ein wehrhaftes Zeichen der Verteidigungsbereitschaft zu setzen. Die Kernburg wurde in eine großzügige Vierflügelanlage mit Arkadenhof umgewandelt. Zur Talseite entstand eine mächtige Doppelturmfront, deren über Eck gestellte Türme einst von achteckigen Aufbauten abgeschlossen wurden.

Der Ausbau der Befestigungen konzentrierte sich hauptsächlich auf die dem Bergplateau zugewandte Front. Der Vorburg wurde ein Wall vorgelegt, der spätestens 1612 fertig gestellt war. Vor ihm wurde ein breiter Graben gezogen. Die Südostecke markiert ein großes Rondell, ein verhältnismäßig später Vertreter dieser Baugattung im deutschen Südwesten. Seine Außenmauern sind, um den Druck der Erdmassen im Innern des Rundbaus aufzufangen, mit zeitgenössischen Pfeilern versehen. Die Plattform wurde ursprünglich durch eine gerundete Brustwehr abgeschlossen, das Innere war tlw. kasemattiert, so dass man durch eine Schlüsselscharte entlang der Südfront des Schlosses schießen und den Raum zwischen Rondell, Torzwinger und Torturm bestreichen konnte. Das Rondell hatte die Aufgabe die gesamte Südfront, an welcher der Weg von der Stadt zum Schloss verläuft, das äußere Tor und den nach Norden anschließenden Wall auf der Ostseite zu flankieren. Dieser springt an der Nordostecke zurück, bildet hier eine Tenaille aus und setzt sich auf der Nordseite in einer Halbbastion fort, deren Flanke die Nordfront der Anlage deckt. Zwischen Wall und Vorburg verlief ein Graben. Die Nordostecke der Vorburg besetzt ein Rundturm, der keine Schießscharten aufweist, lediglich eine überdachte Geschützplattform. Vermutlich entstand dieses kleine Rondell ebenfalls erst im 17. Jh., um den inneren Graben und das Torhaus der Vorburg zu flankieren.

Besonders komplex stellt sich die Torsituation dar. Den äußeren Graben quer-

Äußeres Tor, dahinter der Torturm mit Geschützplattform

Südliche Ringmauer der Vorburg mit dem alles beherrschenden Rondell

te ursprünglich eine Holzbrücke mit aufziehbarem Teil. Eine Torhalle lässt in den Zwingerraum zwischen Wall und Vorburg ein. Von hier führt eine Pforte auf das anschließende Rondell. Hinter der Durchfahrt erhebt sich die mächtige, dreigeschossige Torbastei als gemauerter, halbrunder Geschützturm. Sie wurde 1613 dem älteren gotischen Torhaus vorgelegt und weist eigentümliche Ähnlichkeiten mit der älteren Torbastei des nicht weit entfernten Deutschordensschlosses Kapfenburg auf. Der Bau flankierte einerseits den heute verschütteten Graben hinter dem Wall bis zum kleinen Nordostrondell, andererseits überhöhte er in der Art eines Kavaliers die vorgelegten Werke und ermöglichte so das Feuer über den Wall hinweg in das Vorfeld. Er zeigt in den Obergeschossen Schlüssel- und Maulscharten. Die Durchfahrt ließ sich mit einem Fallgatter und eisenbeschlagenen Torflügeln versperren.

Der halbrunde Turm wurde nachträglich über zwei kurze, parallele Zwingermauern mit der Torhalle im Wall verbunden, das belegt der Anschluss der nördlichen Mauer, welche die Scharte rechts der Toreinfahrt leicht überschnei-

det und gerade noch so viel Platz lässt, dass von hier aus der Torzwinger bestrichen werden konnte. Die nördliche Zwingermauer erlaubte die Flankierung des Innengrabens gegen Norden, in der südlichen Zwingermauer sitzt eine von der Kasematte im anschließenden Rondell gedeckte Poterne, die über eine Zugbrücke Ausfälle ermöglichte. Die anstoßende Vorburgmauer wurde nach einer zeitgenössischen Darstellung zusätzlich durch einen Palisadenzaun gesichert.

1632 wurde das Schloss von den Schweden belagert und eingenommen. Ein letzter Ausbau der Befestigung fand um 1745 statt, als in nördlicher Verlängerung des nur wenige Jahre zuvor zugeschütteten Grabens zwischen Haupt- und Vorburg Schweineställe errichtet wurden. Diese wurden kongruent zur nordöstlichen Halbbastion als etwas kleinere Halbbastion ausgeführt. So entstand eine gegen Norden gerichtete Front in Form eines Hornwerks. Die Ställe erhielten auf zwei Geschossen Schießscharten in Kreuzform zur Verteidigung mit Musketen. Hier ging es nicht mehr darum, das Schloss gegen eine reguläre Belagerung zu sichern, sondern vor Überfällen zu be-

Poterne im Zwickel zwischen Torturm und Rondell

Kreuzschlüsselscharte am Torturm

wahren. Vor allem wurde mit den neuen Befestigungen demonstrativ das Befestigungsrecht der Landesherrschaft und deren Militärhoheit herausgestrichen. Das Schloss Ellwangen war dabei der einzige bedeutende feste Platz der Fürstprobstei, mithin also nicht nur das Residenzschloss, sondern auch die Landesfestung des kleinen geistlichen Staates.

Nach dem Fall an Württemberg wurde das Schloss durch den württembergischen Hof genutzt, 1815 für einige Jahre zur Exilresidenz König Jérôme Bonapartes von Westfalen und seiner württembergischen Gemahlin Katharina. In dieser Zeit wandelten sich die östlichen Festungswerke in Gartenanlagen.

Aus entwicklungsgeschichtlicher Sicht wirken die Befestigungen für ihre Entstehungszeit deutlich veraltet. Doch hat die damalige Epoche dies offenbar an-

ders gewertet. So zeigt gerade Schloss Ellwangen, dass auch noch kurz vor dem Ausbruch des Dreißigjährigen Krieges eine Befestigung mit Rondellen und Geschütztürmen als sinnvoll und ausreichend erachtet werden konnte. Letztendlich spielte die Form im Ernstfall keine Rolle. Dann zählten vorrangig eine günstige, schwer angreifbare Lage, der Durchhaltewille der Mannschaft, ausreichende Bewaffnung und genügend Vorräte.

Das Schloss wird heute in weiten Teilen als Museum mit den Schwerpunkten fürstpröbstliches und königliches Inventar sowie Ellwanger Militärgeschichte genutzt, so dass auch die mit hervorragendem barockem Stuck und Deckengemälden ausgestatteten Räume zu besichtigen sind. Die Befestigungen sind in weiten Teilen frei zugänglich.

C.O.

3

Die Esslinger Burg,
nur ein Teil der Stadtbefestigung

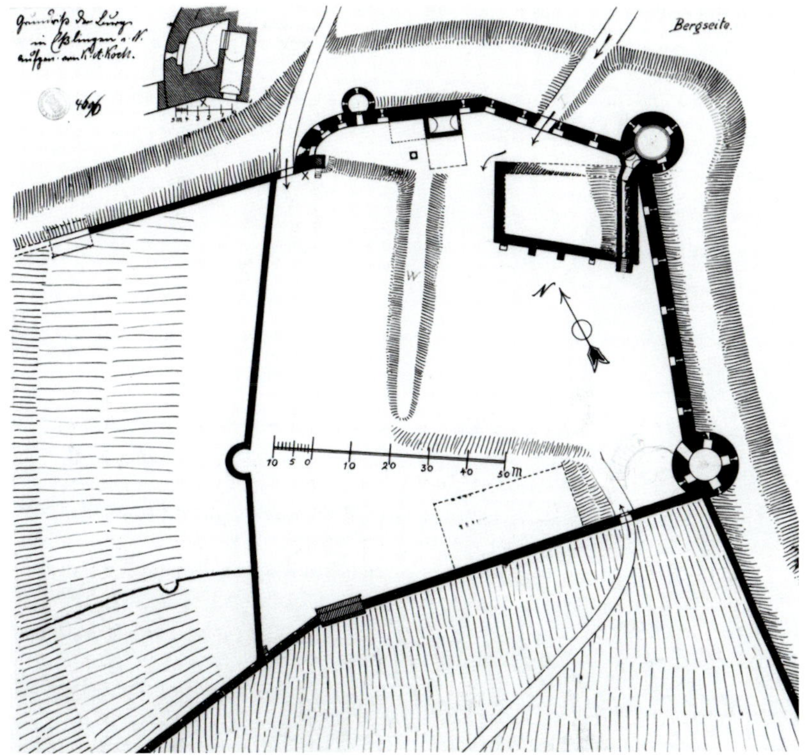

Grundriss um 1900 von Karl Anton Koch mit Einzeichnung der Kasematten

Esslingen am Neckar wurde zu Beginn des 13. Jh. von den Staufern zur Stadt erhoben und ummauert. Die rasch aufblühende Stadt integrierte bis um die Mitte des 14. Jh. mehrere Vorstädte in ihren Befestigungsring. Ihr gelang unter König Rudolf von Habsburg die Anerkennung als freie Reichsstadt.

Esslingens Intimfeind waren die Grafen und späteren Herzöge von Württemberg. In den steten Auseinandersetzungen der Reichsstadt mit dem aggressiven Nachbarn um die Vormachtstellung im mittleren Neckarraum und die Erhaltung der eigenen Freiheit waren ihre Mauern mehrfach umkämpft, zuletzt 1519, als Herzog Ulrich die Stadt belagern ließ.

Die Befestigung wurde seit dem 15. Jh. für den Einsatz von Feuerwaffen nachgerüstet, wie die drei erhaltenen großen Tortürme zeigen. Man brach Löcher für Büchsen in das Mauerwerk und

setzte Prellhölzer zum Auflegen von Hakenbüchsen ein. Diese Hölzer dienten dem Einhängen der Waffen, um deren heftigen Rückstoß beim Schießen abzufangen.

Schon früh, noch in der 1. Hälfte des 13. Jh., hatte man den Schönenberg im Norden in den Mauerring einbezogen. Er stellte eine Gefahr dar, ließ sich doch Esslingen von hier leicht einsehen und beschießen. So zog man quer über den Berg entlang der Hangkante eine Schildmauer, die man auf beiden Seiten über Schenkelmauern an die Stadtbefestigung anschloss. Davor wurde ein Graben ausgehoben. Als 1499–1501 die Wehrgänge ein neues Dachwerk erhielten, rüstete man diese zum Einsatz von Feuerwaffen um, indem man neue Scharten einbaute und in die Wangen der Zinnenlücken Löcher für Prellhölzer schlug. Auf der Mauer sitzt die Hochwacht, die um 1500 als Fachwerkbau unter Einbeziehung eines wohl älteren Turmes entstand und dem Hochwächter als Wohnung diente. Bei Gefahr hatte er die Glocke zu Schlagen.

1519 kam es zur letzten großen bewaffneten Auseinandersetzung mit Württemberg. Herzog Ulrich hatte die Reichsstadt Reutlingen überfallen und erobert. Als nächstes versuchte der inzwischen Geächtete auch Esslingen in die Knie zu zwingen. Nun erwies sich die Befestigung des Schönenbergs als äußerst wichtig. Bis zu diesem Zeitpunkt war das Areal vor der Schildmauer an vielen Stellen nur durch Palisaden geschützt. Schon als sich die Belagerung abzuzeichnen begann, ließ der Rat durch die Bürgerschaft in einer einzigen Nacht einen Weg durch den Burgweinberg anlegen, um Geschütz hinauf zu schaffen. Außerdem wurden zwei Wälle und Gräben gezogen. Tatsächlich erwiesen sich diese Maßnahmen als hilfreich, denn Ulrich platzierte seine Artillerie auf den Ebershalden im Osten, um von dort die Stadt zu beschießen. Vom Schönenberg aus konnten diese Stellungen wiederum unter Feuer genommen werden.

Nachdem der Schwäbischen Bund Esslingen von der württembergischen Belagerung befreit und Ulrich aus seinem Herzogtum vertrieben hatte, ging man an den Ausbau der Werke auf dem Schönenberg. Es entstand ein unregelmäßig fünfeckiger Bering mit vier Geschütztürmen und starken gemauerten Kurtinen. Besonders die östliche Front wurde mit Geschützstellungen und großen Rundtürmen ausgebaut. Kernwerk ist der 1527 erbaute Dicke Turm, der mit seinen Scharten nicht nur die Ebershalden beherrscht, sondern auch alle anschließenden Kurtinen einschließlich des Seilergangs mit seinem Graben und den Hofraum. Seine Mauern sind über 5 m dick, das Geschütz stand in tiefen, überwölbten Wandnischen. Seine vier Geschosse waren durch Bohlendecken voneinander getrennt. Auf der Seite gegen die Ebershalden wurden demonstrativ Kanonenkugeln eingemauert, wohl Originale der Belagerung von 1519, so als wären sie im Mauerwerk

Oberer Turm

stecken geblieben. Sie verweisen auf die Unzerstörbarkeit der Befestigung und erscheinen wie ein Spottgestus gegenüber dem Herzog, dem die Eroberung Esslingens nicht gelungen war.

Die anschließende Kurtine zum Oberen Turm weist ebenfalls große gegen Osten gerichtete Kanonenscharten auf. Sie schloss einst mit einem Wehrgang ab. Der Obere Turm zeigt im Gegensatz zum Dicken Turm nur im obersten Geschoss Scharten für weitreichende Geschütze, die übrigen Geschosse haben Maulscharten für den Einsatz von Hakenbüchsen. Wie am Dicken Turm leiteten über den Scharten Lüftungskanäle den Pulverdampf aus den Schartennischen. Aus dem Hofraum führt ein gewölbter Gang in das Untergeschoss, so dass sich der Turm im Ernstfall auch bei starkem Beschuss mit Munition und Mannschaften versorgen ließ.

Die Nordkurtine verläuft geknickt und zeigt wieder große Geschützscharten. Hinter ihr erhebt sich ein gemauerter Kavalier, um das gegen Norden weiter ansteigende Gelände zu beherrschen. Heute stehen hier drei Feldgeschütze aus dem 19. Jh., welche als Lärmkanonen bei Feuer dienten.

Auch die Nordwestecke schützte ein Turm, der allerdings nur kleine Schlitzscharten aufweist. Hier schließt eine weitere Schenkelmauer an, welche zur Ummauerung der Beutau-Vorstadt gehörte. Sie endet in einem Fachwerkhäuschen. Darunter liegt eine kleine Geschützkasematte, aus welcher die Beutaumauer hangabwärts bestrichen werden konnte. Die Front gegen Westen sicherte ein weiterer Geschützturm, von dem aber nur der halbrunde Stumpf erhalten ist.

Mit dem Ausbau der Befestigungen auf dem Schönenberg war eine weitläu-

Senkscharte in der Brustwehr der Burgstaffel

Flanke mit großen Geschützscharten, die den Anschluss der Befestigung der Beutauvorstadt und deren hangabwärts führenden Graben decken

fige Zwingeranlage an der gefährdeten Hauptangriffsseite der Reichsstadt entstanden, welche im Fernbild wie eine die Stadt bekrönende Burg wirkt. Hierauf geht sicher auch die entsprechende Bezeichnung zurück. Die Esslinger „Burg" war ein eindrucksvolles Zeichen für den Selbstbehauptungswillen der Reichsstadt gegenüber Württemberg. Bis ins 18. Jh. diente sie ähnlich den württembergischen Festungen unter Aufsicht eines Burgvogts als militärisches Sperrgebiet. Er durfte niemanden ohne Vorwissen des Rates in die Burg einlassen. Sein Haus erhob sich an Stelle der heutigen Burgschenke.

Auf der Burg standen in Türmen und Kasematten zahlreiche Kanonen. 1608 verfügte die Stadt über mehr als 83 Geschütze auf Räderlafetten und 62 große Hakenbüchsen für die Mauerverteidigung. Dieser umfangreiche Artilleriepark fiel 1688 bei der Besetzung der Stadt durch die Franzosen der Plünderung zum Opfer.

Der seit 1788 ruinöse Dicke Turm wurde 1887 mit einer Haube nach dem Vorbild der Dicken Türme in Nürnberg restauriert. Heute bildet die Burg eine öffentliche Grünanlage und im Sommer den Raum für Freiluftkino.

4

Freiburg,
Einfallstor in zwei Richtungen

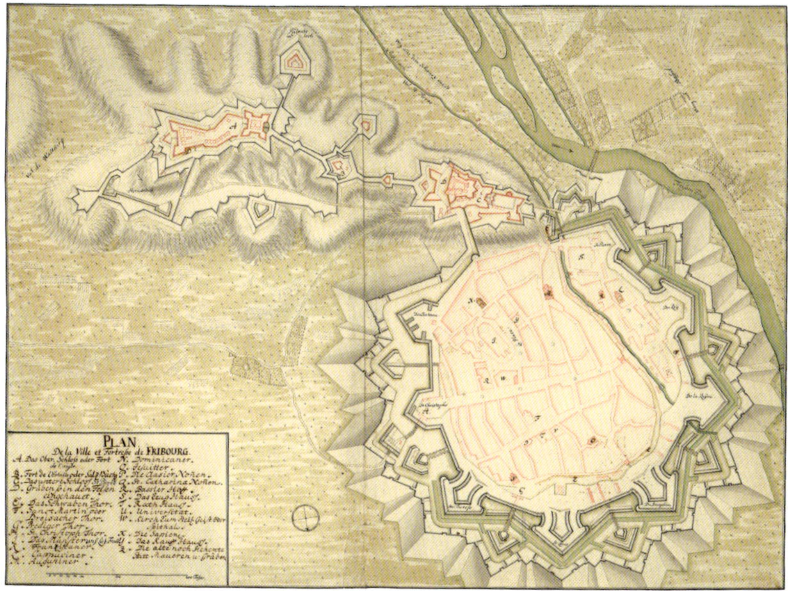

Plan der Festung im Ausbauzustand der 1. Hälfte des 18 Jh.

Durch das Vordringen der Franzosen im Dreißigjährigen Krieg geriet Freiburg in einen Wetterwinkel der Geschichte. Hier wurde der Gegensatz Bourbonen – Habsburger immer wieder mit Waffengewalt ausgetragen. Topographisch war dieser Raum als Schlüsselposition wichtig durch einen der relativ wenigen Schwarzwaldübergänge, durch den nahen Rheinübergang bei Breisach und durch die Verbindungslinie entlang des Rheins von Italien bis in die spanischen Niederlande, über welche die Spanier Truppen in den Nordwesten Europas brachten. Als stark ausgebaute Festung konnte Freiburg seit dem 17. Jh. den Franzosen als Einfallstor über den Schwarzwald nach Osten die-

nen, oder umgekehrt den Kaiserlichen zum Vorstoß ins Elsass. Die Festung Freiburg band mehrfach große feindliche Armeen und verhinderte so ihren weiteren Vormarsch, was den Gebieten hinter dem Schwarzwald nutzte. Eine wesentliche Schwachstelle, die Überhöhung von Stadt und Burg durch einen Kamm mit einem östlich anschließenden, weitläufigen Höhenrücken, wurde schon früh erkannt. Bereits 1501 ist ein Ratsbeschluss dokumentiert, die Stelle auf der Burghalde zu besichtigen „wo man den turn setzen wolle".

Im Dreißigjährigen Krieg wurde Freiburg mehrfach belagert. Nach dem Westfälischen Frieden 1648 wurde die Stadt

ALTE WACHE
HAUS DER BADISCHEN WEINE

Sitz der vorderösterreichischen Regierung. Der vorderösterreichische Landtag legte 1651 fest, dass die Befestigung auszubauen sei. In der Folge wurden vorgeschobene Schanzen errichtet. Um 1660 ist oberhalb des Schlosses bereits ein Bollwerk „Carlseck" vorhanden, wohl das spätere Salzbüchsle. 1668 baute Elias Gumpp das Schloss zur Zitadelle aus und sicherte dabei den Halsgraben durch Kaponnieren. Es wurde nach Kaiser Leopold I. „Leopoldsburg" benannt.

Während des Holländischen Krieges eroberte Marschall Francois de Créqui 1677 Freiburg, das zur französischen Festung wurde. Es wurde erstmals ein geschlossener Bastionsring um die Stadt entworfen. Der neue Generalkommissar der französischen Befestigungen, Sébastien le Prestre de Vauban, traf sich 1679 mit Louvois und Choisy in Freiburg. Er legte zwei Vorschläge vor; der zweite wurde vom König genehmigt und realisiert. Für ihn wurden die alten Vorstädte abgerissen und einplaniert. Man benötigte Platz für die ausgedehnten Werke und ein freies Schussfeld. Die Dreisam wurde nach Süden verlegt. Sternförmig wurde die mittelalterliche Kernstadt durch eine gleichmäßig starke Enceinte mit einem 25 m breiten Wassergraben umfasst. Es entstanden acht Bastionen, die sich tlw. noch heute im Stadtbild abzeichnen. Außerdem wurden sieben Halbmonde (Lunettes) errichtet. Südwestlich des Schwabentors entstand die Bastion St. Pierre/Petersbastei, im Geländerelief von Hausgärten und einem Park noch zu erahnen. Südlich des heutigen Holzmarktplatzes folgte die heute nicht mehr sichtbare Bastion du Roi/Kaiserbastei. Südwestlich der Rempartstraße erhob sich die Bastion de la Reine/Kaiserinbastei, auf deren Erdhügel jetzt die Mensa der Universität steht. Auf der nördlich gelegenen Bastion St. Louis/

Wache am Münsterplatz

Josephsbastei erhebt sich seit dem 19. Jh. das Colombischlössle; die Stützmauer an der Colombistraße ist wohl noch ein Rest der alten Eskarpe. Die Bastion Ste. Thérèse östlich des Fahnenbergplatzes ist nicht mehr zu erkennen. Dasselbe gilt für die Bastion de la Porte St. Christophe (Christoffelsbastei) im Nordnordosten und im Osten für die Bastion du Château/Burgbastei.

Der Friede von Rijswijk brachte Freiburg 1698 wieder unter kaiserliche Kontrolle. Zu Ende des Spanischen Erbfolgekriegs wurde Freiburg 1713 von einer erdrückenden französischen Übermacht unter Marschall Claude Louis Héctor de Villars eingeschlossen und erobert. Unterdessen liefen bereits Friedensverhandlungen in Rastatt. Mit dem Friedensschluss zu Rastatt 1714 gab Frankreich Freiburg an Österreich zurück.

Die Österreicher verstärkten 1715–28 die Werke, die Pläne fertigte der Comte Melchior August de la Venerie.

1740 brach mit dem Regierungsantritt Maria Theresias der Österreichische Erbfolgekrieg aus. Ende August 1744 schlossen die Franzosen unter Marschall Coigny Freiburg ein. Nach langen und erbitterten Kämpfen, denen Ludwig XV. persönlich beiwohnte, musste die Festung übergeben werden. Im April 1745 räumten die Franzosen Freiburg, doch hatten sie zuvor sämtliche Werke demoliert.

Auf den ersten Blick ist im Stadtbild von der Festung nicht mehr viel zu erkennen. Von der Vaubanbefestigung sind außer den oben genannten Hügeln der Bastionen nur noch an wenigen Stellen Relikte erhalten. Als einziges Festungstor blieb das Breisacher Tor, ein wuchtiges Gebäude mit Arkaden zur Altstadtseite. Es war ursprünglich nur zweigeschossig und wurde nach Beschädigung im Zweiten Weltkrieg wieder hergestellt.

Die durch ihren gelben Anstrich hervorgehobene Alte Wache am Münsterplatz mit den rustizierten Arkaden wur-

Breisacher Tor, Stadtseite

de 1733 als Hauptwache erbaut. Nahebei steht das Wentzingerhaus mit dem Museum für Stadtgeschichte, in dem Exponate zur Festungsgeschichte ausgestellt sind.

Das Burghaldenschloss (Vieux Château) war schon früh in die Festung einbezogen worden. Auf dem Weg von der Stadt nach oben sind noch einige Mauerreste zu sehen, besonders deutlich an der mit Fahne gekennzeichneten Ludwighöhe, wo der zähringische Wohnturm stand. Die Festung musste der starken Überhöhung der Stadt durch den Schlossberg (die mittelalterliche Burg stand erst auf halber Höhe!) Rechnung tragen. Die Befestigung musste daher weit über den Halsgraben hinaus weiter hangaufwärts reichen. Ein kleines Hornwerk entstand jenseits des Grabens; ein ehem. Aufgang ist in der Felswand noch erkennbar. Weiter oben steht der um 1900 errichtete Bismarckturm auf einem ehemals hier befindlichen Ravelin, von dem noch ein Kasemattengewölbe zu sehen ist.

Schon um 1660 war etwa 300 m nordöstlich des Halsgrabens das „Carls Egg" als gegen den Berg gerichteter Ge-

schützturm entstanden. Es wurde später als „Salzbüchsle" oder „Fort de l´Aigle" bezeichnet und sollte zunächst der Überhöhung von Stadt und Burg Rechnung tragen. Diese Stelle ist seit 2002 durch einen 35 m hohen neuen Aussichtsturm gekennzeichnet; bei den Fundamentierungsarbeiten kamen die stadtseitige Mauer des massiven Werks, ein parallel verlaufendes Fundament einer nachträglich angesetzten Schützengalerie und Reste des Wachhauses zutage. Auch dieses ältere Werk wurde durch einen gedeckten Weg in die neue Festung einbezogen und mit einer Sternschanze umgeben. Weitere Festungsrelikte sind ab hier durch gezielte Auslichtungen, kleine Betonsäulen und eine Beschilderung im Gelände markiert. Die durch Aufmauerung der Brustwehr rekonstruierte Kommunikationslinie lief nach Osten weiter, welche durch Fleschen in Rautenform zur Flankierung untergliedert wurde. Im Nordosten folgte im Bereich einer Wiese das Fort Carré. Weiter nach Osten erstreckte sich auf dem höchsten Punkt die eigentliche Kernfestung (Fort St. Pierre/

Ehem. Schloss auf der Burghalde. Kasemattenreste des Ravelins

Befestigungen auf der Burghalde. Rekonstruierte Obere Kommunikation

Oberes Schloss) mit dem Sitz des Kommandanten, der Garnisonskirche (durch ein großes Holzkreuz markiert), Kasernen und Pulvermagazin. Nach Nordosten, etwas abgewinkelt, schloss ein größeres Hornwerk die Anlage ab. Außerdem wurden am Hang unterhalb des Hauptwerks kleine Redouten als pfeilförmige Vorwerke angelegt. Die westliche der beiden nach Süden weisenden Redouten zum Dreisamtal hin ist als Aussichtspunkt „Kleiner Kanonenplatz" erkennbar. Auf die Umfassungsmauer sind einige Kanonenkugeln aufgesetzt worden.

Weiter östlich gehören kleine Schanzen auf dem Hirzberg, dem Rosskopf und südlich des Dreisamtals auf der Glümerhöhe und nördlich des Kybfelsen zu einer nach Westen gerichteten Schanzlinie, die vor allem im unteren Bereich noch gut erkennbar ist. Sie entstand 1704 und sollte einen französischen Vorstoß nach Osten erschweren.

H.W.

5

Das Heidelberger Schloss, die feste Residenz der Pfalz

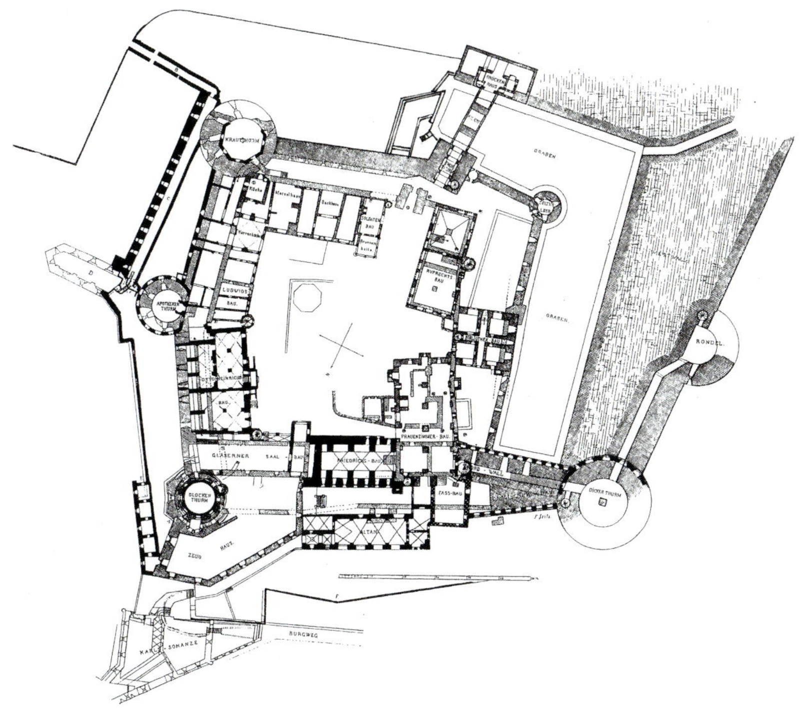

Grundriss

Kaum eine Ruine dürfte berühmter sein als das Heidelberger Schloss. Bis ins späte 17. Jh. war es Residenz der pfälzischen Kurfürsten. Ihr Schloss veranschaulicht exemplarisch die Entwicklung eines Fürstensitzes am Übergang vom Mittelalter zur Frühen Neuzeit. Es verdeutlicht, dass Befestigungen wichtiger Bestandteil landesherrlicher Selbstdarstellung waren. Sie entstanden mitunter an taktisch unwichtigen, dafür aber weithin sichtbaren Stellen.

Das Schloss geht auf eine spätromanisch-frühgotische Burg der Pfalzgrafen zurück, deren Ringmauer noch in den später errichteten Gebäuden erhalten ist. Diese Anlage, die auf einer Hangterrasse des Königstuhls errichtet wurde, erfuhr seit dem 15. Jh. eine durchgreifende Umgestaltung zur Renaissanceburg.

Die Kurpfalz gehörte zu den führenden politischen Kräften in Südwestdeutschland. Friedrich I., gen. „der Siegreiche" (reg. 1449–76), festigte ihre Vormachtstellung in mehreren kriegerischen Auseinandersetzungen und ließ auch einige Burgen in der 2. Hälfte des

15. Jh. für den Einsatz von Feuerwaffen ausbauen. Er verfügte über eine umfangreiche Artillerie. Ob er auch am Heidelberger Schloss Verstärkungen durchführen ließ, ist umstritten. Lange hat man ihm die mächtigen Befestigungen der Ostseite zugeschrieben. Doch jüngere Untersuchungen haben ergeben, dass die Geschütztürme und die beiden Kurtinen auf dieser Seite erst unter seinem Nachfolger Philipp um 1480–1508 errichtet worden sein dürften. Spätestens jetzt wurde ein Zwinger angelegt. Die neuen Kurtinen wurden auf der Hauptangriffsseite im Osten mit Schutt und Erde hinterfüllt, so dass ein Artilleriewall entstand. Die Mauer zwischen dem Glockenturm und dem mittigen Apothekerturm erhielt vier große Geschützscharten. Der Krautturm an der Südwestecke wurde besonders hoch aufgeführt, denn er besetzt einen heiklen Punkt, wo das Gelände die Burg stark überhöht. Für den Entwurf und die Ausführung kommt vermutlich der Baumeister Lorenz Lechler in Frage, der auch kurpfälzischer Büchsenmeister war.

Evtl. beruht die Befestigung auf einer bereits unter Friedrich I. erarbeiteten Konzeption, vielleicht geht sogar noch der Unterbau des Glockenturms auf diesen zurück. Er zeigt eine besonders eigentümliche und im deutschen Burgenbau des 15. Jh. einzigartige Gestalt: Die Eskarpe ist geböscht, aus ihr springen drei bastionsförmige Vorbauten vor, zwischen denen Schlitzmaulscharten sitzen, wie sie typisch für die Entstehungszeit sind. Nun hatte Friedrich I. 1462 einen ganz ähnlichen, ebenso eigenartigen Bau

im Südwesten der Heidelberger Stadtbefestigung errichten lassen: den Turm Trutzkaiser. Der heute verschwundene Bau wurde über sternförmigem Grundriss errichtet. Sowohl der Trutzkaiser wie auch der Unterbau des Glockenturms erinnern an analoge Entwürfe des Italieners Francesco di Giorgio Martini, die dieser seit den späten 1470er-Jahren zeichnete. Eine Beeinflussung durch italienische Ideen scheint zumindest denkbar.

Unter Ludwig V. (reg. bis 1544) wurde der Turm um ein Wohngeschoss mit großen Fenstern aufgesetzt. Friedrich II. (reg. bis 1556) ließ diese wieder zu Scharten umbauen und ein weiteres Wehr- sowie zwei Wohngeschosse aufsetzen. Friedrich IV. (reg. 1591–1610) wiederum ließ die neuen Turmgeschosse einwölben und zwei weitere Stockwerke aufsetzen.

Unter Ludwig V. glich das Schloss über Jahre hinweg einer Großbaustelle. Er investierte nicht nur in neue Wohngebäude, sondern auch in die Befestigung. Dahinter steht wohl die Erfahrung des Feldzuges gegen Franz von Sickingen, dessen Burgen die Kanonen Ludwigs V. gebrochen hatten. Wer die Werke plante, ist unbekannt. Lechler war schon 1525 verstorben, doch zeichneten vielleicht Moritz und Lorenz Lechler d. J. hierfür verantwortlich, evtl. auch Hans Steinmiller von Wertheim, der 1521/22 für den Heidelberger Vogt Wilhelm von Habern die Minneburg am Neckar zur Festung ausbaute.

Die innere Ringmauer wurde aufgegeben. Zuerst überschritt der sog. Bibliotheksbau den Zwinger. Die Mauer zu beiden Seiten wurde völlig neu errichtet und erhielt auf zwei Geschossen Schießscharten. An der Südwestecke entstand 1529 der Rundturm „Seltenleer". Die Südfront, bisher eine einfache Zwingermauer mit Scharten für Handfeuerwaffen, wurde bis 1545 zwischen dem Krautturm und dem 1531–40 errichteten Torturm zu einer mächtigen Schildmauer gegen den Hang des Königstuhls ausgebaut, auf de-

Dicker Turm und Englischer Bau, rechts die Kurtine des Stückgartens

ren breitem Wehrgang leichte Geschütze aufgestellt werden konnten.

Da im Westen der Bibliotheksbau bis an die Ringmauer ausgriff, musste dort eine neue Verteidigungslinie geschaffen werden. Jenseits des Hirschgrabens, der sich tlw. mit Wasser aufstauen ließ, wurde 1528–47 in mehreren Bauabschnitten ein gewaltiger, 100 m langer Wall, der Stückgarten, erbaut. Vor seine Mitte tritt ein mächtiges Rondell mit mehreren Verteidigungsebenen. Die Eskarpe des Stückgartens setzt sich nach Süden fort bis zum Hang des Königstuhls, wo das äußere Schlosstor steht. Unter Friedrich V. (reg. 1610–23) wurden die Brustwehren des Walles durch eine Balusterbrüstung ersetzt. Als Zugang wurde 1615 das Elisabethtor errichtet. Damit war der Stückgarten als Verteidigungswerk gegen Stadt und Neckartal entwertet. Während des Dreißigjährigen Krieges sicherte man die dem Garten zugewandte Front des Dicken Turms und den Zugang zum Garten vom Englischen Bau durch ein zweigeschossiges Vorwerk mit Maulscharten, dem ein Diamantgraben vorgelegt war.

Die Nordwestecke des Walles besetzt der 1526–33 errichtete Dicke Turm. Er de-

monstrierte weithin sichtbar den Machtanspruch der Kurfürsten über dem Neckartal und der Oberrheinebene und erhielt 1616–19 einen Saal mit großen Fenstern. Der Turm wurde 1529/30 über eine große Streichwehr mit dem Schloss verbunden, so dass sich der Hirschgraben mittels Geschütz in südlicher Richtung gegen den „Seltenleer" bestreichen ließ. Sie wurde 1612 unter Friedrich V. für die Erstellung des Englischen Baus durch Jakob Wolff d. J. verbreitert, mit einer weiteren Kasematte ausgestattet und diente nun als Unterbau für den jüngsten Renaissancepalast des Schlosses. Stadtseitig war so eine äußerst monumentale Front entstanden.

Nördlich vor dem Glockenturm wurde um 1538 das Zeughaus über dem Grundriss einer Halbbastion errichtet, der wohl erste Bastionsbau überhaupt in Südwestdeutschland; wobei fraglich ist, ob hier tatsächlich die neue Form bewusst rezipiert oder der Grundriss nur durch die Geländesituation bedingt wurde. Es diente nicht nur als Waffenlager, sondern auch als Geschützstellung gegen den Heiligenberg.

Unter Kurfürst-Administrator Johann Casimir (reg. 1583–92) und Friedrich IV.

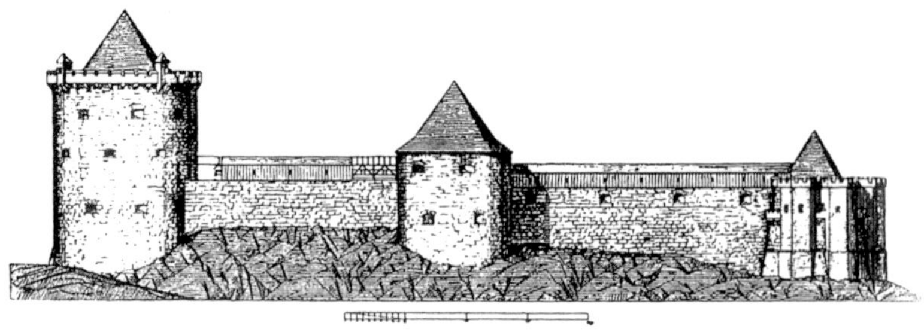

Rekonstruktion der östlichen Front im Bauzustand um 1500 mit früher Geschützstellung zwischen Apotheker- und Glockenturm. Letzterer zeigt stark geböschte Eskarpen und kaponnierenartige Vorbauten.

wurden die Befestigungen an der Ost- und Nordseite verstärkt. Vor der Ostseite wurde ein Wall mit zweigeschossigen Kasematten zur Infanterieverteidigung angelegt. Unterhalb davon entstand eine kurze, mehrgeschossige Streichwehr mit Maulscharten. Sie bildet zugleich den Endpunkt einer den ganzen Graben abriegelnden, zweigeschossigen Kaponniere, die sog. Wasserkasematte, durch welche eine Wasserleitung ins Schloss geführt war. Auf der Nordseite entstanden Große und Kleine Batterie als Geschützplattformen gegen das Neckartal und die jenseitigen Höhen.

Die Befestigungen wurden allerdings unter Friedrich V. wieder entwertet, der seine herausgehobene Stellung unter den Reichsfürsten nach seiner Vermählung mit der englischen Prinzessin Elisabeth Stuart herauszustreichen suchte. Gegenüber der Ostseite entstand über gewaltigen Substruktionen nach Entwürfen Salomon de Caus' (1576–1626) der berühmte Hortus Palatinus, die großartigste Gartenschöpfung der Renaissance im alten Reich. Sie war 1619, als Friedrich die böhmische Königskrone annahm, noch nicht vollendet. Ihre großen Terrassen boten Angreifern optimale Aufstellungsflächen für Geschütze.

Friedrichs Ehrgeiz brachte ihm und Heidelberg großes Unglück. Vom Kaiser wegen seiner Unterstützung des böhmischen Aufstands geächtet und seiner Kurwürde für verlustig erklärt, kam es zu einem Krieg, der das Reich dreißig Jahre heimsuchen sollte. Nachdem Friedrich am Weißen Berg vor Prag 1620 unterlegen war, wurden in Heidelberg in aller Eile Befestigungen nach niederländischer Manier errichtet. An den Hängen des Königstuhls, des Gaisbergs und auf der Molkenkur wurden Schanzen und Redouten angelegt. Auch am jenseitigen Neckarufer entstanden Schanzensysteme und im Westen wurde der Stadtmauer eine Front mit vier Bastionen vorgelegt. Über eine gedeckte Kommunikation wurde sie mit dem renovierten Trutzkaiser verbunden, oberhalb desselben das Vorwerk Trutzbaier errichtet. Die starken Befestigungen konnten nicht verhindern, dass Heidelberg 1622 von den Truppen Tillys nach harten Gefechten eingenommen wurde; zuletzt fiel nach heftigem Beschuss von den Höhen des Königstuhls und des Heiligenbergs das Schloss. 1633 schossen die Schweden ebenfalls von Osten das Schloss sturmreif, das sie bis 1635 halten konnten, aber nach hartnäckiger Verteidigung wieder an die Kaiserlichen übergeben mussten. In diese Zeit datiert wohl die sog. Malteserschanze, die als zweigeschossige Streichwehr in Form einer Halbbastion unterhalb des Torturms zur

Krautturm mit Ansatz der sog. Wasserkasematte im Graben. Links im Hintergrund der Torturm

Apothekerturm mit Kaponniere, sog. Spitzgrabenwehr

Deckung des Nordgrabens errichtet wurde.

Nach dem Krieg ließ Kurfürst Carl Ludwig (reg. 1649–80) vor der Redoute unterhalb des Apothekerturms eine zweite Kaponniere, die sog. Spitzkasematte, zur Bestreichung des Ostgrabens mit Geschütz errichten. Besonderes Augenmerk auf die Verteidigungsanlagen legte sein Nachfolger Carl II. (1680–85). Auf der Nordostecke entstand 1681–83 als gestalterisch aufwändiger Bau die Carlsschanze, deren Spitze der Carlsturm besetzte. Das Mauerwerk dieser über drei Ebenen gestaffelten Anlage ist sehr sauber und auf Sicht gearbeitet, die großen Geschützscharten der kasemattierten Halbbastion sind aufwändig von Rustika gefasst. Den Ecken wurden schmucke Postenerker aufgesetzt. Die Carlsschanze sicherte den nördlichen Zugang und flankierte sowohl die Ostfront wie auch die Nordseite. Dem Dicken Turm wurde ein ähnliches Werk mit mindestens zwei Bastionen und dem Westrondell eine Bastion vorgelegt. Alle Werke waren mehrge-

schossig kasemattiert. Sie bildeten hoch über dem Tal einen äußerst eindrucksvollen, martialischen Sockel für das Schloss. Es ist auffällig, dass ausgerechnet diese Schauseite mit Befestigungen überreich ausgestattet wurde. Der Grund ist sicher nicht nur in der Beherrschung der jenseitigen Odenwaldhänge zu suchen, sondern auch im Repräsentationsbedürfnis des Bauherrn, der sich in Türkenkriegsspielen als Kriegsherr inszenierte. In ihrer Konzeption und Architektur erinnern die Werke an die nur wenige Jahre älteren elbseitigen Befestigungen des kursächsischen Sonnenstein über Pirna.

Kaum vollendet, so kam im Pfälzischen Erbfolgekrieg der Untergang, als Ludwig XIV. die Pfalz durch seine Truppen verheeren ließ. 1688 nahmen die Franzosen unter dem berüchtigten Melác Heidelberg kampflos ein, der Dicke Turm und der Carlsturm wurden gesprengt. 1693 kam es noch schlimmer: Nach kurzer Belagerung musste Heidelberg, schlecht gerüstet und mit zu wenig Soldaten besetzt, kapitulieren. Die Franzosen sprengten den

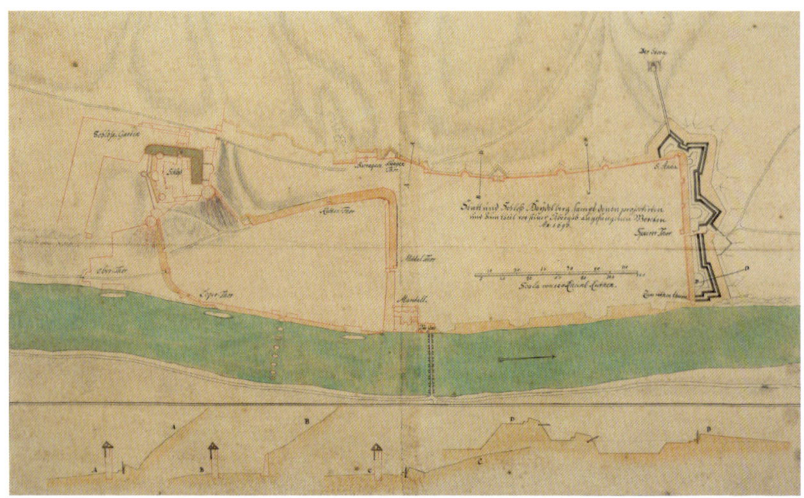

Befestigungsplan Heidelbergs vor der zweiten Eroberung durch die Franzosen 1693

Krautturm, den Seltenleer und das Westrondell. Heidelberg und das Schloss gingen in Flammen auf. Danach verlor Heidelberg als Residenz an Bedeutung. Zwar kam es zur Wiederherstellung, doch entstand schließlich in Mannheim ein Palast, der den Ansprüchen an eine moderne Hofhaltung der Barockzeit weit mehr entsprach als die ramponierte Heidelberger Residenz. Als 1764 der Blitz in den Apothekerturm einschlug, zerstört ein erneuter Brand die wieder unter Dach gebrachten Gebäude. Seither ist das Schloss Ruine.

Von den Befestigungen des 17. Jh. und den dramatischen Kriegsereignissen jener Epoche finden sich nur noch Spuren an den Hängen des Königstuhls und Gaisbergs: Gräben, Wälle, einzelne Mauerzüge. Eindrucksvoll stellt sich hingegen das kurfürstliche Zeughaus am Neckarufer (Marstallhof 1) dar. Es entstand um 1510 unter Ludwig V. in der weitgehend noch unbefestigten Vorstadt als kastellförmiger Bau zur sicheren Verwahrung von Geschütz und Material. Die vier Ecken besetzen Rundtürme. In bewusst altertümlicher Weise wurden die Außenmauern aus Buckelquadern gefügt und wie der Torturm des Schlosses mit einem Bogenfries geziert. Zum Neckar öffneten sich Tore, die dem An- und Abtransport von Geschützen und Material per Schiff dienten. C.O.

6

Der Hellenstein,
eine Festung als Repräsentationsbau

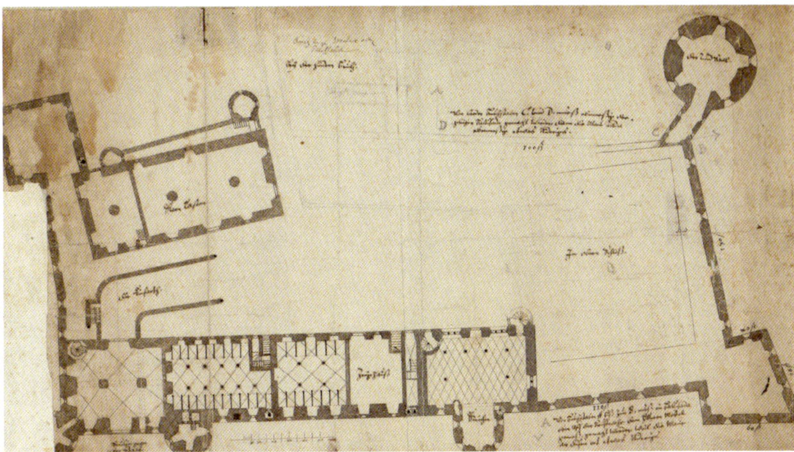

Grundriss um 1610 mit Angaben Heinrich Schickhardts zur Verstärkung der Ringmauern mit Palisaden. Die Ringmauer im Süden ist noch nicht ganz geschlossen und zeigt einen heute verlorenen kleinen Rundturm nahe dem Südtor.

Schloss Hellenstein über Heidenheim zählte zwar nicht offiziell zu den württembergischen Landesfestungen, gleichwohl ließen die Herzöge Ulrich und Friedrich I. es festungsartig verstärken. Der Hellenstein wurde zwischen 1130 und 1150 gegründet, in seinen ältesten erhaltenen Teilen gehört die Kernburg mit ihren mächtigen Buckelquadermauern noch in die Stauferzeit. Im Spätmittelalter befand er sich im Besitz der Herzöge von Bayern. Aus dieser Zeit stammt der mächtige, dreigeschossige Fruchtkasten, der um 1470 in der damals sicher schon existenten Vorburg errichtet wurde.

Württemberg erwarb Burg und Herrschaft erst verhältnismäßig spät, nachdem es sie schon einmal kurzfristig im 15. Jh. besessen hatte: 1504 wurden sie im Zusammenhang mit dem Landshuter Erbfolgekrieg von Bayern an Herzog Ulrich abgetreten. Damit hatte dieser eine Exklave östlich seines Flächenstaates erworben, die von strategischer Bedeutung war, lag sie doch an einer wichtigen Handelsstraße von Ulm ins Innere Württembergs. Sehr wahrscheinlich ließ Ulrich die Kernburg, das Obere Schloss, sogleich verstärken, welche von einem schmalen Zwinger umgeben war. Der mächtige Runde Turm an der Südwestecke, der am höchsten Punkt der Schlossanlage steht und die beiden Hauptangriffsseiten beherrscht, wurde bisher immer in die Zeit um 1536 datiert, tatsächlich ist aber schon 1529 in den Quellen von einem Bollwerk die Rede. Er ist über einen kurzen, kaponnierenarti-

gen Flügel mit dem Zwinger der Hauptburg verbunden. Die einzelnen Geschosse waren nicht eingewölbt, sondern besaßen Balkendecken. In ihnen stand schwere Artillerie, wie die großen versetzt zueinander angeordneten Kanonenscharten verraten.

Auch die kleine Barbakane am Zugang zu Hauptburg könnte mit ihren gestuften Scharten und dem Rundbogentor noch in die erste Ausbauphase unter Ulrich gehören. Eine der Scharten sitzt genau im Gewände des Torbogens und zielt auf den Zugang.

Trotz dieser Verstärkung wurde der Hellenstein 1519 nach nur zweitägiger Belagerung durch den Schwäbischen Bund genommen und 1521 von Kaiser Karl V. samt der Stadt Heidenheim an die Reichsstadt Ulm verkauft. Nach seiner Rückkehr aus dem Exil konnte Ulrich den Hellenstein 1536 zurückerwerben. Schon im Jahr darauf ließ er durch Joachim Mayer und Wilhelm von Janowitz mit Wiederherstellungsarbeiten an der durch ein Feuer 1530 schwer beschädigten Hauptburg beginnen, die einen neuen Wohnbau erhielt. 1544 waren die Arbeiten abgeschlossen. Mit der Wiederherstellung demonstrierte Ulrich sichtbar seine Rechte über Heidenheim und die zugehörige Herrschaft.

Ähnlich motiviert war wohl der ungleich großartigere Ausbau, den Friedrich I. ab 1595 durch Elias Gunzenhäuser und Heinrich Schickhardt ins Werk setzen ließ. Schickhardt zeichnete dabei wohl vor allem für die Befestigung verantwortlich, der gelernte Zimmermeister Gunzenhäuser hatte die Bauleitung.

Friedrich suchte die seit 1534 geschaffene Landesbefestigung durch Außenposten zu erweitern. So wurde auch der Hellenstein tlw. neu befestigt. Auf einem wohl um 1611/12 entstandenen Plan empfahl Schickhardt die Erhöhung der zu niedrigen Ringmauern um die Kernburg mit Palisaden, die stattdessen schließlich abgerundete Brustwehren aus Stein mit Geschützscharten erhielten. Die Nordwest- und die Südostecke des Hellenstein wurden mit zwei kleinen Bastionen besetzt, die zu den frühesten Bauten dieser Art in Württemberg zählen. Sie ersetzten vermutlich ältere Rundtürme und dürften von Schickhardt entworfen worden sein. Die Bastion an der Südwestecke weist eine deutlich längere Flanke gegen Westen auf, um eine möglichst effektive Bestreichung der langen Südseite zu ermöglichen, welche die Hauptangriffsfront des Schlosses bildete. Wie die Kurtine zeigt sie abgerundete Brustwehren mit eingeschrägten Scharten zur Verteidigung mit leichtem Geschütz. Die schwere Artillerie stand im Runden Turm. Zwischen ihm und der Südwestbastion erstreckt sich ein Graben. In einem Knick der Kurtine liegt das feldseitige Tor. Bis 1828 schloss das Gebälk des von rustizierten Halbsäulen gerahmten Tores mit dem Herzogswappen und zwei flankierenden Obelisken ab.

Friedrich hegte ein starkes Repräsentationsbedürfnis, er war um internationales Prestige bemüht und entfaltete daher eine ausgesprochen prachtvolle Hofhaltung. Großartige Bauten dienten dem Ansehen des Landesherrn. Der Herzog sah in ihnen folglich eine staatspolitische Aufgabe. Dem Geschützturm Ulrichs wurde ein kreisrunder Festsaal aus Fachwerk aufgesetzt, der den Ausblick in die umgebende Landschaft erlaubte. Seine Decke und seine Wände bemalte Friedrich Sustris reich mit Grotesken. Das schloss die Nutzung als Festungswerk nicht aus, wie die unter Friedrich offenbar stark erneuerten Geschützscharten

Runder Turm

verraten. Sie erhielten wohl erst jetzt ihre eigentümlichen Laibungen mit abgerundeten Abtreppungen, wie sie auch an anderen Bauten aus Friedrichs Zeit erscheinen. 1810 wurde der Saalaufbau abgebrochen.

1601–11 wurde die Nordseite der Vorburg ausgebaut. Schon das sauber gesetzte, äußerst qualitätsvolle Quadermauerwerk zeichnet diese Bauten gegenüber den unter Ulrich errichteten Befestigungen aus und zeugt vom Anspruch des Bauherrn. Als Erstes entstand 1601–05 die Schlosskirche mit ihrem querrechteckigen, typisch protestantischen Predigtraum. Die stuckierten Emporenbrüstungen schuf der Kalkschneider Gerhard Schmidt, einer der besten Vertreter seines Faches im damaligen Reich. Auch hier zeigt sich Friedrichs Wunsch nach Repräsentation in einer exquisiten Ausstattung, einem der Höhepunkte renaissancezeitlicher Hofkunst in Württemberg. Doch der Kirchenraum, unter dem eine Kasematte liegt, war zugleich Gefechtsstellung, denn der Chor liegt

in einem halbrunden Turm und besitzt Schießscharten. Die Okuli im Obergeschoss, die äußerlich wie Scharten gestaltet sind, dienten hingegen tatsächlich nur der Belichtung des Innenraums.

1605–08 folgte östlich anschließend die Obervogtei, die u.a. das Zeughaus und die Stallungen enthielt. Die Souterrain- und Erdgeschossräume wurden zur Verteidigung mit Schießscharten ausgerüstet, die paarweise angeordneten Steigbügelscharten markieren die Lage der Aborte. Zuletzt erwuchs 1607–11 der Altanbau mit den beiden das Tor flankierenden Türmen. Die Gestaltung scheint auf französische Vorbilder zu verweisen. Doppelturmtore waren in Frankreich seit dem 12. Jh. ein typisches Element des Schlossbaus. Friedrich hatte Frankreich bereist und mag dort die Anregung zu dieser imponierenden Bauform erhalten haben. Es ist sicher kein Zufall, dass dieser besonders repräsentative Bau als weithin sichtbare Landmarke über dem Brenztal die Nordostecke des Schlosses besetzt. Wie der Tübinger Torbau Friedrichs bildet er

Stadtseitiges Tor

den repräsentativen, stadtseitigen Hauptzugang. Das Renaissanceportal ist allerdings nur noch in Bruchstücken überliefert. Besonders aufwendig stellt sich die dreischiffige Torhalle mit kräftigen Pfeilern dar. Abgeschlossen wird der Bau von einer ursprünglich offenen Geschützplattform mit abgerundeter Brustwehr, die erst 1656 ihre Bedachung erhielt. Von hier aus ließen sich Stadt und Brenztal beherrschen. Große Geschützscharten mit gestuften Laibungen verleihen dem Bau eine martialische Wirkung, über ihnen sitzen die kreisrunden Mündungen der Rauchabzüge.

Seit 1606 war das Schloss durch eine von Schickhardt und dem Werkmeister Johannes Kretzmaier d. Ä. geplante Wasserkunst mit Pumpwerk und Deichelleitung mit frischem Quellwasser versorgt worden, allerdings wurde diese im Dreißigjährigen Krieg zerstört. Daher wurde 1666–70 durch Aalener Bergleute der 78 m tiefe Schlossbrunnen in der Vorburg abgeteuft.

1634 wurde der Hellenstein von kaiserlichen Truppen erobert und geplündert. 1648 zwangen die Franzosen unter Turenne eine bayerische Besatzung zum Abzug. 1695 wurde der Hellenstein zum Artilleriedepot eingerichtet; 1693 und 1734 diente er kurzfristig als Zuflucht des württembergischen Hofes. Im Spanischen Erbfolgekrieg wurde 1702 der Wald am Schlossberg gefällt. Aus den Bäumen wurden Palisaden, Schlagbäume und Wachthäuser zur Verstärkung der Tore gefertigt. Der Hellenstein erhielt eine militärische Besatzung. Aus dieser Zeit könnten jene Erdwerke stammen, die sich in Resten vor der Nordfront am Fuß des Kapellenturms abzeichnen. Die im Vergleich zum Hohenneuffen oder Hohenasperg relativ schwache Bergfestung Hellenstein erschien immerhin 1704 einem französischen Kommandanten, der mit 10.000 Mann vor ihr aufmarschierte, so stark befestigt, dass es ihm zu risikoreich war, den Platz anzugreifen.

Seit dem späten 18. Jh. fanden erste Abbrüche statt, doch wurde der Hellenstein noch 1801 und 1806 mit württembergischen Kompanien belegt. 1821–27 wurde die Hauptburg in Teilen niedergelegt. Erst 1867–69 fanden Instandsetzungsmaßnahmen statt. Heute präsentiert sich der Hellenstein als Teilruine. Die Bauten Herzog Friedrichs sind aber intakt und beherbergen zwei Museen. In der Kapelle und der anschließenden ehem. Obervogtei ist heute das Heimatmuseum untergebracht, im Fruchtkasten befindet sich das Museum für Kutschen, Chaisen und Karren, das eine Besichtigung des eindrucksvollen spätmittelalterlichen Innenausbaus mit Pfosten und geblatteten Kopfbändern erlaubt.

C.O.

7

Die Hochburg bei Emmendingen, Landesfestung der Markgrafen von Baden-Durlach

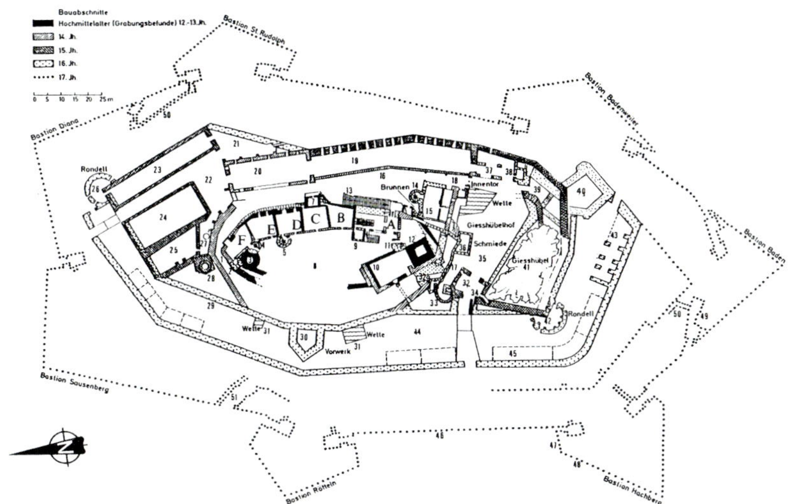

Grundriss mit Flankenkasematten in den Bastionen der äußeren Enceinte

Die Hochburg bei Emmendingen ist eine der wenigen Burgen in Baden, die durchgreifend als Festung ausgebaut wurden. Sie erhebt sich auf einem Höhenrücken 3 km östlich von Emmendingen. Eine Burg des 11./frühen 12. Jh. wurde ungefähr um 1200 durch Auffüllungen nach Norden entlang des Höhenrückens zu einer länglich-elliptischen Anlage von etwa 85 m Länge ausgebaut. Die Burg, erstgenannt 1163, und die Gründerfamilie hießen ursprünglich Hachberg. Die Markgrafen von Baden kamen vermutlich in den 1230er-Jahren in den Besitz der Burg. 1423/24 überstand sie einen Krieg gegen die oberrheinischen Städte und den Kurfürsten von der Pfalz.

Nach 1515 wurde unter Markgraf Christoph der Bereich südwestlich unterhalb der Hauptburg massiv ausgebaut. Hier liegt die gegen einen Bergrücken gerichtete Hauptangriffsseite. Es entstand ein Vorwerk mit Streichwehr zur Verteidigung des Tores.

Im Bauernkrieg 1525 hielt die Burg stand und wurde wohl im Anschluss unter Markgraf Ernst weiter verstärkt. In den religionsbedingten Konflikten des 16. Jh. wurde sie unter Karl II. von Baden-Durlach zwischen 1552 und 1577 aufwendig zur Festung ausgebaut. Aufgrund ihrer Funktion als Herrschaftsmittelpunkt und angesichts des beschränkten Platzes ließ man die hochragenden spätmittelalterlichen Bauten bestehen, obwohl sie der Idee der neuzeitlichen Festung eigentlich widersprachen. Die Befestigungen aus der Zeit des Markgrafen Ernst wurden für

diese Neubauten niedergelegt. So wurde die Vorburg gegen die besonders gefährdete Südwestseite um das „Hohe Werk" vergrößert. Dieses diente als mächtiger Artilleriewall. Eine hohe Ringmauer, die tlw. bereits vorhandene spätmittelalterliche Substanz einbezieht, wurde um die Burg gezogen. Die offenbar flacher abfallende Westseite des Berges wurde durch einen breiten Graben mit gemauerter Außenwand geschützt, in den im Süden beim Flankierungsturm „Scharfes Eck" ein Toreingang führte. Im Graben lagen gleich hinter dem Tor eine Remise, zusätzliche Quartiere für Soldaten und zwei Wetten, die als Löschwasserteiche und wohl auch als Pferdeschwemme/-tränke dienten.

Der neuen Enceinte wurden zwei traditionelle, zeittypische Rondelle, aber auch zwei hochmoderne bastionierte Türme vorgesetzt. Der südliche, 1636 gesprengte Turm dürfte dabei zu den frühesten Ohrenbastionen im deutschen Südwesten zählen. Das Nordostrondell, erbaut um 1550–60, zeigt zwei Reihen von brillenförmigen Maulscharten übereinander; die unteren sind mit länglichen, polsterförmigen Quadern umrahmt, ein martialisches Schmuckmotiv, das für den renaissancezeitlichen Festungsbau am Oberrhein typisch ist.

Zugänge in das Innere der Festung lagen im Norden und besonders im Südwesten. Eine schräg nach unten gerichtete Scharte schützt das Haupttor.

Gleichsam in Vorahnung des Dreißigjährigen Krieges wurde die Hochburg durch Markgraf Georg Friedrich 1599–1614 zu einer Bastionärfestung ausgebaut. Damit entstand die erste konsequente und vollständige Bastionierung einer Höhenburg in Südwestdeutschland. Sie bildet einen Kranz von insgesamt sieben Bastionen, die u.a. nach Burgen bzw. Herrschaftsteilen der Markgrafen von Baden benannt wurden. Verlauf, Winkel und Form der Bastionen sind, wohl die Geländeform berücksichtigend, voneinan-

der etwas abweichend, ebenso die Kurtinenlängen. Das Nordende der Burg wird durch vier, der Süden durch drei Bastionen geschützt. Hier wurde auf dem Wall ein Kavalier errichtet, der das dahinter gelegene Hohe Werk decken sollte.

Einige der Bastionen besaßen Ohren, doch wurde offenbar noch während des Baues das Konzept geändert. Zwei Bastionen haben nämlich keine Flanken, sondern knicken zu den Kurtinen hin im stumpfen Winkel ab. Zumindest bei der Bastion Baden im Süden ersetzte man ältere Flankenhöfe durch den Einbau von kasemattierten Geschützstellungen. Das verraten deutlich Baufugen. Die Bastion Baden zeigt außerdem recht grobes Mauerwerk, während die anstoßende Enceinte nach Nordosten sehr sauber verfugte Sandsteinquader aufweist. Die Eskarpe ist zur Stabilisierung durch kleine, sehr präzise gemauerte Breschbögen gegliedert. Die Bastion Baden, welche mit ihrer Spitze gegen die Hauptangriffsseite gerichtet ist, könnte also am Anfang der Neubefestigung stehen. Auch an einigen anderen Bastionen markieren Baufugen deutlich die Lage der alten Flankenhöfe.

Als Baumeister wird der Straßburger Johann Schoch vermutet; dieser hatte zwischen 1591 und 1593 einen Entwurf für die Befestigung von Emmendingen vorgelegt. Eine inzwischen verschollene Inschrift von 1614 an der Hochburg nannte jedoch den Baumeister Johann Buwinghausen von Walmerode, allerdings war 1609 an der Festung auch ein Straßburger, nämlich Johann Ennoch Meyer, tätig. Auf Straßburg verweisen auch die Breschbögen, ein Merkmal des Straßburger Festungsbaus, das auf Daniel Specklin zurückgeht.

Den Hauptzugang bildete das barocke Rothgattertor im Nordwesten, dessen Wachhaus auf 1671 datiert ist. Es wurde durch Schießscharten in den Wänden der Torkammer verteidigt. Der neuen Enceinte wurde ein Graben mit Glacis und gedeck-

Das Nordostrondell mit doppelt angeordneten, getreppten Maulscharten, die dekorativ mit Bossenquadern gerahmt sind

Blick entlang der Eskarpe der Bastion Baden gegen die Bastion Badenweiler. Die einst zurückgezogene Flanke wurde durch Einbau einer Kasematte zugesetzt. Rechts das alte Bastionsohr

tem Weg vorgelagert, der mit Palisaden verstärkt war, wie ein Plan von 1675 ausweist. Demnach umfingen die Burg im Norden und Westen noch weit umfangreichere Vorwerke; sie sind am Westhang noch zu erahnen. Weitere vorgelagerte Werke finden sich auf dem Höhenrücken im Süden, der eine Schwachstelle der Fes-

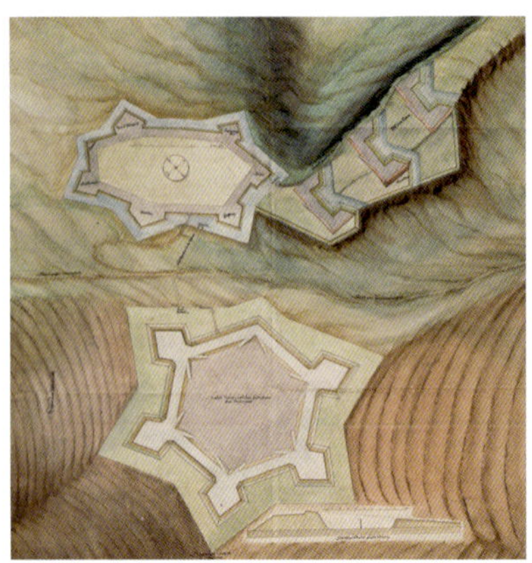

Ausbauprojekt aus dem Jahr 1609. Der Höhenrücken im Süden sollte mit drei Hornwerken befestigt werden. Im Gelände westlich der Burg war ein riesiges sechseckiges Fort mit Bastionen, hier einfach als „Schanze" bezeichnet, geplant. Ausgeführt wurde von diesem Projekt wohl nichts. Es dürfte im Zusammenhang mit der Gründung der protestantischen Union stehen.

tung bildete. Der Hornwald überhöht hier sogar die Anlage.

Durch die Bastionen führen bis heute unterirdische Durchgänge aus dem Vorgelände von den ehemals vorgelagerten Erdwerken her auf den Wall.

Im Verlauf des Dreißigjährigen Krieges wurde die Hochburg nach monatelanger Belagerung 1636 durch die Kaiserlichen eingenommen. In der Burg fanden sich 87 große und kleine Geschütze, 8.476 Eisenkugeln verschiedener Kaliber, 2.500 Kartätschen, über 3.000 Granaten und 695 Musketen. Es erfolgte eine tlw. Schleifung der Festung; die beiden westlichen Türme am Hohen Werk wurden gesprengt. Sie

sind heute nur noch in ihren Grundmauern ablesbar.

Zwischen 1660 und 1678 wurde die Festung unter Friedrich VI. wiederhergestellt. Einige der Flankenhöfe wurden wohl erst jetzt aufgegeben. Aus dieser Zeit dürften auch die oben erwähnten ausgedehnten Vorwerke stammen, die vielleicht auf Ideen des Ingenieurs Georg Rimpler zurückgehen, welcher Umbaupläne für die Hochburg fertigte. Schon 1609 hatte man eine Befestigung dieses Geländes durch drei hintereinander gestaffelte Hornwerke geplant.

Die ausgebaute und erneuerte Festung war gut gerüstet. Ein Inventar von etwa 1673/75 nennt rund 30 große und kleine Geschütze, 250 neue Musketen und über 8.000 Bleikugeln. Als jedoch 1679 am Ende des Holländischen Krieges die Festungen Breisach und Freiburg den Franzosen zugesprochen wurden, musste man Angriffe von dort befürchten. Um die Franzosen nicht durch die Hochburg zu provozieren, ließ der Markgraf 1681 freiwillig die äußeren Befestigungen schleifen.

1684 kam es durch Unachtsamkeit zu einem Großbrand. Im Pfälzischen Erbfolgekrieg sprengten 1689 französische Truppen die Burg. Ein Wiederaufbau unterblieb.

Am westlichen Hang, an der Kreisstraße K 5101, liegt der Meierhof. Er wurde 1571–73 errichtet und nahezu quadratisch mit einer Ringmauer und vier quadratischen Ecktürmen umgeben. So bildete er ein vorgeschobenes Fort, das durch Geschützfeuer von der Festung aus gedeckt werden konnte. Davon steht noch der niedrige Südostturm.

C.O., H.W.

8

Der Hohenasperg, Württembergs Demokratenbuckel

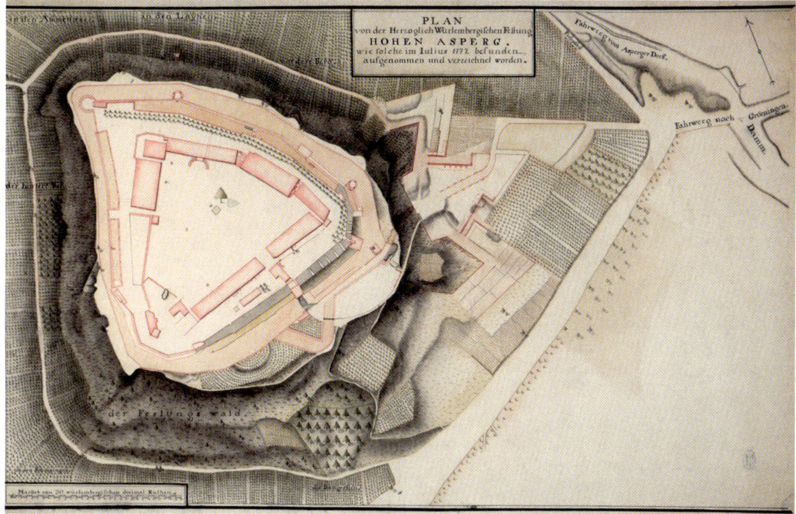

Plan der Festung 1777. Deutlich erkennbar sind die damals schon wieder zerfallenen Vorwerke Herzog Carl Alexanders mit den Kasematten in Ravelin und Kontergarden.

Der Volksmund nennt den markanten, aus dem Unterland aufragenden Bergkegel „Demokratenbuckel" oder „Tränenberg". Diese Bezeichnungen gemahnen an eine zentrale Funktion württembergischer Landesfestungen: die Nutzung als Staatsgefängnis, vor allem für politische Gegner. Zu den berühmtesten Insassen auf dem Asperg zählten in dieser Hinsicht der Finanzmann Josef Süß Oppenheimer, der Dichter und Komponist Christian Friedrich Daniel Schubart und der liberale Ökonom Friedrich List. Die Burg Hohenasperg war seit 1308 in württembergischem Besitz. Ab 1360 wurde sie um eine kleine, befestigte Stadt erweitert. Ihr Mauerring bildet im Kern bis heute die innere Befestigung der Landesfestung.

Der Berg spielte eine wichtige strategische Rolle zur Sicherung des Landes. Schon 1450 ließ Ulrich V. Kanonen auf die Feste bringen, und im 15. und frühen 16. Jh. wurden die Befestigungen stark ausgebaut. Doch hielten diese der Belagerung durch den Schwäbischen Bund 1519 nicht stand.

Der Bund verkaufte Württemberg und den Hohenasperg an Österreich, das den weiteren Ausbau zur Festung plante und seit 1524 die Bewohner des Städtchens animierte, ins Tal umzusiedeln. Endgültig verlegt wurde die Stadt aber erst nach der Rückkehr Herzog Ulrichs aus dem Exil 1534. Er machte sich umgehend an den Ausbau, denn der Hohenasperg war zur Landesfestung bestimmt worden. Durch

die Verlegung der Stadt wurde Platz zur Anlage neuer Gebäude für die Unterbringung der Mannschaften, des Materials, der Vorräte und zur Verwaltung geschaffen.

Die Verstärkung wurde durch die hessischen Baumeister Heinz von Lutter und Balthasar von Darmstadt geplant. Maßgebend wurden die Vorschläge Lutters, der neben der Anlage eines Bollwerks, von Kasematten und Aufschüttungen zur Aufstellung von Geschützen den Bau von Streichwehren zwischen Wall und umlaufenden Zwingermauern empfahl. Diese Konzeption wurde bis 1547 umgesetzt. Letztlich wurde aber nur die vorhandene Befestigung ausgebaut, von der verschiedene ältere Türme einbezogen wurden, so der Pulverturm, der noch in die 1. Hälfte des 15. Jh. gehören dürfte, und wohl auch der mit Maulscharten ausgestattete Pfaffenturm, der spätestens kurz vor 1519 entstanden sein wird. Eine Federzeichnung der Belagerung 1519 zeigt jedenfalls eine erkleckliche Anzahl recht großer und massiver Turmbauten.

Die Festung war von einem Wall umgeben, um den ein Zwinger lief. In diesen stoßen die von Lutter empfohlenen Streichwehren vor, so dass ein in einen Zwingerabschnitt eingedrungener Feind unter Kreuzfeuer genommen werden konnte. An der Nordwestecke entstand das kasemattierte Rondell Hügelsburg, bei dem es sich um das von Lutter vorgeschlagene Bollwerk handeln dürfte. Zwei Tortürme, ein äußerer und ein innerer, sicherten den Zugang. Der innere Turm erhielt auf der Hofseite eine repräsentative Fassade in Formen der Frührenaissance. Seit 1856 ersetzt eine neugotische Steinbrücke die alte Zugbrücke.

Die alte Burg, von der heute nur noch wenige Reste zeugen, wurde instand gesetzt, um als landesherrliches Quartier zu dienen. Hinter dem Wall entstanden rund um den weiten Hof Kasernen- und Wirtschaftsgebäude, darunter der Kellereibau. Um die Festung wurde ein tiefer, gemauerter Graben gelegt, der von außen mit einem Wall angeschüttet wurde, auf dem man die Anlage umrunden kann.

Unter Herzog Christoph wurde die Festung 1553–68 weiter ausgebaut und dabei auch Hofbaumeister Aberlin Tretsch zu Rate gezogen. Ähnlich wie in Kirchheim wurden nun die Zwinger auf der Westfront durch Georg Stern überbaut, um den Wall zu verbreitern. Äußerst eindrucksvoll stellt sich der Eingang mit Mordlöchern und seitlichen Schießscharten zur Verteidigung des Torweges dar. Der Raum zwischen dem äußeren und dem inneren Torturm wurde wie der Zwinger überwölbt, deutlich ist noch die alte geböschte Außenwand des inneren Tores mit seitlich angeordneten Scharten zu erkennen. Links und rechts des Torgewölbes wurden im Zwinger Kasematten mit Schaufelscharten für die Verteidigung mit Handfeuerwaffen eingebaut. Diese Scharten wurden erst im 19. Jh. zu vergitterten Fenstern erweitert; ihre Schaufelfüße sind noch deutlich in den Fenstersohlen sichtbar.

Um die Wasserversorgung zu sichern, ließ Friedrich I. 1596 den Brunnenturm errichten, in dessen Innerem sich der 27 m tiefe Brunnen befindet. Mittels eines Tretrades wurde das lebensnotwendige Nass mit zwei Eimern, die jeder 55 l fassten, aus der Tiefe geholt. Daneben existierten im Hof vier in den Felsen geschlagene Zisternen.

Im Dreißigjährigen Krieg wurde der Hohenasperg 1634/35 etwa elf Monate durch die Kaiserlichen belagert und schließlich eingenommen. Unter Herzog Wilhelm Ludwig erfolgte 1669–76 ein weiterer Ausbau nach Entwürfen von Si-

Festungswall zwischen Torturm und Brunnenturm

mon Schocket, Andreas Kieser und Matthias Weiß. Eine geplante Umgürtung des Berges mit großen Bastionen nach dem niederländischen System wurde aber nur an der besonders gefährdeten Südfront verwirklicht, wo der Hauptzugang liegt und von wo aus Belagerer der Festung mit Artillerie nahe kommen konnten. Hier wurden zwei große Bastionen mit gemauerten Eskarpen errichtet. In der verbindenden Kurtine setzt das frühbarocke, von Weiß entworfene Löwentor mit den Initialen des Bauherrn einen Akzent. Die Auffahrt zum Glacis der oberen Festung bildete bis 1844 einen langen, leicht geknickten Tunnel.

1688 besetzten die Franzosen den Hohenasperg und schleiften einige Türme, vor allem aber die beiden neuen Bastionen. Nach einer notdürftigen Herstellung mit Streichwehren im Graben 1693 kam es unter Carl Alexander und Carl Eugen 1735–45 zu einem Ausbau der Werke auf der Südseite nach Plänen von Johann Anton von Herbort. Der Kurtine mit dem

Rondell Hügelsburg

Tor wurden nun ein Ravelin mit Kasematten zur Infanterieverteidigung und den Bastionsfronten kasemattierte Kontergarden vorgelegt. Damit wurde eine tenaillierte Front geschaffen, wie sie Her-

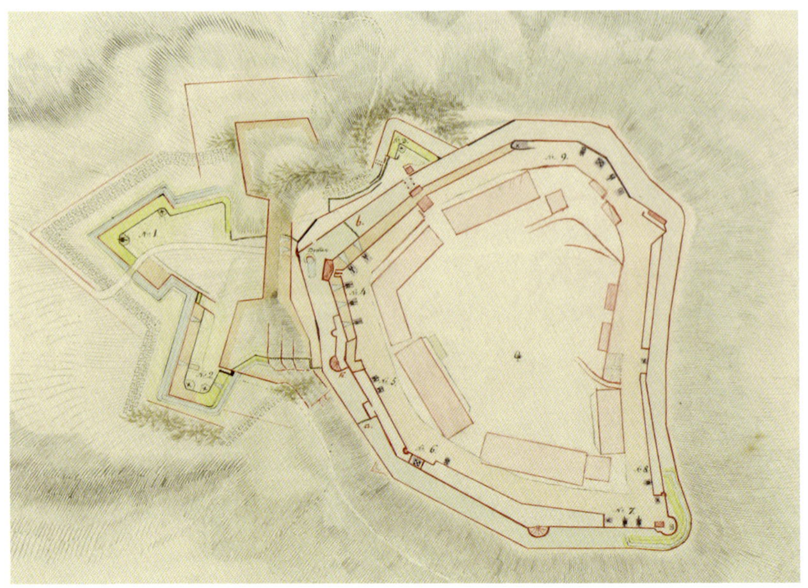

Der Armierungsplan für den Hohenasperg aus dem Jahr 1813 von Oberst von Brand zeigt den letzten Ausbauzustand der Festung und die einzelnen Geschützstellungen.

bort und sein Bauherr bevorzugten. Reste lassen sich noch in der Siedlung unterhalb der Festung finden. Deutlich erkennbar ist die Frontseite des Ravelins mit dem typischen Kordongesims.

Seit dem 18. Jh. gewann der Hohenasperg zunehmend Bedeutung als Staatsgefängnis. Der Finanzier Herzog Carl Alexanders, Joseph Süß Oppenheimer, wurde hier während seines Schauprozesses durch die Landstände gefangen gehalten. Carl Eugen kerkerte u.a. ohne Prozess für zehn Jahre den Dichter und Komponisten Schubart ein, der durch seine Spottverse den Unwillen seines Landesherrn erregt hatte. Sein Gefängnis befand sich im Unterbau des nach dem Dichter benannten Schubartturmes, der in seiner bestehenden Form aber erst im 19. Jh. entstand und sich im Areal des alten Schlosses erhebt.

Trotz einer Erneuerung der Befestigungen während der Befreiungskriege 1813 verlor der Hohenasperg im 19. Jh. seine militärische Bedeutung. Er behielt aber bis 1883 eine Garnison. Bedeutende Persönlichkeiten des Vormärz und der Deutschen Revolution 1848/49 saßen im Staatsgefängnis ein. Die Festungshaft galt als ehrenvolle Strafe, die Gefangenen waren relativ komfortabel untergebracht und durften auf den Wällen und im Hof spazieren gehen, sich gegenseitig besuchen und Besuch von außerhalb empfangen. Weit weniger menschlich wurden die politischen Häftlinge der Nationalsozialisten auf der Festung behandelt. Seit der Nachkriegszeit dienen die Gebäude als Landesjustizvollzugskrankenhaus. Frei zugänglich sind aber der Weg um die Festung und Teile des Walles. Ein Dokumentationszentrum des Hauses der Geschichte Baden-Württemberg thematisiert seit 2010 die Historie des Gefängnisses und seiner Insassen.

C.O., J.W.

Der Hohenneuffen,
das württembergische Felsennest

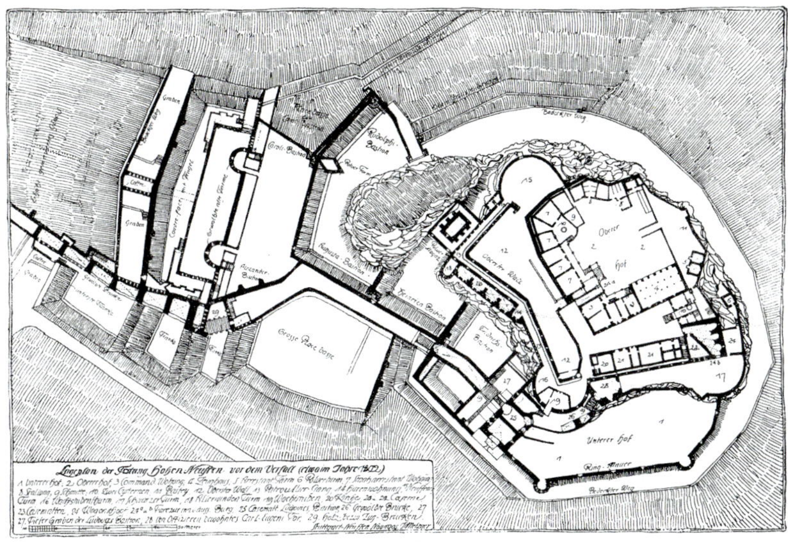

9

Grundriss im Ausbauzustand um 1745

Weithin sichtbar hebt sich der Hohenneuffen als mauerumwehrter Felsklotz vor der Silhouette des Albtraufs ab. Seine isolierte Lage machte diese ehem. Landesfestung fast unangreifbar, nur ein schmaler Sattel verbindet sie mit dem Gebirgsstock.

Der Neuffen ist eine der frühen Adelsburgen der Region und wurde wohl noch Ende des 11. Jh. gegründet. 1301 gelangten Stadt und Burg an Graf Eberhard I. von Württemberg.

Wegen seiner strategisch günstigen Lage wurde der Hohenneuffen schon im 15. Jh. ausgebaut. Aus dieser Zeit stammt wohl die Mauer vom Schwarzen Turm zum Wachstubenturm und von da bis zum Allewindeturm und Neuffener Turm.

Das alte Burgtor lag im halbrunden Allewindeturm, der Aufgang führte von hier in einem Zwinger, der später zu Kasematten umgebaut wurde, auf die Höhe des Burghofes.

Der Hohenneuffen war die letzte württembergische Burg, die sich 1519 dem Schwäbischen Bund ergab. Nach der Rückkehr Herzog Ulrichs aus dem Exil erfolgte ab 1543 der Ausbau zur Landesfestung. Drei mächtige Rondelle wurden mit ihren Außenmauern bis auf die Höhe des Felsens aufgeführt und mit Erde verfüllt: Neuffener Turm, Wachstubenturm und Schwarzer Turm. Sie besaßen keine Kasematten, nur Geschützplattformen. Gegen den Bergsattel entstand 1550 ein breiter, gemauerter Artilleriewall, von

dem aus die Albhochfläche beherrscht werden konnte. Der Zugang wurde nun an die Nordseite verlegt und über eine Holzbrücke auf frei stehenden Pfeilern zur Kernburg geleitet. Der Vorhof unterhalb mit den beiden Schalentürmen, durch den diese Auffahrt führte, dürfte erst unter Herzog Christoph entstanden sein. Er ließ 1551–62 an der Festung bauen. Es ist anzunehmen, dass wie in Kirchheim und auf dem Hohenasperg der alte Zwinger an der Hauptburg damals zu Kasematten umgebaut wurde. Unter

Christophs Nachfolger Ludwig wurde als sperrender Riegel unterhalb des Wachstubenturms 1575 die Ludwigsbastion errichtet. Sie weist in ihrer Anordnung eine gewisse Ähnlichkeit zum Wachstubenturm des Hohenurach auf und stellte nach einer Zeichnung um 1580 zu schließen ein bis zu dreigeschossiges Bauwerk mit Geschützscharten dar.

Im Vorgelände der Festung versperrte ein Graben zwischen zwei Schalentürmen den Zugang. Sie sicherten eine Holzbrücke, über die der Weg hinaufführte. Etwas oberhalb davon erhob sich, ebenfalls frei stehend, auf einem Felsen der über rhomboidem Grundriss 1575 erstellte Neue Pulverturm.

Während des Dreißigjährigen Krieges belagerten die Kaiserlichen 1634/35 die Festung 15 Monate lang, bis diese auf Drängen der demoralisierten Besatzung übergeben werden musste, obwohl sie, gut verproviantiert, noch eine ganze Weile hätte gehalten werden können.

Die Front zwischen Neuffener Turm und Allewindeturm an der Hauptangriffsseite

Ab 1735 ließ Herzog Carl Alexander den Hohenneuffen durch Johann Anton von Herbort massiv ausbauen. Die Auffahrt wurde nun aus der Mitte eng an die Nordseite des Felsens verlegt. Da auf dem schmalen Grat unterhalb der Kernburg keine bastionierte oder tenaillierte Front angelegt werden konnte, entwarf Herbort hier tief gestaffelte Vorwerke. Sie bildeten mächtige Terrassen, die sich am Hang unterhalb der alten Festung übereinander aufbauten und durch Gräben voneinander getrennt wurden. So entstanden drei Ebenen zur Aufstellung von Geschütz übereinander, welche den schmalen Kamm und das gegenüber liegende, zur Albhochfläche leicht ansteigende Gelände völlig beherrschten. In diese Anlagen wurden die beiden älteren Schalentürme als Streichwehren wie auch der Pulverturm einbezogen. Zur Sicherung des äußeren Grabens legte Herbort in dessen Mitte eine kasemattierte Kaponniere. Ein umfangreiches Gegenminensystem sicherte das Glacis. Die Arbeiten wurden allerdings nicht ganz zu Ende geführt und 1742 unter Carl Eugen eingestellt. In den Revolutionskriegen wurde die Festung 1794 nochmals in Verteidigungszustand versetzt, doch nachdem Frankreich auf dem Rastatter Friedenskongress 1797 die Schleifung gefordert hatte, wurde diese 1801 ausgeführt. Trotzdem blieben eindrucksvolle Überreste.

1966/67 erfolgten die Instandsetzung und der Bau einer befahrbaren Betonbrücke an der Nordseite des Felsens. Letztere wurde jüngst aus ästhetischen Gründen wieder durch einen gemauerten, monumentalen Bogen ersetzt, wie ihn einst Herbort geplant hatte. Bis heute nicht restauriert und stark zerfallen sind hingegen die Vorwerke, die ein äußerst bedeutendes Zeugnis des Festungsbaus in der 1. Hälfte des 18. Jh. darstellen. Auf diese Zeit geht wohl der Halsgraben am Bergsattel zurück, den der Besucher über einen gemauerten Damm zuerst pas-

Der Neuffener Turm ist eines von drei hoch aufgeführten, gemauerten Rondellen

Über Eck gestellter Pulverturm über rautenförmigem Grundriss in den östlichen Vorwerken

siert. Es folgen die Vorwerke Herborts mit zwei gemauerten Gräben und den terrassenartig angeordneten einstigen Geschützbatterien. Von der versteckten, in den Graben abgesenkten Kaponniere zur Bestreichung der Fronten ist nichts mehr zu sehen. Aber die Reste der beiden Schalentürme aus dem 15. oder frühen 16. Jh., die in die Befestigung der Barockzeit einbezogen wurden und ursprünglich nur durch Zäune miteinander verbunden waren, sind erhalten. Sie

Rekonstruktion im Ausbauzustand um 1745

waren spätestens seit dem 18. Jh. eingewölbt. Mehrere Tore mit Zugbrücken, von
denen die 1888 stark erneuerte Fried-
richsbastion aus der Zeit Carl Alexanders und die Ludwigsbastion erhalten sind,
sperrten die Auffahrt, die sich um den
Felsen legt, flankiert von den mächtigen
Rondellbauten Ulrichs. Das Schwarze Tor
führt auf Höhe des Schwarzen Turms in
den inneren Vorhof, zu dessen Linken
Reste von Kasernen zu sehen sind. Unter
dem Wall führt ein schmaler Gang in die
Kasematten auf der Nordostseite, welche
unter Einbeziehung des spätmittelalterlichen Torzwingers wohl unter Herzog
Christoph angelegt wurden. Die Gebäude der Kernburg legten sich um den inneren Hof. Seine Nordseite nimmt heute
die Burggaststätte ein, an deren Stelle
sich das Zeughaus und die Kommandantur mit den landesherrlichen Gemächern
erhoben. Von den Mauern bietet sich ein
grandioser Ausblick weit ins Land hinein. Eindrucksvoll ist ein Rundgang um
die Festung auf dem einstigen gedeckten
Weg. Die Mauermassen scheinen förmlich aus dem Felsen herauszuwachsen.

Etwa 1.100 m östlich entstand unter
Carl Alexander als vorgeschobenes Werk
auf der Albhochfläche die Redoute auf
dem Kohlhau, eine quadratische Schanze. Sie sollte verhindern, dass sich ein
Angreifer gegenüber der Festung festset-
zen und diese von hier aus bombardieren
konnte. Ihr Graben wurde tlw. in den an-
stehenden Jurakalkfels geschlagen.

Schon seit dem 15. Jh. diente die Burg
als Staatsgefängnis. Unter Herzog Ulrich
saß hier der ehem. Kanzler Konrad Breu-
ning ein, der grauenvoll gefoltert wurde,
bis man ihn in Stuttgart hinrichtete, der
Neuffener Vogt Bälz wurde gar zu Tode
gemartert. Der bekannteste Gefangene
ist Joseph Süß Oppenheimer, der Finanzier Carl Alexanders, dem nach dessen
Tod von den Landständen ein Schaupro-
zess gemacht wurde. Er saß einige Monate auf dem Hohenneuffen ein, bis er auf
den Hohenasperg verlegt wurde. Der Berg
sah aber auch prominente Besucher. So
weilten 1730 König Friedrich Wilhelm I.
von Preußen und sein Sohn Friedrich II.
zu Besuch.

C.O., J.W.

10

Hohenschramberg, Festung der Herren von Rechberg

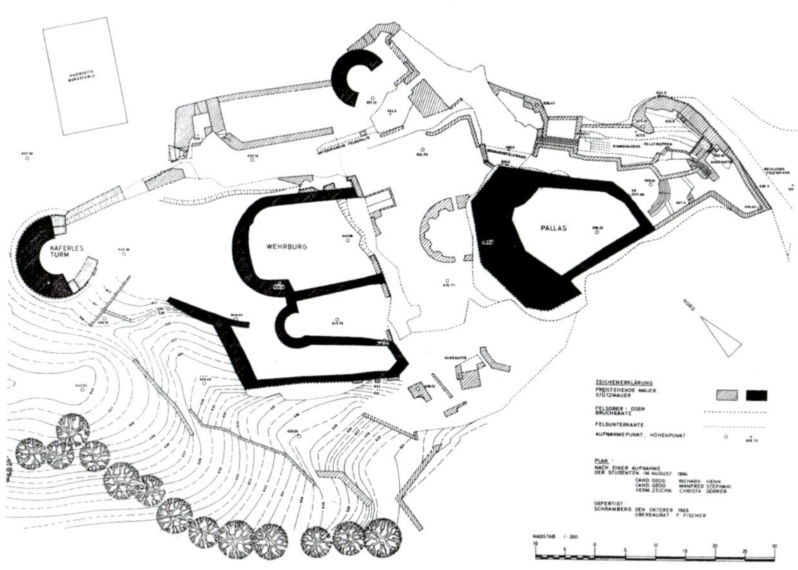

Grundriss

Die Herren von Rechberg standen den neuen Entwicklungen im Wehrbau äußerst offen gegenüber. Das hatten sie zuerst auf ihrer Stammburg Hohenrechberg vorgeführt, wo in den 1430er-Jahren ein umlaufender Zwinger mit Türmen errichtet worden war. Eine bisher wenig beachtete Frühfestung, deren Bauweise der Bedrohung durch Kanonen Rechnung trug, schuf 1457–59 der Ritter Hans von Rechberg (1410–64), der jüngste Sohn des Hohenrechberger Bauherrn, mit seiner Burg über Schramberg. Anlass war wohl die Zerstörung von Hans' Burgen Ramstein und Ruggburg. Mit der Entschädigung, die er sich erstritt, baute Hans sich mit dem Hohenschramberg einen siche-

ren Rückzugsort. Dies war auch nötig, da Hans, je nach Sichtweite der damaligen Zeitgenossen, ein versierter Kriegsmann oder „Raubritter" war und sich sein Leben lang an Fehden und Kriegszügen, u.a. gegen die Hussiten, beteiligte. Aufgrund seiner Erfahrungen mit der damaligen Artillerie und den Innovationen im Wehrbau wird er aus gutem Grund die Neuerungen auch auf seiner neuen Burg umgesetzt haben.

Zwar will ein Teil der Heimatforschung einen hochmittelalterlichen Ursprung der Hohenschramberg ausmachen, tatsächlich handelt es sich aber um eine Neugründung auf einem Felssporn hoch über Schramberg. Allerdings beschwor der

Mit Buckelquadern verblendete Mantelmauer der Kernburg mit Zugang zur zentralen Kaponniere, deren Grundmauern im Graben zu sehen sind

Bauherr sehr absichtlich in historisierender Weise den stauferzeitlichen Burgenbau: Die Kernburg bildet ein Polygon aus mächtigen Buckelquadermauern. Diese an der Angriffsseite bis zu 6,50 m starke Mantelmauer konnte dem Beschuss der damaligen Kanonen wiederstehen und deckte den dahinter verborgenen Palas. Vor der Hauptfront der auf einem Felsklotz aufgeführten Mantelmauer liegen die Fundamente einer halbrunden Kaponniere. Sie war offenbar mehrgeschossig und durch einen Gang in der Mantelmauer erreichbar. Wie hoch der Bau war, ist ungewiss, aber sicher hat er die Mantelmauer nicht überragt. Es ist anzunehmen, dass er zur Ursprungsplanung gehört. Die auf Hohenschramberg errichteten Anlagen sollten in der Folge charakteristisch für den Festungsbau der Epoche werden: Widerstandsfähige Mauern und Bauten, um die Gräben flankierend unter gezieltes Feuer zu nehmen. Zwar war die

Das Vordere Rondell aus der Mitte des 16. Jh.

Anlage damit wehrtechnisch absolut auf der Höhe ihrer Zeit, insgesamt aber recht klein. Sie bestand nur aus der Kernburg und einem östlich und nördlich vorgelagerten Zwinger als Zugang. Gegen Osten sichert ein weiterer aus dem Fels gehauener Halsgraben die Burg.

Möglicherweise wurde schon damals vor der Kernburg quer über den Berg eine Mauer gezogen, deren Enden mit zwei Schalentürmen besetzt sind, doch ist die genaue Baugeschichte Hohenschrambergs bis heute nicht geklärt. Zumindest deutet der hohe Kapellenturm im Norden noch in die 1. Hälfte des 15. Jh.

Über die weitere Baugeschichte geben in die Mauern eingelassene Jahreszahlen Aufschlüsse. Ende des 15. Jh. kam es unter Ludwig von Rechberg (1450 – ca.1503) zu einem Ausbau oder zumindest einer massiven Erneuerung auf der Westseite. Hier lag die Angriffsseite mit einem sich gegen Westen weitenden Hochplateau, das jedem Belagerer die Aufstellung von Artillerie erlaubte. Es entstand daher ein mächtiges dreigeschossiges Rondell. Dieser große Bau wurde nach Ausweis der am Gebäude vorhandenen Inschriften 1498/99 über hufeisenförmigem Grundriss errichtet und erhebt sich auf einem Felsrücken im Zentrum der neuen Front. Anlass hierzu dürfte ein Schadensfeuer gegeben haben, das in der Bauinschrift über der Südpforte erwähnt wird. So ist das Bollwerk im Kern vielleicht schon unter Hans entstanden oder hatte zumindest einen Vorgänger. Das neue Werk deckte die Kernburg und deren Halsgraben mit der darin versteckten Kaponniere und sicherte mit seiner Nordflanke auf ganzer Länge den Zugang. Es war wie die flankierenden Schalentürme nur zur Verteidigung mit Hakenbüchsen eingerichtet und zeigt neben Schlitz- und vereinzelten Schlüsselscharten mehrere Maulscharten, die von Buckelquadern gefasst sind. Zur Kernburg hin dürfte der Bau durch eine im Notfall abwerfbare Fachwerkwand verschlossen gewesen sein, das Innere war durch Holzdecken unterteilt, die auf starken, ins Mauerwerk eingelassenen Balken ruhten. Innerhalb der Mauern war u.a. eine Küche eingerichtet. Zugänglich war das große Bollwerk über eine mit Buckelquadern gefasste Spitzbogenpforte in der Nordseite mit dem rechbergischen Wappen im Scheitel; eine zweite Pforte ermöglichte den Zutritt zum sog. Rossstall, einem Zwinger mit Schalenturm auf der Südseite.

Das Areal vor dem Rondell muss bis ins 16. Jh. tiefer gelegen haben, denn die untere Schartenreihe sitzt heute mit ihren Außenöffnungen knapp über dem Bodenniveau, ebenso die Scharten der nach Süden anschließenden Mauer.

Eindrucksvoll ist der hohe Kapellenturm mit zahlreichen Steigbügelscharten, wie sie sich ähnlich auch an seinem südlichen Pendant am Rossstall finden. Der Kapellenturm war vor allem als Sicherung des von Schramberg empor führenden Weges gedacht. Ein weiter südlich befindlicher Schalenturm ist hingegen nur noch sehr rudimentär überliefert.

Die starke Befestigung bewährte sich bei einem Angriff der Reichsstadt Rottweil 1513. Mitte des 16. Jh. wurde die Burg unter dem neuen Eigentümer, dem in habsburgischen Diensten stehenden Rochus Merz von Staffelfelden, nach Westen erweitert. Er ließ vermutlich das Gelände vor dem Rondell aufschütten, um so eine langgezogene, dreieckige Geschützplattform zu schaffen, an deren Spitze ein großer, runder Turm, das Vordere Rondell, gestellt wurde. Es ruht zum Teil auf gewachsenem Fels. Auffällig ist

Das große Bollwerk jenseits des Halsgrabens, links der Kapellenturm

Innenseite des Bollwerks mit Schießkammern. Die einzelnen Geschosse schlossen mit Balken-decken ab.

der geböschte Sockel, wie man ihn vornehmlich aus dem west- und südeuropäischen Wehrbau kennt und der bei uns eher selten ist. Allerdings ließen die nach außen aufgeweiteten eindrucksvollen Scharten nur eine Verteidigung mit Wallbüchsen zu.

1552/53 wurde an einem Graben mit gemauerter Kontereskarpe gearbeitet. Er zog sich nach Süden um den Turm und ein gutes Stück hangabwärts. Als südliches Flankenwerk entstand 1562 eine dreieckig ausspringende Plattform mit Schlitzscharten. Sie erlaubte die Bestreichung des Grabens gegen das Vordere Rondell mit Musketen.

Die Westerweiterung schuf Platz, 1551 auf der Nordseite vor dem Kapellenturm das Neue Haus mit der Kapelle zu errichten, die dem benachbarten Turm den Namen gab. Dieser Bau entwertete allerdings tlw. den Kapellenturm, der bisher als Gegenstück zum großen Rondell

das äußere Tor flankierte. Er konnte nun nur noch mit seinen Scharten die Nordfront des Neuen Baus und den Auffahrtsweg bestreichen. Zugleich sicherte er das neue stadtseitige Tor, während den nach Westen, gegen die Hochfläche gerichteten Zugang die Nordflanke der dreieckigen Schütt und der neue Geschützturm deckten.

Am Südende des alten Grabens ließ Merz ein kasemattiertes Gebäude errichten, und auch der Torzwinger auf der Nord- und Ostseite wurde kasemattiert.

1583 erwarb Österreich Burg und Herrschaft. Eine Beschreibung von 1610 hält fest, dass man das Schloss trotz der umliegenden, höheren Berge als schwer angreifbar einschätzte. Die Kernburg war allerdings in recht baufälligem Zustand, während man dem großen Rondell, das als das „alte Schloss" bezeichnet wird, noch Potential zum weiteren Ausbau bescheinigte.

Kapellenturm und großes Bollwerk von Norden

1633 eroberten württembergische Truppen unter Conrad Widerhold Hohenschramberg nachdem sie die zur Burg führende Wasserversorgung unterbrochen hatten.

Unmittelbar nach dem Krieg wurden die Mauern nochmals repariert. Bis 1662 wurde die ganze Anlage für den Freiherrn Johann Friedrich von Bissingen renoviert. Das Ende der militärisch offenbar immer noch wichtigen Burg kam schließlich 1689, als Hohenschramberg gleich zweimal von den Franzosen kampflos besetzt und schließlich in Brand gesteckt wurde.

Hohenschramberg bildet ein anschauliches Beispiel dafür, wie zu Ende des Mittelalters einzelne Niederadelige, die über ausreichende Geldmittel verfügten, ihre Sitze dem Stand der Kriegstechnik anzupassen suchten. Dabei kommt Hohenschramberg als einem der wenigen völligen Burgneubauten des 15. Jh. besondere Bedeutung zu. Die Funde, die bei der Ausgrabung der Kaponniere zutage kamen, können im Schramberger Stadtmuseum besichtigt werden.

C.O., J.W.

11

Hohentübingen, die Renaissanceburg Herzog Ulrichs

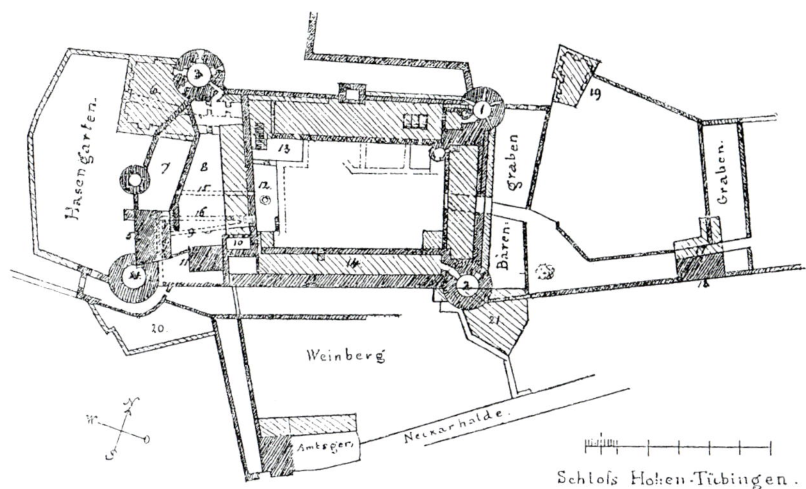

Plan mit Verzeichnung der Kasematten und Verbindungsgänge in den Wallanlagen auf der West-seite

1	Nordostturm	10	älterer Keller
2	gesprengter Turm	11	Südzwinger
3	sog. Pulverturm	12/13	Keller älterer Burggebäude
4	Haspelturm	14	Südflügel
5	Kalte Herberge	15	Gang unter dem Wall zum Ausfalltor
6	Bastion Friedrichs I.	17/18	Unteres Tor und Kavalier
7	Zwinger	19	Wall mit Eckbastion
8	Wall	20	Geschützplattform
9 u. 16	Gänge zur Kalten Herberge	21	Fünfeckturm

Hohentübingen zählte zu den sieben württembergischen Landesfestungen. Es markiert in beispelhafter Weise den Schloss- und Festungsbau am Ende des Mittelalters und zählt zu den bedeutendsten und am besten erhaltenen Festungen der Frührenaissance in Süddeutschland. Besonders eindrucksvoll und monumental präsentiert sich die Neckarseite gegen Süden.

Hohentübingen wurde um 1050 auf einem Bergsporn zwischen Neckar- und Ammertal durch die Pfalzgrafen von Tübingen gegründet. 1342 erwarben die Grafen von Württemberg deren Stammsitz. Tübingen wurde württembergische Amtsstadt, und mit der Gründung der Universität durch Eberhard V. 1477 zum geistigen Zentrum des Landes. Tübingen galt als zweite Hauptstadt nach Stuttgart,

unter Herzog Ulrich war es sogar bevorzugte Residenz.

Über die hochmittelalterliche Burg ist wenig bekannt, sie war aber deutlich kleiner dimensioniert als das heutige Kernschloss. 1451–64 soll sie durch Ludwig II. und Eberhard V. verstärkt worden sein. Hierzu passt die Befestigung mit einem Zwinger, dessen Mauern noch in den Kellern unter dem Nordflügel erhalten sind. Auch Reste einer älteren Befestigung im Areal des Walles mit der Kalten Herberge hinter dem Haspelturm könnten in diese Zeit gehören. Der Ausbau der Tübinger Burg dürfte sicher im Zusammenhang mit der Verstärkung anderer wichtiger württembergischer Landesburgen zu sehen sein.

Für Herzog Ulrich stellte Hohentübingen einen bevorzugten Sitz dar. Er ließ die vier Ecken der trapezförmigen Zwingeranlage bis 1519 mit großen, in den unteren Geschossen eingewölbten Rondellen und Geschütztürmen besetzen, von denen drei erhalten sind. Die Neubefestigung begann vermutlich auf der besonders gefährdeten Westseite. Der stattliche Nordostturm entstand 1507–10 und hat zwei gewölbte Geschosse mit verschiedenen Formen von Maulscharten, darüber erheben sich zwei Wohngeschosse mit runden Sälen. Er wird von einer Plattform mit Zinnen und kleinen Scharten abgeschlossen. Der Haspelturm im Südwesten, an der Hauptangriffsseite der Burg, besitzt große Geschützscharten mit gestuften Gewänden, die den Einsatz von Kanonen ermöglichten und sich in sehr ähnlicher Weise auch am Rondell der Burg Weibertreu in Weinsberg finden, das

Ulrich zeitgleich errichten ließ. Er war ursprünglich als gedrungener Bau gestaltet und wurde erst nach 1534 um ein Wohngeschoss zum Turm aufgestockt.

Die mächtigen Befestigungen konnten nicht verhindern, dass Hohentübingen nach heftiger Beschießung 1519 durch den Schwäbischen Bund eingenommen wurde. Dabei soll der Nordwestturm zerschossen worden sein, er wurde danach wohl nicht mehr in voller Höhe, sondern als kasemattiertes Rondell wieder hergestellt.

Der Bund verkaufte seine Eroberung an Österreich, um die Kriegskosten zu decken. Die österreichische Regierung erweitert 1533 mit dem langgestreckten Flügel an der Neckarfront die Burg erstmals über den alten Hofraum hinaus. Nach der Rückgewinnung seines Herzogtums 1534 übernahm Ulrich das neue Konzept und setzte dieses konsequent um. Er ließ durch die Hessen Heinz von Lutter, Balthasar von Darmstadt und Hieronymus Latz drei weitere Flügel errichten und den Zwinger auf der Nordseite überbauen. Das Erdgeschoss des Nordflügels nahm auf fast ganzer Länge der Saal ein. Zum Ammertal entstand in der Mitte der Längsseite über dem Stumpf eines Zwingerturms ein dreiteiliger Standerker, der im Inneren reich mit Netzrippengewölben geziert wurde und sich über stämmigen korinthischen Säulen zum Saal öffnet. Vorbild für diese Anordnung dürfte der gotische Saal des Landgrafenschlosses in Marburg gewesen sein, den Ulrich aus eigener Anschauung während seines Exils kannte. Die Vorhangbogenfenster verweisen hingegen auf die sächsische Architektur. Mit der Anlehnung an hessische und sächsische Bauformen bekannte sich Ulrich klar zu den führenden Vertretern der Reformation. In Tübingen entstand so der erste vierflügelige Residenzbau der Renaissance in Württemberg. Die beiden östlichen Geschütztürme wurden in den Bau einbezogen, auf der Nordsei-

Unteres Schlosstor

Die mächtige Schildmauer des Ostflügels mit dem Nordostturm

te gegen das Ammertal wurde der untere Teil der alten Zwingermauer verbreitert und die Frontmauer des Ostflügels 1535–38 in ihrem nördlichen Abschnitt massiv gegen Artilleriebeschuss schildmauerartig auf bis zu 5,10 m verstärkt. Man kann dies deutlich in der Durchfahrt ablesen, wobei ein offenbar älteres, spätgotisches Tor zum Rundbogen umgearbeitet wurde. Das obere Schlossportal, das in diesem Zusammenhang entstand, wurde 1892 in Anlehnung an das ursprüngliche Renaissancedekor komplett erneuert.

Zur Deckung der Burg gegen die Angriffsseite im Westen, wo das Gelände leicht ansteigt, ließ Ulrich 1542, wohl in einem älteren Zwinger, einen mächtigen Artilleriewall aufwerfen, der über einen Treppengang vom Hof aus zugänglich ist. Davor wurde der tiefe und breite Hasengraben als Sicherung gegen den Rücken des Spitzbergs angelegt. Teil des Walls ist das ältere Gebäude der Kalten Herberge, das eine Geschützplattform erhielt. Wall und Kalte Herberge ermöglichten es, von hier aus mit schwerem Geschütz weit ins

Rondell an der Nordwestecke, der sog. Pulverturm

Vorfeld zu wirken. Vor dem Wall verläuft ein Zwinger, dessen Knick ein kleiner, 1804 abgebrochener Rundturm besetzte. In den Zwinger führt ein Durchgang vom Hof. Von hier aus leitet ein Treppengang hinunter zu einem Tor auf der Südseite, das im Schutz des Haspelturmes liegt und durch einen Wehrerker gesichert wird. Ursprünglich besaß dieses Tor eine Zugbrücke. Erst mit Anlage des Artilleriewalles scheint man das Tor zur Poterne umfunktioniert zu haben, die nur noch für Fußgänger passierbar ist.

Auf dem leicht abfallenden Gelände zur Stadtseite erstreckte sich evtl. schon seit dem Hochmittelalter eine Vorburg. Auch hier entstand ein mächtiger über hohen steinernen Futtermauern errichteter, mit Gras bewachsener Erdwall. Er richtet sich wie ein Schild gegen den jenseits der Stadt gelegenen Österberg. Diese Anlage wurde wohl erst unter Friedrich I. geschaffen, als 1606/07 unter Beratung Heinrich Schickhardts durch Hans Braun der prachtvolle Bau des unteren Tores errichtet wurde. Seine Lage ähnelt dabei dem Haupttor auf Hellenstein. Sowohl dort wie auch in Tübingen diente das Torhaus nicht nur der Verteidigung, sondern als martialisch-repräsentative Willkommensgeste. Ein triumphbogenartiges Portal mit seitlicher Fußgängerpforte lässt in die tonnengewölbte Durchfahrt ein. Im Zentrum des von Christoph Jelin geschaffenen Bauschmucks aus reicher Roll- und Beschlagwerkornamentik steht das Herzogswappen. Die Kette des französischen Michaelsordens und der englische Hosenbandorden verweisen auf die Bemühungen des Bauherrn um Prestige in der internationalen Hofgesellschaft. Auf die Funktion als Festungstor spielen die beiden steinernen Wächter an, lebensgroße Landsknechtsfiguren, deren eine drohend ihre Muskete über die Stützgabel nach unten auf die Brücke richtet. Auf kriegerische Fürstentugenden verweisen die griechisch-römischen Gottheiten, da-

Haspelturm

runter die Siegesgöttin Victoria und der Kriegsgott Mars. Artemis dürfte hingegen auf die Jagd als Hoheitsrecht anspielen, während Minerva für das überlegte Handeln und die Klugheit des Regenten steht. Ihr huldigen die anderen Götter in diesem Bildprogramm, indem sie ihr Siegeskränze reichen: die wichtigste Waffe des Fürsten ist der Verstand.

Der Torbau wird von einer Geschützplattform mit großen, gestuften Artilleriescharten abgeschlossen, die gegen die Stadt wie auch gegen das Neckartal gerichtet sind. An den Ecken sitzen auf ornamentierten Konsolen Postenerker. Die Plattform erhielt erst 1669/70 ihre Bedachung. Hinter dem Gebäude steigt ein Kavalier mit gemauerter, abgerunde-

Fünfeckturm

ter Brustwehr auf. Eine ähnliche Anlage besetzt die Nordwestecke des Walls. Sie diente der Bestreichung der Nordfront nach Westen. Von hier verlief eine Palisadenreihe bis zum Nordwestrondell.

1601 wurde die Verstärkung der Außenfront des Ostflügels gegen Süden fortgesetzte, auf der mächtigen Mauer eine Altane angelegt, welche von den fürstlichen Gemächern die Aussicht auf die Stadt ermöglichte. Damit aber war es kaum mehr möglich aus den Scharten des Nordostturms die Ostfront effektiv zu bestreichen, die Verstärkung schloss in einer Abrundung an diesen an. Unterhalb des Turmes wurde wohl aus diesem Grund ein weiterer Rundturm, der Schieferturm, errichtet, der nicht nur die Aufgabe hatte, die Front gegen den Neckar zu bestreichen, sondern auch den Graben vor der Ostseite.

Friedrich ließ auch die Angriffsseite im Westen ausbauen. Unter Einbeziehung des Nordwestrondells entstand eine rechteckige Geschützplattform, welche die Bestreichung des Hasengra-

bens ermöglichte, aber auch einen effektiveren Schutz gegen den Spitzberg bot. Eine starke gerundete Brustwehr mit Geschützscharten schließt die Plattform ab. Um 1630 wurde die Befestigung der Westseite um das „Schänzle", ergänzt, ein ravelinartiges Erdwerk, das durch Palisaden gesichert war. Die Anlage ist bis heute deutlich im Gelände ablesbar. Vermutlich wurde sie Ende des 17. oder Anf. des 18. Jh. mit einer gemauerten Eskarpe versehen, die in Teilen mit einem abgerundeten Saillant und südlich anschließender Mauer erhalten blieb.

Im Dreißigjährigen Krieg wurde das Schloss 1634 widerstandslos den kaiserlichen Truppen geöffnet. 1647 belagerten die Franzosen Hohentübingen. Sie sprengten durch Unterminierung den Rundturm an der Südostecke der Kernburg und zwangen damit die Verteidiger zur Aufgabe. Der vorgesetzte Schieferturm, der diese Attacke beschädigt überstanden hatte, wurde 1667 durch einen bastionierten Turm ersetzt, der die Beherrschung des Neckars ermöglichte und aus dessen Flanken die Südfront des gesamten Schlosses nach Westen und Osten unter Feuer genommen werden konnte. Ein weiterer Ausbau der Werke unterblieb allerdings, auch wenn es 1685–88 zur Instandsetzung der Festungsanlagen kam und das Schloss 1703 im Spanischen Erbfolgekrieg ein letztes Mal in Verteidigungsbereitschaft gesetzt wurde. 1710 wurde die Besatzung abgezogen, Hohentübingen diente fortan nur noch zu gelegentlichen fürstlichen Hoflagern anlässlich von Jagden im Schönbuch. Teile des Schlosses wurden zunehmend der Universität Tübingen überlassen, der Nordostturm 1752 zu einer Sternwarte eingerichtet. 1816 wurde es von König Wilhelm I. offiziell an die Universität übergeben. Heute werden in den Räumen der Hauptburg die Sammlungen des Universitätsmuseums gezeigt.

C.O.

12

Der Hohentwiel, der Umkämpfte

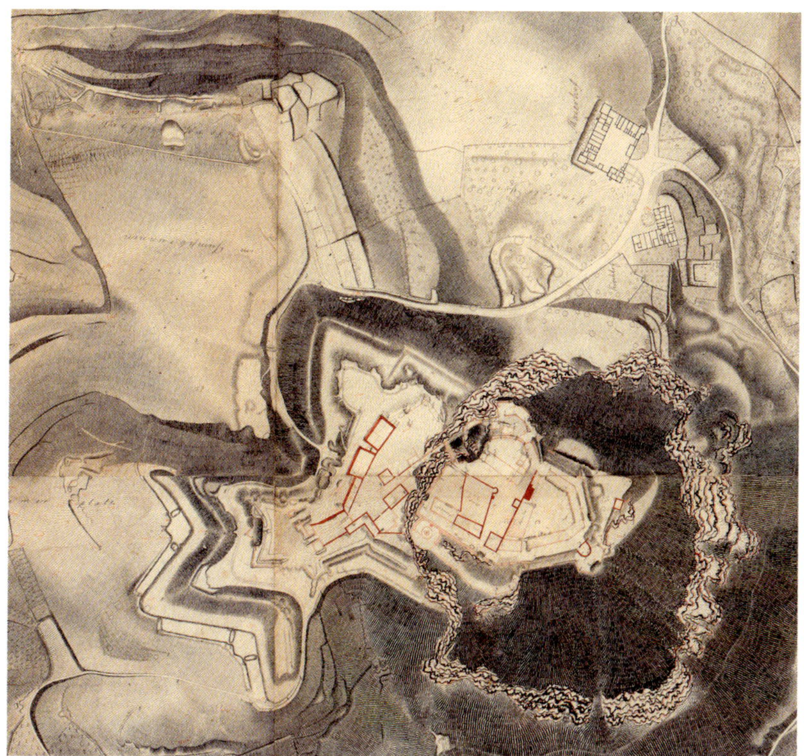

Plan der geschleiften Festung im frühen 19. Jh. Immer noch lassen sich die Vorwerke der Unteren Festung gut ablesen. Rechts Oben der befestigte und unzerstörte Meierhof mit den Ecktürmen

Die Bergfestung Hohentwiel über Singen im Hegau kann für sich in Anspruch nehmen, nun schon seit über 1.000 Jahren umkämpft zu sein. Seit dem 10. Jh. ist der Berg mitsamt der Festung der Zankapfel verschiedener Parteien. Ging es im Mittelalter um das Herzogtum Schwaben, so drehen sich heute die Kämpfe um den Naturschutz. Und so ist es auch nicht verwunderlich, wie viel Bemerkenswertes aus allen Epochen auf dem einstigen Vulkanschlot zu finden ist.

Die erste Erwähnung des Hohentwiel datiert ins Jahr 915, als König Konrad I die Burg erfolglos belagerte. Der Hohentwiel diente den Herzögen Burkhard II. und III. von Schwaben als Sitz, sank aber nach deren Tod zu einem gewöhnlichen Adelssitz herab. Von den früh- und hochmittelalterlichen Anlagen haben sich nur weni-

ge Mauerpartien im Bereich der späteren Herzogsburg erhalten.

Zu Beginn des 16 Jh. besaßen mehrere Zweige der Herren von Klingenberg die Burg. Vermutlich ließen sie bereits Verstärkungen für den Einsatz von Feuerwaffen durchführen. Das Jahr 1521 bedeutete dann einen tiefen Einschnitt, der den Hohentwiel aus der Masse der damals im Hegau so zahlreichen Burgen herausheben sollte. Der aus seinen Landen vertriebene Ulrich von Württemberg nistete sich aufgrund eines Dienstvertrags mit einem der Klingenberger auf der Burg ein und verdrängte in den folgenden Jahren rücksichtslos die rechtmäßigen Besitzer. Er wollte von hier aus sein Herzogtum mit französischem Geld und Schweizer Söldnern zurückerobern, das inzwischen die Habsburger erworben hatten. Durch seine Lage zwischen der Schweiz und dem Herzogtum war der Berg für ihn der ideale Stützpunkt. Zwar scheiterte Ulrich hierbei mehrmals, aber die Burg wurde zu einer zeitgemäßen Festung ausgebaut. Dabei wurde der Berg durch Aufschüttungen und Planierungen in seiner Gestalt erheblich verändert. Als Baumeister tritt 1523 ein Hans Thüring in Erscheinung. Vieles von dem, was Ulrich nach der Rückeroberung seines Herzogtums 1534 an den anderen württembergischen Befestigungen baute, wurde vorher auf dem Hohentwiel erprobt. Es entstand eine neue Ringmauer mit Schießkammern und großen und kleinen Türmen zur Verteidigung mit Hakenbüchsen. Am besten erhalten blieb der 1526 erbaute Turm Warmwacht, in den vom Langen Bau ein Gang führt.

Drei Tore und zwei hölzerne Brücken sicherten den steilen Aufstieg vom befestigten Vorhof zur oberen Festung. Die Portalarchitektur des obersten Tores stammt allerdings erst aus dem 17. Jh., ein Gedenkstein von 1649 darüber erinnert an den berühmten Kommandanten Conrad Widerhold.

Nachdem Ulrich 1534 sein Herzogtum mit hessischer Hilfe zurückerobert hatte, ging er konsequent daran, dieses durch Festungen zu sichern, darunter der Hohentwiel. Seine Aufgabe war die eines Vorpostens, welcher u.a. die Verbindung zur Schweiz und den linksrheinischen Gebieten des Herzogtums (u.a. Montbéliard/

Obere Festung von Norden mit dem einzigen Zugang über Rampe und Brücken. Links die Bastion Schmittenfels

Mömpelgard) sichern sollte. Vor allem aber stellte die württembergische Festung eine Provokation im habsburgisch dominierten Hegau dar.

Der Hohentwiel war wie andere württembergische Bergfestungen in erster Linie Militäranlage und weniger herzoglicher Sitz. Das Leben der Besatzung war durch sog. Artikelbriefe streng geregelt. Neben diesen sog. Guardiknechten wohnte auch der Keller, ein ziviler Beamter, der die Ländereien um den Hohentwiel verwaltete, auf der Festung. Das Kommando führte der dem Herzog zu Treue verpflichtete Burgvogt.

Unter Herzog Christoph wurde die Festung weiter ausgebaut. Er ließ um 1553/54 durch Aberlin Tretsch die sog. Herzogsburg als landesherrliches Quartier errichten, in die Reste der älteren Hauptburg einbezogen wurden. Es entstand ein großer dreiflügeliger Schlossbau, dessen Nordostecke ein ausgemauerter Rundturm besetzt. Die Westseite des Hofes schließt eine hohe Mauer ab.

Vermutlich noch in Christophs Zeit dürfte das gewaltige Rondell Augusta gehören, das bis heute die Südansicht der Festung prägt. Dafür sprechen die ovalen Maulscharten, die sich ähnlich an den Ausbauten Christophs in Kirchheim finden. Das Rondell Augusta ist ausgesprochen qualitätsvoll ausgeführt und zählt sicher zu den eindrucksvollsten Wehrbauten der Renaissance in Deutschland. Dieser mehrgeschossige, kasemattierte Rundbau wird über einen zentralen Treppenturm mit Wendelstiege erschlossen. In die dicken Mauern sind Schartennischen mit Rauchabzügen eingeschnitten. Die Kreuzgewölbe sind aus Ziegeln gemauert, in ihnen sitzen große runde Lüftungsöffnungen. Die ganze Anlage diente nicht nur der militärischen Beherrschung des Vorhofs und der Südfront, sondern ganz offensichtlich wie der Dicke Turm in Heidelberg als weithin sichtbare Landmarke. Es handelte sich um ein echtes Schau-

Turm Warmwacht

Rondell Augusta

und Vorzeigestück des württembergischen Festungsbaus.

Auch der Vorhof, die untere Festung, wurde unter Christoph um 1559 ausgebaut. Er umfasste ursprünglich vor allem Wirtschaftsgebäude wie Kelter und Wagenremise. Unter Christophs Nachfolger Ludwig dürfte die Bastion am Schmittenfelsen als rechteckige Geschützplattform errichtet worden sein.

Besatzung und Offiziere hatten ihre Quartiere u.a. im Langen Bau, welcher hinter der Ringmauer auf der oberen Festung bogenförmig um den Paradeplatz angelegt wurde und sich zum Hofraum in

Conrad Widerhold, der legendäre Kommandant während des Dreißigjährigen Krieges. Porträt aus dem Epitaph in der Martinskirche zu Kirchheim. Im Hintergrund der Hohentwiel in der Ausbauphase um 1650

Galerien öffnete. Seine Enden schlossen in Volutengiebeln ab, die eine Entstehung dieses riesigen Komplexes, der in seinem Erdgeschoss rundum Stallungen barg, unter Herzog Ludwig datieren.

Zu Beginn des Dreißigjährigen Krieges wurde die obere Festung nach Entwürfen des Kommandanten Wolfgang Friedrich Löscher durch zwei Bastionen altniederländischer Manier verstärkt, die Bastion am Schmittenfelsen und die Herzogsbastion, von der die südliche Schulter mit Kordongesims erhalten blieb.

Der Berg spielte im Dreißigjährigen Krieg eine herausragende Rolle. Vom Sommer 1632 bis zum Kriegsende 1648 kam es permanent zu Kämpfen um die Festung und der Hohentwiel hatte nicht weniger als fünf große Belagerungen zu überstehen. Legendären Ruhm erwarb sich der Kommandant Conrad Widerhold, der die Festung nicht nur erfolgreich gegen die Kaiserlichen verteidigte, sondern auch die weitere Umgebung mit seinen berüchtigten Streifzügen heimsuchte. Darüber hinaus war er sehr erfolgreich im Eintreiben von Kontributionen. Das ermöglichte es ihm, die Festung weiter zu verstärken. Er baute u.a. in der unteren Festung Magazine, Stallungen, das Torgebäude sowie die Vorläufer der Alexander- und Karlsbastion. Auf der oberen Festung entstand neben mehreren Windmühlen die erste protestantische Kirche im Hegau. Auch der Ausbau des unterhalb der Festung gelegenen Meierhofs zu einem Fort geht auf Widerhold zurück.

1653–55 wurde die Befestigung des Vorhofs durch die Anlage der Bastion Alexander an der Nordwestecke erweitert. Die Südwestecke sollte ein großes Kronwerk besetzen, doch wurde es erst 1664/65 nach Entwurf von Matthias Weiß in kleinerem Umfang realisiert. Im Vorhof entstanden um 1650 neue Gebäude, so der Kellereibau, der später auch als Offizierswohnung diente, und weitere Wirtschaftsbauten. Später wurde das Kronwerk, die Karlsbastion, in eine tenaillierte Befestigung umgeformt. In deren beiden eingehenden Winkeln wurden niedrige, dreieckige Kaponnieren zur Bestreichung der Gräben angelegt. Die letzte große Ausbauphase erfolgte 1732–36 unter Herzog Carl Alexander durch Johann Anton von Herbort, indem die Befestigung des Vorhofs nochmals erheblich erweitert wurde. Der gedeckte Weg wurde zu einem tenaillierten Wall umgebaut, dem ein Graben und die Kontereskarpe mit gedecktem Weg und dreieckigen Waffenplätzen vorgelegt wurden. So entstand ein tief gestaffeltes Verteidigungssystem. In die eingehenden Winkel wurden Kasematten mit Ausfallpforten in den äußersten Graben gesetzt, der innere Graben auf der Nordseite durch eine in Resten erhaltene Kaponniere geschlossen. Das Tor wurde aus der Flanke der Karlsbastion in die Mitte der Kurtine zwischen Karls- und Alexanderbastion verlegt. Der Hohentwiel war damit zu einer der stärksten Bergfestungen in Süddeutschland ausgebaut worden.

Inzwischen wohnten auf dem Hohentwiel auch die Frauen und Kinder der Soldaten, und so glich die Festung immer mehr einem Dorf mit eigener Kirche, Schule und Apotheke. Auch wurde den Soldaten nun gestattet, ein Handwerk auszuüben.

In der 2. Hälfte des 18. Jh. machte die Festung vor allem als Gefängnis von sich Reden. Zu den prominentesten Insassen zählte der bekannte Jurist und Staatsrechtler Johann Jakob Moser, der unter Carl Eugen fünf Jahre auf dem Berg eingekerkert wurde. Die Festungswerke hingegen verfielen wegen mangelnden Unterhalts mehr und mehr und der Hohentwiel sank zur Invalidengarnison herab.

Die Revolutionskriege brachten das Ende. Zwar interessierte sich anfangs keine der Parteien für die desolate Festung. Aber als französische Truppen im Frühjahr 1800 in Süddeutschland einbrachen, weckten die vorhandenen Vorräte das Interesse der ausgehungerten Eindringlinge. Die Division Vandamme zog vor die Festung und forderte sie zur Übergabe auf. Nach kurzen Verhandlungen übergab der 81-jährige Kommandant Generaloberst Bilfinger, sehr zum Verdruss Herzog Friedrichs II., den Hohentwiel, da er und seine Offiziere keine Chance sahen, ihn erfolgreich zu verteidigen. Die Werke waren größtenteils ruiniert und die Garnison bestand lediglich aus Invaliden und alten Männern mit mangelhafter Bewaffnung. Nach der Übergabe nutzten die Franzosen den Hohentwiel vor allem als gesichertes Magazin. Das Schicksal der Festung besiegelte schließlich ein Schleifungsbefehl Napoleons. Vor allem die Festungswerke wurden gesprengt, während man sich bei den Gebäuden mit dem Abbruch der Dächer begnügte. Intakt blieben nur der Meierhof und das Gasthaus unterhalb der Festung.

Napoleons Feldzüge veränderten unterdessen die politische Landschaft. Das Großherzogtum Baden nahm den Platz Österreichs im Hegau ein. Damit bildete der Hohentwiel nun eine württembergische Enklave inmitten badischen Territoriums, weswegen sich Baden über Jahrzehnte letztendlich erfolglos um einen Ankauf des Hohentwiels bemühte. Auch mehrere Anläufe die Festung wieder aufzubauen, u.a. als Fort einer Bundesfestung Stockach, scheiterten.

Nach der Reichsgründung 1871 entwickelte sich der Hohentwiel zur Touristenattraktion, auch weil das benachbarte Dorf Singen dank der Eisenbahn zu einer dynamischen Industriestadt aufstieg. Erst am 1. Januar 1969 wurde die Enklave Hohentwiel, die bis dato zur Stadt Tuttlingen gehört hatte, nach Singen eingemeindet. Infolge nutzte die Stadt nun „ihre Festung" immer wieder für verschiedene Veranstaltungen wie Konzerte oder Feste, was aber zu Konflikten mit

Vogelschau der Festung von Alexander Weis aus dem Jahr 1727. Im Vordergrund die im späten 17. Jh. ausgebauten Vorwerke mit Kaponnieren im Graben

Blick von der Oberen Festung auf die Untere Festung. Im Hintergrund die unter Carl Alexander ausgebauten Vorwerke. Deutlich erkennbar der gedeckte Weg mit den Waffenplätzen in den einspringenden Winkeln

den Naturschutzbehörden führte. Letztendlich wurde deshalb die Anzahl solcher Veranstaltungen begrenzt und auch eine Beleuchtung, wie sie andernorts praktiziert wird, untersagt. Heute präsentiert sich der Hohentwiel als überdimensionales Freilichtmuseum des Festungsbaus und Naturdenkmal gleichermaßen. Neben den Ruinen finden sich in unmittelbarer Umgebung an den Berghängen Reste von Belagerungsschanzen aus der Zeit des Dreißigjährigen Krieges. Im Meierhof vermittelt das Besucherzentrum anschaulich Informationen zur Geschichte und Natur und ist damit der ideale Ausgangspunkt für die Festungserkundung.

C.O., J.W.

Hohenurach, eine württembergische Bergfestung

13

Hoch über dem Ermstal erhebt sich in Gipfellage die imposante Ruine der einstigen württembergischen Landesfestung Hohenurach.

Der Hohenurach ging aus einer Burg des 11. Jh. hervor, die Sitz der Grafen von Urach war. Als diese 1254 im Mannesstamm ausstarben, erbten Württemberg und Fürstenberg Burg und Grafschaft zu gleichen Teilen, aber schon 1265 wurde Württemberg Alleineigentümer. 1427/28 kam es unter Graf Ludwig I. zu einem weitgehenden Neubau der Hauptburg. Aus dieser Zeit dürfte auch der Zwinger mit einem Teil der schmalen Rundtürme stammen, die hochrechteckige, frühe Scharten für Feuerwaffen zeigen. Damit schuf Ludwig eine repräsentative landesherrliche Burg, die auch eine große Hofhaltung beherbergen konnte. Die Befestigung entsprach dem, was zeitgleich auf anderen württembergischen Höhenburgen wie Kaltenstein oder Hohenasperg entstand.

Unter Herzog Ulrich wurde Hohenurach zur Landesfestung bestimmt und unter Beratung hessischer Baumeister 1540–56 ausgebaut. Ähnlich wie der Hohenneuffen wurde die Burg durch Geschützrondelle und gemauerte Artilleriewälle verstärkt. Trotzdem gelang den Spaniern im Schmalkaldischen Krieg 1547 die Einnahme. Herzog Christoph setzte den Ausbau ab 1551 unter Mitwirkung von Aberlin Tretsch fort.

Gleichzeitig mit dem Ausbau der Höhenfestung wurde durch Ulrich auch die Befestigung des Uracher Stadtschlosses verstärkt. So erhielt der um 1400 errichtete neue Palas eine Streichwehr mit den für den württembergischen Festungsbau so typischen gestuften Schartengewänden, die einmal die Bestreichung des Zwingers der Stadtbefestigung, zum anderen der stadtseitige Front des Schlosses ermöglichten. Unter Herzog Friedrich I. wurde 1599 östlich der Stadt das Weberviertel als Vorstadt angelegt. Es erhielt eine Befestigung mit massigen runden Geschütztürmen, von denen bis heute zwei erhalten geblieben sind. Sie haben große Geschützscharten mit gestuften Gewänden. Bedenkt man, dass die Stadt tlw. durch von der Erms gespeiste Teiche umgeben war, so entstand mit diesen Befestigungen eine mächtige Sperrfestung bestehend aus der Stadt und der Bergfestung, welche einen der Zugänge ins Innere Württembergs abriegelte.

Die starke Festung Hohenurach wurde im Dreißigjährigen Krieg 1634/35 rund

Blick aus einer Scharte des Wachstubenturms zum Upfinger Turm

Die Festung von Nordosten. Deutlich sichtbar die gegen das Tal gerichtete Vierturmfront mit dem Dettinger Turm an der Nordwestecke, links der Wachstubenturm mit Vorwerken am Zugang und dahinter der Vorhof mit dem Upfinger Turm an der Südostecke

Der Dettinger Turm mit seinen Schlitzscharten dürfte noch in das späte 15. Jh. datieren

Artilleriewall über dem Zugang zur Kernburg

elf Monate durch die Kaiserlichen belagert. Schließlich kapitulierte die ausgehungerte Besatzung gegen freien Abzug; die Stadt Urach hatte sich schon Anfang November 1634 nach wochenlanger Belagerung und heftiger Beschießung erge-

ben müssen und war zur Strafe für den Widerstand fünf Tage lang geplündert worden.

Herzog Eberhard III. ließ den Hohenurach 1655–75 durch Matthias Weiß instand setzen und um einen weiteren Zwinger erweitern. Welche innenpolitische Bedeutung eine Festung für die Landesherrschaft haben konnte, zeigt eine Episode 1741, als der gerade 13-jährige Carl Eugen mit seinen beiden jüngeren Brüdern wegen innerer Unruhen auf dem Hohenurach in Sicherheit gebracht wurde. Allerdings war es eben dieser Carl Eugen, der das Schicksal der Festung besiegelte, denn er ließ diese aufgeben und Teile abbrechen. Damit setzte der Verfall ein.

Wie Hohenneuffen und Hohenasperg diente auch der Hohenurach als Staatsgefängnis. Besonders tragisch war das Schicksal des Tübinger Humanisten und Dichters Nicodemus Frischlin (1547–90). Bei einem waghalsigen Fluchtversuch stürzte er sich zu Tode. 1609–13 war der in Ungnade gefallene Kanzler Herzog Friedrichs I. auf der Festung in Haft, der schließlich auf dem Uracher Markt enthauptet wurde, und 1732 schmachtete die Mätresse Eberhard Ludwigs, Wilhelmine von Grävenitz, hinter den dicken Mauern.

Der Hohenurach gliedert sich in mehrere Abschnitte. Starke Zwinger sicherten die Burg, die wegen ihrer freien Lage von den umliegenden Höhen aus nicht mit Artillerie angreifbar war. Der steile Aufstieg führt durch die Reste zweier Zwingeranlagen, deren äußere wohl nach dem Entwurf von Weiß erst nach 1655 entstanden ist. Sie verfügt über ein kleines Rondell, eine auf den ersten Blick altmodisch wirkende Befestigung, doch auf einer Höhenfestung, wo der Raum begrenzt war, auch in jener Zeit durchaus noch eine adäquate Lösung, um einen Sturm auf den Torbereich abzuwehren. Dem Besucher stellt sich heute als erstes

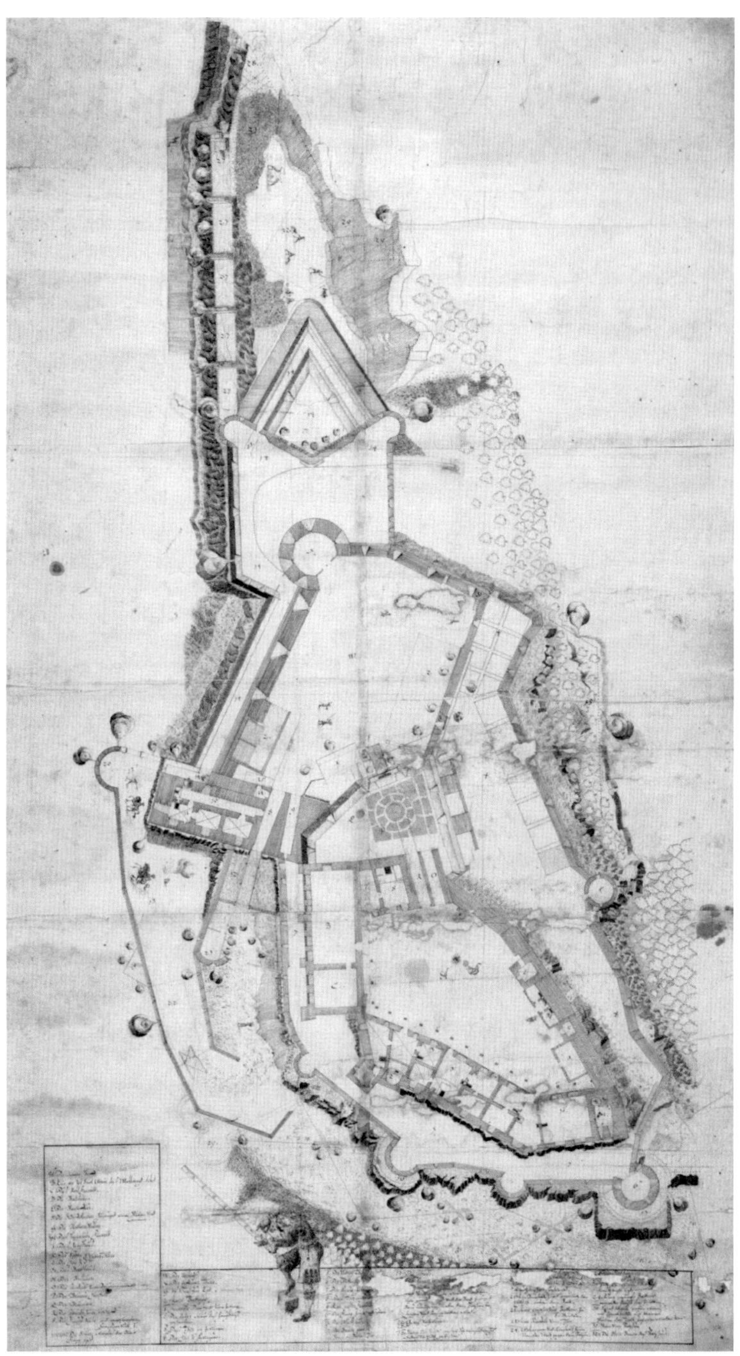

Plan der Festung um 1663, vielleicht von Matthias Weiß, mit Ausbauplanung für die gegen Süden, zur Albhochfläche gerichtete Spitze des Berges

Der Dicke Turm, einer von mehreren Geschütztürmen der unter Herzog Friedrich I. befestigten Webervorstadt

der eindrucksvolle Wachtstubenturm mit seinen mehrgeschossigen Kasematten in den Weg. Durch einen Tunnel mit Wachkasematten erreicht man den Vorhof, eine große aufgeschüttete Artillerieplattform, die unter Ulrich entstand und als starke Batteriestellung gegen Süden diente, wo ein schmaler Grat den Hohenurach mit der Alb verbindet. Die Situation ist hier eine ähnliche wie auf dem Hohenneuffen. Der Grat und die gegenüberliegende Hochfläche bildeten die gefährdetste Seite, die besonders gesichert werden musste. Ein Tor führt auf der Westseite in den ehem. Großen Zwinger unterhalb. An der Südostecke wird der Vorhof durch den Upfinger Turm mit seinen gestuften Geschützscharten verstärkt. Es handelt sich um ein kasemattiertes Rondell, das dem Haspelturm auf Hohentübingen ähnelt. Es deckte gleichermaßen den Burgweg wie die südlich vorgelagerte und durch einen Graben von der Burg abgetrennte Felsnase. Diese wurde nach 1655 durch Mauern als Neues Werk in die Festung einbezogen, Reste der Brustwehr sind noch erkennbar. Ein großartig geplanter Ausbau zu einem tenaillierten Werk mit Ravelin unterblieb allerdings. In seinem Zentrum steht auf einem Fels die Ruine eines Bauwerks, das 1662 als Kapelle für die Garnison errichtet worden sein soll.

Ein zweiter, 20 m dicker Artilleriewall mit geböschten Mauern ist der Kernburg im Süden vorgelegt. So entstand eine zweite Ebene, von der aus die Albhochfläche im Süden eingesehen und beschossen werden konnte und die zugleich die Hauptburg gegen Beschuss deckte. Ein langer Tunnel führt in den oberen Hof, um den sich die Reste der Wohn- und Wirtschaftsbauten gruppieren, welche weitgehend ein Werk des 14. und 15. Jh. sind. An der Ostseite liegt die Ruine des unterkellerten Saalbaus, der vor die ältere Ringmauer gesetzt wurde. Sein Erdgeschoss nahmen die Dürnitz, deren Decke von achteckigen Pfeilern getragen wurde, und eine Stube ein. Im westlich anschließenden, einst dreigeschossigen, Flügel, von dem noch die eindrucksvolle Giebelfront erhalten ist, befanden sich Küchen- und Wirtschaftsräume sowie die sog. Ritterstube. Am Westende dieses Nordflügels findet sich eine Wendeltreppe, die in das sog. Heimliche Gewölbe hinabführt, dessen Funktion ungeklärt ist und das als Schatzgewölbe gedeutet wird. Frei im Hof steht über dem Brunnen ein zierlicher spätgotischer Aufbau. Die Wasserversorgung erfolgte über eine Zisterne.

Die Kernburg wird im Westen vom Großen Zwinger, im Norden und Osten vom Kleinen Zwinger umschlossen, dessen halbrunde Schalentürme wohl noch in das 15. Jh. gehören, wie die Schartenformen nahe legen. Die Scharten sind tlw. durch Buckelquader als martialischer Schmuck gefasst. In der Fernwirkung ergibt diese Seite ein besonders eindrucksvolles Bild.

C.O., J.W.

14

Der Hohenzollern,
Preußens Zwingburg in Schwaben

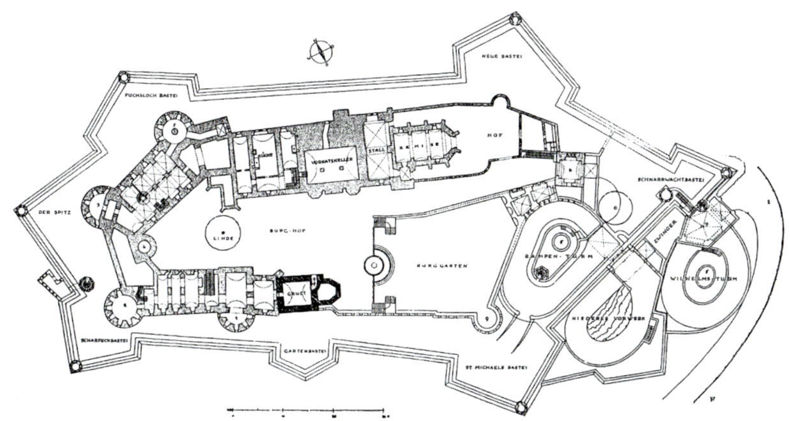

Grundriss mit dem kasemattierten Souterrain des Hochschlosses nach dem Ausbau in den 1850er-Jahren

Markant liegt vor dem Trauf der Westalb der Hohenzollern. Seine Anfänge liegen im 11 Jh. Er war Stammsitz der Grafen von Zollern, die sich schließlich in mehrere Familienzweige aufgliederten, von denen einer als Markgrafen und Kurfürsten von Brandenburg schließlich die preußische Königskrone errang. Damit sollte der Berg besonders im 19. Jh. als Stammsitz der preußischen Herrscher enorm an symbolischer Bedeutung gewinnen.

Die heutige Burg ist die dritte Anlage an dieser Stelle. Die Geschichte als Festung beginnt 1453, als Graf Jos Niklas die 30 Jahre zuvor u.a. von Württemberg zerstörte Burg wiederaufbauen ließ. Starke Rundtürme markierten die Ecken. Sie waren vor allem gegen das Tal gerichtet, so dass eine weithin sichtbare, imposante Hauptfront gegen das Albvorland entstand. Die Untergeschosse dieses Baus waren gewölbt und mit Schießscharten für Feuerwaffen ausgestattet. Bis heute haben sich die spätmittelalterlichen Kasematten in den Untergeschossen der Burg des 19. Jh. erhalten.

1618–23 wurde der Hohenzollern mit einem Kranz gemauerter Bastionen umgeben, die bis heute dem romantisch-historistischen dritten Burgbau als Sockel dienen. Dabei gerieten die älteren Kasematten außer Funktion, war doch der neue Wall gegen die alten Scharten geschüttet worden. Die neuen Werke stellten eine in Stein umgesetzte Variante des altniederländischen Systems dar. Auf Kasematten wurde verzichtet. Unter der westlichen Kurtine, gedeckt von der Nordflanke der Scharfeckbastei, wurde ein gewölbter Ausfallgang angelegt, der aus dem Inneren des Schlosses unter dem Wall hindurch ins Freie führte und noch heute existiert.

Der Hohenzollern wurde im April 1634 nach neunmonatiger Belagerung durch württembergische Truppen von der nur 30-köpfigen Garnison gegen freien Abzug geräumt. Schon im Oktober musste die Festung von der württembergischen Besatzung an die Bayern übergeben werden.

1667 kam es zu einem Öffnungsvertrag zwischen den Grafen von Hohenzollern-Hechingen und Österreich, der den Habsburgern gestattete, die Burg als Festung und Garnison zu nutzen. In der Folge wurde als Ersatz für eine hölzerne Vorbefestigung das Niedere Vorwerk in Stein ausgeführt.

1771 wurde der Hohenzollern als Festung vorerst aufgegeben. Seitdem setzte der Verfall ein. Der Berg galt aber wegen seiner sturmfreien Lage noch zu Anf. des 19. Jh. durchaus als strategisch wichtig. 1819 besuchte Kronprinz Friedrich Wilhelm von Preußen die Stammburg seiner Vorfahren und begeisterte sich sogleich für ein Wiederaufbauprojekt. Allerdings fehlte hierzu den schwäbischen Verwandten, den Fürsten von Hohenzollern-Hechingen und -Sigmaringen, das nötige Geld, und auch der Kronprinz konnte bei seinem Vater Friedrich Wilhelm III. nichts erreichen. Stattdessen wurden die noch weitgehend intakten, aber ruinösen Gebäude mit Ausnahme der Kapelle und des Zeughauses gesprengt, um eine romantische Ruine zu schaffen. Erst nach dem Regierungsantritt Friedrich Wilhelms IV. 1840 nahm das Projekt konkrete Formen an. Friedrich August Stüler (1800–65) entwarf einen neugotischen Schlossbau über den alten Fundamenten, in den die Bastionen einbezogen wurden. 1847 wurde mit den Arbeiten begonnen, doch verzögerte der Ausbruch der Revolution im Jahr darauf den Baufortgang.

Die Revolution veränderte die politische Situation in Südwestdeutschland nachhaltig. Die schwäbischen Hohenzollern verzichteten angesichts der Krise beide auf die Krone und übertrugen ihre Länder an Preußen. Dieses sah sich unverhofft im Besitz eines Territoriums in Süddeutschland. Das Bauprogramm wurde folglich geändert. Hatte man zuvor den Wiederaufbau der Befestigungen allein in zeichenhafter Form als bastionierten Sockel für die Prachtbauten vorgesehen, so wurde nun beschlossen, die Burg als Zitadelle herzurichten, welche den Behörden, Staatskassen und Archiven im Falle erneuter revolutionärer Unruhen oder gar einer kriegerischen Bedrohung als Zuflucht dienen konnte. Der Hohenzollern wurde zur Garnison bestimmt. Oberst Moritz von Prittwitz und Gaffron (1795–1885), der pikanterweise gleichzeitig für Württemberg als Baudirektor der Bundesfestung Ulm wirkte, wurde mit den Planungen beauftragt. Der Ingenieurleutnant Blankenburg hat diese dann im Detail ausgearbeitet. Bis 1855 entstand so eine der letzten echten Höhenburgen und Bergfestungen Europas. Der Schlossbau selbst zog sich einschließlich der Ausstattung noch bis 1867 hin.

Für Württemberg stellten die Inbesitznahme der Fürstentümer und die Neubefestigung der Burg durch Preußen einen Affront dar, hatte man doch immer wieder mit der Mediatisierung der Hohenzollernfürstentümer und der Annexion der Burg geliebäugelt. Die Bautätigkeit der Preußen gipfelte in einem kurzfristigen Abbruch der diplomatischen Beziehungen.

Prittwitz plante die komplizierten Auffahrtsanlagen an der Ostseite, so dass das Hochschloss bequem erreichbar war. Entgegen der ursprünglichen Absicht, den Hohenzollern nur als leicht befestigtes Refugium für Notfälle zu befestigen, entstanden dann doch kasemattierte Werke.

In der Burg wurde ein Kriegspulvermagazin eingebaut, die Souterrains des Hochschlosses kasemattiert und zur Verteidigung eingerichtet. Die Auffahrtsanlagen sicherte man durch Zwinger, Tore, und mehrere Zugbrücken. Im Ernstfall sollten die Brüstungen der Bastionen eine Erdbrustwehr erhalten, hinter der man Kanonen aufzustellen gedachte. Tatsächlich wurde der Hohenzollern gleich zweimal armiert, als Kriegsgefahr für den Deutschen Bund bestand – einmal im Zusammenhang der Neuenburg-Krise Preußens mit der Eidgenossenschaft 1856, zum anderen während der Auseinandersetzungen zwischen Österreich und Piemont-Sardinien sowie Frankreich in Oberitalien 1859. Allerdings erwies sich die Armierung und Besatzung der entlegenen Burg als ausgesprochen aufwendig. Truppen und Material mussten per Eisenbahn aus der preußischen Rheinprovinz herangeschafft, für den Durchmarsch durch Württemberg eigens ein Abkommen getroffen werden. So wurde schon 1861 die Festungseigenschaft des Hohenzollern wieder aufgehoben. Allerdings blieb er Garnison. Im sog. Wehrhaus, der Kaserne im Hochschloss, waren an die 300 Mann stationiert. Es blieb übrigens bis 1919 belegt, zuletzt mit badischen Truppen.

Unterhalb der Festung wurde ein Exerzierplatz angelegt, nahe dem auch das hölzerne Friedenspulvermagazin lag. Erst im Ernstfall wurde das Pulver in die bombensicher gewölbten Magazine in der Burg gebracht. Heute liegt hier der obere Parkplatz. Von diesem aus ist auch der Fuchsturm zu sehen, der als vorgeschobenes Werk die Auffahrt deckt. Prittwitz hatte ursprünglich drei solcher detachierten Türme am Hang rund um die Burg vorgesehen. Der Fuchsturm sicherte eine Quelle und beherbergte in seinen Mauern ein Pumpwerk, das durch eine Dampfmaschine angetrieben wurde, mittels dessen die Wasserversorgung der Burg gesichert war. Der Turmfuß ließ sich von der Platt-

Oberes Tor des Wilhelmsturmes mit Kanonen- und flankierenden Gewehrscharten zur Bestreichung der Auffahrtsrampe

Tambour mit krenelierter Mauer vor der Ausfallpforte an der Westseite

form durch Maschikuli verteidigen, Angreifer konnten durch Gewehrfeuer von den Wällen der Burg aus in Bedrängnis gebracht werden.

Im Deutsch-deutschen Krieg von 1866 verließ die preußische Besatzung kampflos den Berg. Württembergische Truppen besetzten die symbolträchtige Stammburg und benannten sie angeblich sogar zu Ehren ihrer Königin in „Olgaburg" um. Als der Krieg für Österreich und seine süddeutschen Verbündeten verloren ging, mussten die Württemberger die Burg wieder räumen.

Fuchsturm

Der Hohenzollern untergliedert sich in die eindrucksvollen Auffahrtsanlagen, den Bastionsring und das neugotische Hochschloss. Auf der Ostseite lässt das Adlertor in den kasemattierten Wilhelmsturm ein, einen parabelförmig angelegten Bau, über den schneckenförmig die erste Auffahrt verläuft. Aus den Kasematten unter der Rampe konnte mit Kanonen und Gewehren gefeuert werden. Von hier aus gelangt man in das Niedere Vorwerk. Die Tore sichern Zugbrücken über kleinen Gräben, sog. Diamantgräben. Deutlich wird beim Aufstieg das Konzept einer abschnittsweisen Verteidigung. Ein Angreifer muss auf engem Raum zahlreiche Tore und Zwinger überwinden, will er bis zur Plattform der Bastionen und zum Torturm des Hochschlosses gelangen, von allen Seiten lässt er sich durch Infanteriescharten unter gezieltes Gewehrfeuer nehmen. In langen Windungen schraubt sich die Auffahrt im sog. Rampenturm innerhalb des Festungswalles auf die Höhe der Bastionen.

Von der Höhe der Bastion Spitz im Westen der Enceinte führt eine Wendeltreppe hinunter zu der oben erwähnten Ausfallpforte, die durch einen kleinen, krenelierten Zwinger gesichert ist.

Ursprünglich führte sie aus dem Hochschloss durch den Festungswall hindurch, im 19. Jh. wurde der Zugang zur inneren Burg aber aus Sicherheitsgründen verbaut und die Wendelstiege angelegt. Heute ist die Treppe der Endpunkt eines Rundganges durch die Kasematten.

Das Hochschloss bildet den letzten Verteidigungsabschnitt. Seine Untergeschosse sind kasemattiert, die kleinen Fensteröffnungen des Souterrains ließen sich mit Balken verbarrikadieren. Mauern mit Kasematten und Maulscharten schließen den Hof, den Torturm sichert eine Zugbrücke.

Stülers Entwurf bezog die Grundmauern der spätmittelalterlichen zweiten Burg auf dem Hohenzollern ein. Die gegen Hechingen gerichtete Turmfront, weithin sichtbares Monument der preußischen Präsenz in Süddeutschland, erhebt sich auf den gotischen Mauern.

Der Schlossbau stand nach dem Beschluss, den Hohenzollern erneut zur Festung auszubauen, zwar unter militärischer Leitung, allerdings war der Zivilarchitekt Stüler auch für die Ausgestaltung der Festungswerke mit neugotischen Portalen, pittoresken Postenerkern auf den Bastionsspitzen und Wächterfiguren über dem Tor zum Rampenturm zuständig. Sie passten den modernen Festungsbau dem gewünschten mittelalterlichen Eindruck an.

So entstand in Süddeutschland ein deutliches Zeichen der Monarchie und des preußischen Führungsanspruches im Deutschen Bund – militärisch wie politisch. Schließlich wurde die Stammburg zum Symbol der deutschen Einigung und Reichsgründung unter preußischer Führung 1870/71. Bewohnt hat – entgegen ursprünglicher Planungen – allerdings kein einziger preußischer König den Hohenzollern. Der Hohenzollern wurde schließlich zum pathetisch inszenierten Denkmalschloss preußisch-deutscher Größe.

C.O.

Die Honburg,
die erste Festung Württembergs

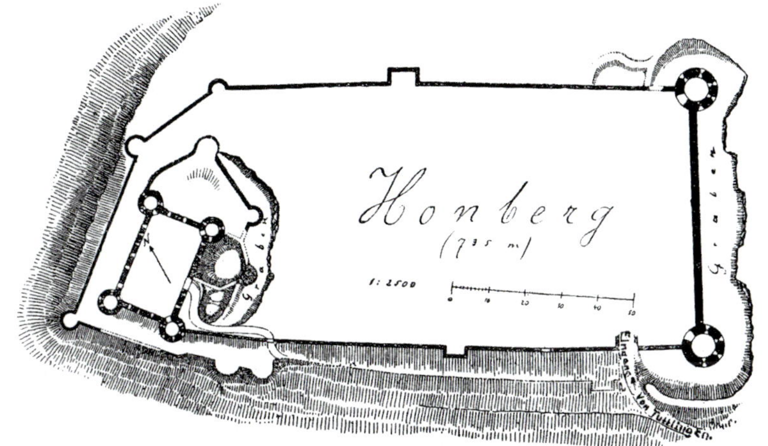

15

Der Grundriss macht die ungeheure Ausdehnung der Vorburg deutlich, die allerdings keine Innenbebauung aufwies.

Die württembergische Honburg kann wohl ohne Zweifel als die „erste" Festung in Südwestdeutschland bezeichnet werden. Sie wurde um 1460 auf einem Umlaufberg der Donau oberhalb Tuttlingens für Graf Eberhard V. von Württemberg (reg. 1450–95) errichtet. Sie war und ist in vielerlei Hinsicht eine herausragende Anlage. Die Honburg stellt – selten zu dieser Zeit – einen kompletten Neubau dar und war von Anfang an als Militärbau konzipiert, der äußerst avantgardistisch und ambitioniert war. Auch stand die Honburg als landesherrliche Festung in keiner organisatorischen Verbindung zur nahen Stadt und deren Umland. Der Unterhalt wurde weitgehend vom Herzogtum getragen.

Vieles von dem, was für die späteren württembergischen Landesfestungen so typisch ist, wurde hier erstmals realisiert. So findet sich neben den Geschütztürmen ein fester, mit runden Ecktürmen und Scharten bewehrter Schlossbau von 30 × 17 m Grundfläche, dem die Funktion einer Zitadelle innerhalb der weitläufigen Anlage zukam.

Diese nimmt eine Fläche von 150 m Länge und 70 m Breite ein, womit sie die meisten Burgen dieser Zeit in ihrer Ausdehnung erheblich übertrifft. Ihr Grundriss bildet ein langgezogenes Rechteck mit langen Mauerstrecken, die durch Schalentürme flankiert werden. Einzig im Areal des Schlosses wich man aufgrund des Geländes von der Form ab. Das Schloss wurde leicht über Eck gestellt, weist aber selbst wieder einen kastellförmigen Grundriss auf. Es wurde durch einen turmbewehrten Zwinger und einen Graben von der weiträumigen Vorburg getrennt.

Die Südostfront der Honburg war als Hauptangriffsseite besonders stark ausgebildet. Hier erhebt sich eine dicke Kurtine, deren Endpunkte zwei große Geschütztürme mit Maulscharten besetzen. Diese Türme konnten nicht nur ins Vorfeld wirken, sondern auch alle angrenzenden Mauerzüge flankierend bestreichen. Vor diese Front wurde ein Graben gelegt. Die größte Innovation aber war ein Glacis, welches das Mauerwerk fast komplett der Sicht und damit der Beschießung durch einen Belagerer entzog. Die übrigen Seiten waren hingegen erheblich schwächer befestigt, weil hier der Berg steil abfällt und man sich daher mit einer Mauer samt mehreren konventionellen Schalentürmen begnügen konnte. Zwischen der Südwestfront mit den beiden Batterietürmen und dem Schloss erstreckt sich ein weitläufiger, planierter Hofraum, der nie bebaut war, sondern offenbar als festes Heerlager zur Unterbringung einer größeren Streitmacht dienen sollte. Tatsächlich sammelten sich hier während der sog. Friedinger Fehde 1480 und dem Schweizerkrieg 1499 die Heere, um von hier aus in den Hegau zu ziehen.

Zwar ist die Quellenlage zu Entstehung, Funktion und den Baulichkeiten der Honburg dürftig, aber trotzdem ist gesichert, dass die Festung um 1460 als südlicher Vorposten Württembergs erbaut wurde. Eberhard V. versuchte zu dieser Zeit im Hegau Fuß zu fassen und geriet dabei mit dem örtlichen Adel und den Habsburgern in Konflikt. Tuttlingen bot sich als Stützpunkt hervorragend an, da es an der Kreuzung zweier überregional wichtiger Straßen lag, zum einen die „Schweizer Straße", die Stuttgart mit der Schweiz verband, zum anderen die Verbindung zwischen Freiburg und Ulm. Auch gab es eine feste Brücke über die Donau.

Südwestlicher Geschützturm

Die turbulenteste Zeit, in welcher der Festung ihre größte Bedeutung zukommen sollte, begann 1519, als die Honburg vom Schwäbischen Bund eingenommen wurde und letztendlich in den Besitz der Habsburger kam. In Folge lag ständig eine größere Garnison auf der Honburg, um Umtriebe des vertriebenen Herzogs Ulrich von Württemberg auf dem Hohentwiel zu beobachten. Aber auch während des Bauernkriegs 1525 spielte sie als sicherer Stützpunkt eine große Rolle in der Region. Dies änderte sich grundlegend 1534, nachdem Ulrich sein Herzogtum zurückerobert hatte. Nun rückte die Honburg ins zweite Glied, da der Herzog mit dem Hohentwiel eine größere und modernere Festung in der Region besaß. Die Honburg wurde daher nicht mehr modernisiert, die Garnison erheblich verkleinert.

Als 1632 in der Region Kämpfe zwischen den Schweden und den verbündeten Württembergern mit den Kaiserlichen ausbrachen, wechselten vor allem im Jahr 1633 in schneller Folge die Besatzer. Die Honburg spielte dabei als Festung keine besondere Rolle und wurde kein einzi-

Frontmauer der Angriffsseite mit Geschütztürmen

Kernburg von Osten

ges Mal ernsthaft verteidigt. Nur bei der Schlacht von Tuttlingen am 23. November 1643 hatte sie eine zentrale Rolle, aber auch bei dieser Gelegenheit wurde die Festung ohne größere Gegenwehr eingenommen. Das Ende der Festung kam zwei Jahre später, als die Hohentwieler Garnison bei einem ihrer Streifzüge die Honburg zerstörte.

Damit hatte die Honburg als Festung ausgedient. In der Folge wurde die Anlage als Steinbruch genutzt. Zu Ende des 19. Jh. erwachte das historische Interesse an der Anlage. Man richtete zwei Türme in romantisch-historisierender Weise als Aussichtspunkte her. Heute ist die Ruine gesichert und frei zugänglich. Sie zeigt exemplarisch eine frühe Festung des späteren 15. Jh. ohne folgende Modernisierungen. Auch stehen die Außenmauern des Schlosses noch. Ihre Stärke samt den zahlreichen Scharten zeigt, wie wehrhaft dieser Bau einst war. Von den Türmen der weitläufigen Vorburg hat sich hingegen nur wenig erhalten.

J.W.

Der Isteiner Klotz,
die Wacht am Oberrhein

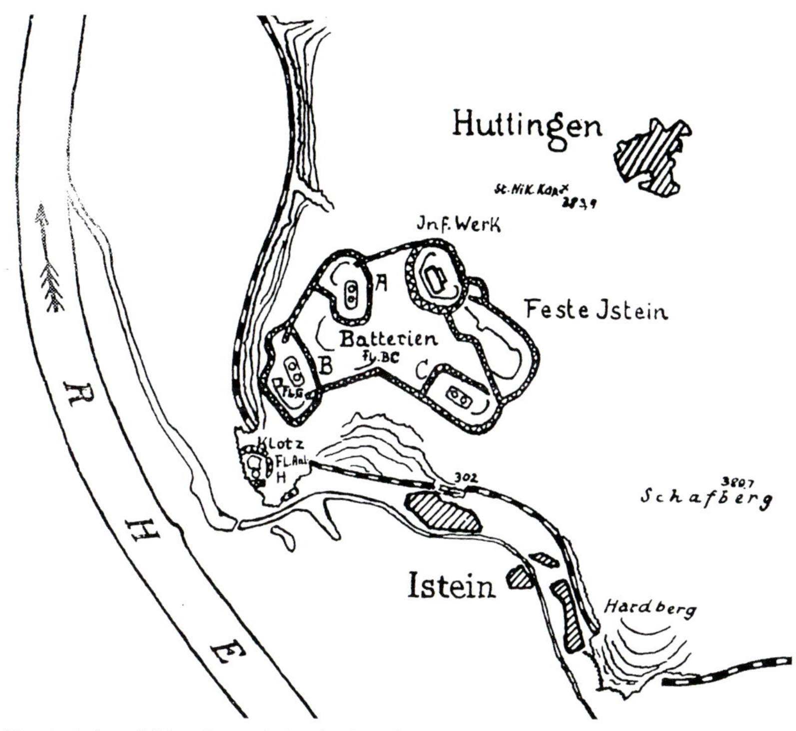

16

Plan der kaiserzeitlichen Feste mit den einzelnen Panzerbatterien und umgebenden Gräben

Ab etwa dem Jahr 1894, endgültig um 1900 sahen der deutsche Generalstab und Kaiser Wilhelm II. die Notwendigkeit, eine Lücke im Festungsgürtel des Reiches zu schließen – den südlichen Oberrhein zwischen Straßburg-Kehl und der Schweizer Grenze. Damit sollte ein möglicher französischer Vorstoß durch die Burgundische Pforte verhindert oder zum Stehen gebracht werden. Als Platz für ein Sperrfort wählte man den Isteiner Klotz. Er schiebt sich etwa 10 km nördlich von Basel als eine 3 km breite, lößbedeckte Kalksteinscholle nach Westen vor. Dieser Riegel wird vom Rhein umflossen und muss von den Straßen und der Bahnlinie umgangen oder durchstoßen werden. Der Isteiner Klotz, der eigentliche Felssporn, und die angrenzenden Höhen, die zum Rhein und zur Ebene hin steil abfallen, gestatteten die Kontrolle des in Nord-Süd-Richtung verlaufenden Verkehrs und besonders der Rheinübergänge. Damit wäre auch ein möglicher Vorstoß entlang des Hochrheins oder über den südlichen Schwarzwald mindestens stark zu behin-

dern gewesen. Auf dem Felssporn hatte vom 12. Jh. bis um 1410/11 eine Burg bestanden, von der noch geringe Mauerreste vorhanden sind.

1902 begannen nach längeren Planungen die eigentlichen Baumaßnahmen. Bis 1910 entstand eine kleine, aber starke hochmoderne Panzergruppenbefestigung, die an das Gelände angepasst war. Sie bestand nicht mehr aus einem einzelnen Hauptwerk, sondern aus mehreren Einheiten, die jede für sich rundum verteidigungsfähig waren und sich gegenseitig flankieren und unterstützen konnten. Die einzelnen Werke waren tlw. untereinander durch Hohlgänge verbunden. Falls die Werke nördlich oder südlich umgangen und dann von der besser zugänglichen Ostseite her angegriffen werden sollten, war die Verteidigung durch Infanterie nötig.

Das große Infanteriewerk mit einer dreigeschossigen Kaserne für 750 Mann im Nordosten und die drei gleichartigen, zweigeschossigen Panzerbatterien A bis C im Nordwesten bis Südwesten bestanden aus kieshaltigem Beton und Stahl; Naturstein fand keine Verwendung mehr. Die Bauten waren in die Erde versenkt und mit 7 m breiten Trockengräben und weiträumigen Drahtverhauen umgeben und so von weitem nicht sichtbar. Hinzu kamen diverse Baracken, Munitionsräume und insgesamt sieben Infanterieräume, meist bei den Batterien gelegen, mit jeweils einem zugehörigen Schützengraben von etwa 1,50 m Tiefe.

Die Panzerbatterien waren 51,80 m lang und 18,60 m breit, dabei 5,10 m hoch. Die feindseitige Betonmauer war 5 m dick, rückwärtig jedoch nur 1 m, die Decke 2,50 m. Drei Eingänge leiteten in einen querliegenden, langen und schmalen Flur, den sog. Gefechtskorridor. Eine Treppe führte jeweils nach

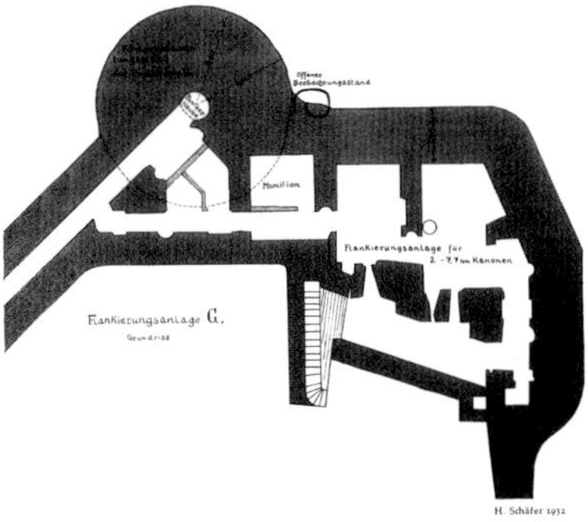

Grundriss der Flankierungsanlage G. Auf dem Werk befand sich ein schneckenförmiger Beobachtungsstand aus Eisenblech.

oben in den Arbeitsraum der Munitionskanoniere (zwei Türme à zwei Geschützrohre für 10 cm), eine Leiter weiter zum Geschützraum darüber. Panzerbeobachtungsstände mit Kuppeln aus gegossenem Nickelstahl ergänzten das System und übernahmen die Feuerleitung für die Batterien, die bis Habsheim wenige Kilometer vor Mühlhausen/Mulhouse und bis nahe an Basel feuern und damit den Ausgang der Burgundischen Pforte abdecken konnten. Eine zeitgenössische Propagandapostkarte jener Zeit macht das deutlich: Dort erscheint der Fels als riesiger Totenkopf unter einer Pickelhaube, aus dessen Augenhöhlen Suchscheinwerfer über den Rhein weit ins Elsass strahlen. Der Isteiner Klotz bildete quasi die südliche „Wacht am Rhein".

Dem Problem, dass von oben die Bereiche am Rheinufer nicht einzusehen waren, begegnete man durch ein Flankierungswerk H mit Bereitschaftsraum, Artillerie-Kommandostand und vier 9 cm-Geschützen oben auf der Felsnase des eigentlichen Klotzen, wo schon die Burg gestanden hatte. Der Infanterieraum 7 war dreigeschossig und enthielt zwei Maschinengewehre, im mittleren Stockwerk zwei 7,7 cm-Schnellfeuergeschütze nach Süden und einen Flankierungsraum

Die gesprengte Panzerbatterie A

Gesprengtes Infanteriewerk auf dem Klotzen

Die Relikte des Westwallbunkers am Steinbruch zeigen die Armierung des Betons.

mit zwei 5 cm-Kanonen in Richtung des Drahthindernisses.

Der Brückenkopf wurde im August 1914 armiert. An den Berghängen und am Rhein wurden zwei Linien von kleineren Betonbauten errichtet, die als Beobachtungsstände dienten. Viele entstanden während der Mobilmachungsphase, weitere gegen Kriegsende 1918. Sie scheinen schon in etwa das Konzept des späteren Westwalls vorwegzunehmen.

Im Ersten Weltkrieg kam der Feste Istein insgesamt relativ geringe Bedeutung zu. Ihre Geschütze griffen nur im August 1914 einige Male in die Schlachten bei Mülhausen ein. Der Erfolg war propagandistisch und moralisch wichtig; der Gegner hielt jedenfalls Abstand zum Rhein und zur Feste. Für einen Angriff meinte man, nicht genug Bewaffnung zu

haben. Das Vorhandensein dieser Festung scheint einen Rheinübergang durch Teile der französischen Armee schon in der Planungsphase verhindert zu haben. Eine Funktion der Feste als mögliche Auffangstellung 1918 kam aufgrund des Waffenstillstands nicht mehr zum Tragen.

Mit dem am 10. Dezember 1920 in Kraft tretenden Versailler Vertrag (Artikel 180) begann die Entfestigung und Schleifung, die 1921 abgeschlossen war.

Im Rahmen der Aufrüstung in den ersten Jahren des „Dritten Reiches" wurden schon 1936 verdeckte Erkundungen in der entmilitarisierten Zone entlang des Rheins unternommen. Schon bald wurde ein großes Befestigungswerk geplant, das sich auch noch über weitere Gemarkungen des Markgräfler Landes erstrecken sollte. Die Existenz derartiger Planungen wurde gelegentlich angezweifelt, doch sind bestimmte Baumaßnahmen nur in einem solchen Kontext verständlich. Dafür wurden insgesamt fünf Ebenen von ausgedehnten Stollen im Kalksteinfelsen vorgesehen. Sie wurden mit Farben bezeichnet (Rote Galerie usw.) und auf insgesamt 4 km Länge mehr oder weniger fertiggestellt. Mangels Ressourcen, aber vor allem aufgrund der veränderten Lage und anders gelagerter Prioritäten wurden diese Arbeiten jedoch unterbrochen. Zur Herstellung der Kriegsbereitschaft wurden 1939 die bis dahin vorhandenen Tunnel notdürftig angeschlossen, um den Torso nutzbar zu machen. Vorhanden waren von dieser projektierten Großfestung lange Stollengänge, im Ostteil ein erst tlw. fertiggestellter Divisionsgefechtsstand mit 400 m Stollenlänge und ein unterirdisches Lazarett mit 25 Räumen und 260 m Stollenlänge, eine Feldbahn mit Diesellok, außerdem kleine Unterkunfts- und Bereitschaftsräume und sieben MG-Kasematten mit einigen Feueröffnungen in der Felswand. Im Krieg hauste eine kleine Besatzung ohne Heizung, Küche und Strom in den Kasematten in der Klotzenspitze.

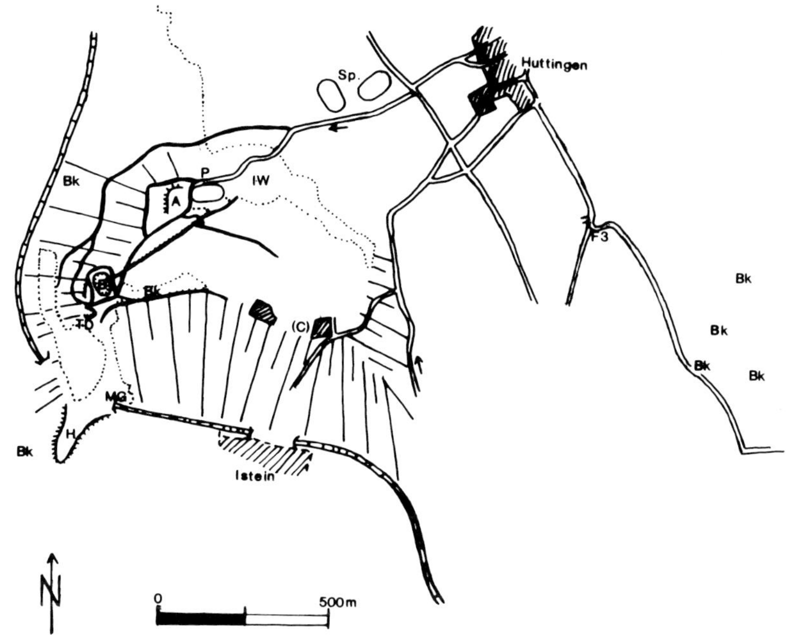

Befestigungsrelikte des Isteiner Klotzes und seiner Umgebung, Übersichtsplan
Feste 1902–1910:

A, B, C = Panzerbatterien. – H = Flankierungsbauwerk H mit Infanterieraum 7. – IW = Infanteriewerk.
Westwallwerke 1936–1945:

Bk = Bunker (sichtbar, in Auswahl). – F3 = Fenster 3 der Roten Galerie. – MG = Maschinengewehr-
stand. – TD = „Turm Dollmann".

Moderne Strukturen:

P = Parkplatz. – Sp. = Sportplatz. – Punktlinie = heutiger Waldrand. – Schraffur = besiedelte Flächen.
– Quergestrichelte Linie = Bahnlinie Freiburg-Basel. – Dicke schwarze Linien = Wege.

Im Hinblick auf die nur zeitweise und offen aufgestellte Artillerie wurde jedoch bei weitem nicht mehr der Standard des Ersten Weltkriegs erreicht. Die geplanten beiden Panzerbatterien mit je vier 17 cm-Geschützen mit 25 km Reichweite sowie kleineren Geschützen wurden nicht realisiert. Im weiträumigen Bereich gab es jedoch im Rahmen des Westwalls 113 Bunker, davon immerhin 35 auf Isteiner Gemarkung.

Während des sog. „Sitzkriegs" fanden zwischen dem 10. Mai und 19. Juni 1940 am Oberrhein kleinere Gefechte statt. Nach der Besetzung Frankreichs wurden

Firmen und Arbeitskräfte an den Atlantikwall abkommandiert, auch Bewaffnung und Bauteile wie etwa Stahltüren wurden abgezogen. Entgegen der Propaganda – Göring hatte gar von einem „zweiten Gibraltar" gesprochen – war in Istein kaum schwere Bewaffnung vorhanden, überhaupt waren nur Rudimente der geplanten Anlage fertig. Die von der Propaganda erwähnten „mächtigen Unterkünfte, Panzerwerke und Batteriestellungen" sind kaum zu finden. Wie auch im Falle des unüberwindlich dargestellten Westwalls (mit fehlenden Bunkertüren und tlw. gering dimensionierten Betonstärken) gelang die Täuschung offensichtlich auch hier. Jedenfalls ist noch kurz vor der Sprengung 1948 ein Besuch Schweizer Offiziere überliefert.

In der Spätphase des Krieges gewann mit dem Vordringen der alliierten Truppen durch Frankreich der Isteiner Klotz noch einmal an Bedeutung. Der Volkssturm und die Zivilbevölkerung mussten für neue Laufgräben und Artilleriestellungen schanzen. Am 19. November 1944 erreichten französische Panzer den Rhein bei Märkt und Istein. Die Besetzung von Istein erfolgte erst am 24. April 1945 kampflos; die Truppen waren abgezogen, der Volkssturm hatte sich aufgelöst.

Der Alliierte Kontrollrat gab am 6. Dezember 1945 eine Direktive zur Schleifung aller Befestigungen heraus. Die erste Sprengung erfolgte im März 1947, im März 1950 die letzte. Die Galerien wurden nur tlw. in Abschnitten gesprengt; streckenweise wurden sie auch nur mit Betonpfropfen verschlossen wegen der Gefahr für den Eisenbahntunnel. Insgesamt wurden 100 t Sprengstoff verbraucht. Dabei rissen Teile des Felsmassivs an den Längsseiten im Süden/Südosten und vor allem im Norden/Nordwesten ab.

Der ehem. Divisionsgefechtsstand, Lazarettstollen und Teile der Roten Galerie wurden ab 1960 durch die Bundeswehr als Lagerraum für Sanitätsmaterial verwendet; zusätzlich wurden ab 1968 vier weitere Stollen aufgefahren, die bis 2007 genutzt wurden.

Bei Auffindung und Besuch der stark zerstörten Festungsreste hilft bisher keine Beschilderung. Die Anfahrt erfolgt aus dem Rheintal, vom Ort Istein aus in Richtung Norden/Nordosten nach Huttingen. Von Huttingen zieht eine kleine Straße nach Westen, an den Sportplätzen vorbei in ein Waldstück hinein. Im Wald direkt östlich befand sich das inzwischen mit Müll und Schutt verfüllte Infanteriewerk. Westlich des Sportplatzes folgt die gesprengte Panzerbatterie A, von der der

umgebende Graben und das Betondach noch gut zu sehen sind. Ein Waldweg führt nach Südwesten zur gesprengten Panzerbatterie B mit diversen Außenbefestigungen. Südlich davon zeugt noch ein runder Sprengtrichter mit hochragenden Betonwänden vom „Turm Dollmann", einem Artilleriebeobachtungsstand des Westwalls, der an die 68 m lange Braune Galerie angeschlossen war. Er trug die mit 105 t und 65 cm Wandstärke größte stählerne Panzerkuppel, die im Rahmen des Westwalls verbaut wurde. In einem schmalen Waldstreifen etwa 200 m östlich findet sich ein weiterer Bunker. Er ist mit P 39 109 „Schartenturm mit Gruppen, Ausbaustärke A" zu identifizieren und war durch einen Seitengang der Roten Galerie erschlossen.

Am Berghang westlich unterhalb von Panzerbatterie A ist noch an einem Weg oberhalb der Bahnlinie ein Westwallbunker erhalten, ein weiterer in einem umzäunten Grundstück unterhalb der Klotzennase westlich der Straße Istein-Kleinkems.

An der Felsnase selbst sind von unten Reste der Burg und einer spätmittelalterlichen Kapelle zu erkennen. Obenauf befand sich das Flankierungswerk H mit dem Infanterieraum 7. Etwas östlich, unterhalb eines Pfades, ist direkt über dem östlichen Ausgang des Bahntunnels noch die dünne Betonbrüstung eines Maschinengewehrstandes erhalten. In der westlichen Steinbruchwand sind von Ferne die Reste von zwei Bunkern erkennbar. In der abgesprengten östlichen Felswand finden sich Reste der Blauen und Grünen Galerie.

Weiter im Osten, besonders im Bereich zwischen Huttingen und Efringen-Kirchen, sind zahlreiche Bunker des Westwalls in den Wäldern erhalten. Ein jüngerer Betonturm 400 m südlich von Huttingen markiert im Bereich eines ehem. Steinbruches das Fenster 3 der Roten Galerie, die später von der Bundeswehr genutzt wurde.

H.W.

Kirchberg, ein bastioniertes Schloss

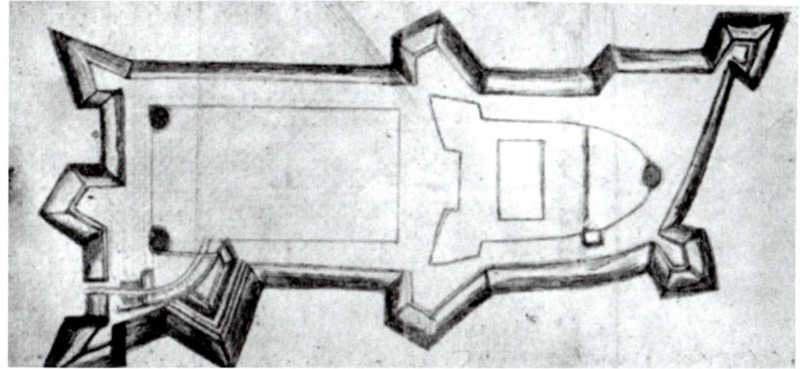

17

Entwurf zur Bastionierung Kirchbergs 1583

Auf einem Bergsporn über der Jagst liegen Schloss und Städtchen Kirchberg, eine der für Hohenlohe so typischen Miniaturresidenzen. Kirchberg geht auf eine Burg des 13. Jh. zurück, welche den Flussübergang sicherte. Es gelangte mit dem zugehörigen Flecken im 14. Jh. an die Herren von Hohenlohe, wurde 1384 durch Ulrich von Hohenlohe neben anderen Besitzungen zur Tilgung seiner Schulden an die Reichsstädte Rothenburg, Schwäbisch Hall und Dinkelsbühl verpfändet und 1398 schließlich verkauft. Die drei Städte bauten Kirchberg zu einer Art reichsstädtischen Landesfestung aus und begannen an der Wende vom 14. zum 15. Jh. mit dem Bau der Stadtmauer mit den beiden hohen Türme und einem Torzwinger am einzigen Zugang von Süden. Auch das Schloss wurde verstärkt. 1407 entstand auf der Nordseite der sog. Schindengaul, eine plattformartige Erweiterung, die heute den hinteren Schlosshof bildet.

Die Arbeiten zogen sich über Jahrzehnte hinweg. So wurde der in den 1460er-Jahren begonnene Zwinger der Stadtbefestigung erst um 1530 fertiggestellt.

In den 1480er-Jahren begann der Ausbau zur Festung. Zwischen dem Städtchen und dem Halsgraben der Burg wurde die sog. Schütt angelegt, welche durch einen zweiten, aus dem Fels gehauenen Graben gesichert wurde. Diese Anlage wurde beim barocken Ausbau des Schlosses und der Anlage des Vorhofes im 18. Jh. obertägig vollständig beseitigt. Man muss sich die Schütt ähnlich denken wie den doppelten Halsgraben auf Schloss Langenburg, zwischen dem ebenfalls ein gemauerter Wall liegt. Auf der 1489 fertiggestellten Schütt befand sich der nun in die Befestigung des Schlosses einbezogene Tiefbrunnen. Um das Schloss besser zu verwahren, wurde ab 1501 auch auf den Hangseiten ein Graben abgetieft, der zugleich als umlaufender Zwinger

diente und nach Süden um 1550 mit je einem Tor abgeschlossen wurden. Seine Mauer weist auf der Nordostseite gegen den Jagstübergang gerichtete Schlüssel- und Lochscharten auf. 1507 entstand der erhaltene Viereckturm an der Nordostecke des Kernschlosses. Auch die Hauptangriffsseite des Städtchens wurde verstärkt, indem im Halsgraben vor dem Zwinger der Stadtmauer eine Streichwehr über trapezförmigem Grundriss errichtet wurde, von der noch Reste verbaut in ein jüngeres Gebäude erhalten sind. Sie sicherte eine Poterne in den Graben und ermöglichte die Bestreichung des Zwingers in zwei Richtungen. Hinter dieser Streichwehr lag eine Rossmühle.

1562 verkauften die drei Reichsstädte die Feste Kirchberg an Graf Ludwig Casimir von Hohenlohe-Neuenstein. Nach seinem Tod beschlossen seine Witwe Anna und seine drei Söhne Wolfgang II., Philipp und Friedrich das an der Südostgrenze der Gesamtgrafschaft Hohenlohe gelegene Kirchberg zu einer gemeinschaftlichen Landesfestung auszubauen. 1583 wurde hierzu ein Plan entworfen, dessen Urheber bis heute unbekannt ist, für den aber vielleicht der Baumeister Jörg Stegle infrage kommt. Der Plan sah eine Verstärkung von Schloss und Stadt durch einen umlaufenden bastionierten Wall vor. Treibende Kraft hinter dem Bauprojekt dürfte der weitgereiste und in architektonischen Fragen bewanderte Graf Wolfgang gewesen sein. Auffällig ist, dass die Bastionen auf die typischen italienischen Ohren an den Flanken verzichteten und offenbar als große Erdwerke ausgeführt werden sollten. Hier dürften niederländische Vorbilder wirksam gewesen sein. Tatsächlich war Graf Wolfgang II. ein Schwager Wilhelms von Oranien, der die Niederlande im Aufstand gegen die

Spanier führte; sein Bruder Philipp stand als Militär in niederländischen Diensten. Möglich ist aber auch ein Einfluss Daniel Specklins, der ähnliche Bastionen wie in Kirchberg 1580 für die vorderösterreichische Stadt Ensisheim im Elsass geplant hatte.

Von dem anspruchsvollen Plan wurde ab 1590 nur ein sehr kleiner Teil ausgeführt. So wurde vor dem Stadttor die, heute sehr verbaute, Halbbastion angelegt, an der Südwestecke wurde ebenfalls eine Bastion aufgeführt, über der heute eine künstliche Ruine des 18. Jh. steht, und auch die Nordostbastion wurde errichtet, allerdings wohl in sehr viel kleinerem Umfang als geplant und als gemauerter Bau an einem Zwinger unterhalb des Schlosses. Die Maßnahmen konzentrierten sich vor allem auf das Schloss. Es wurde in eine Vierflügelanlage umgebaut, deren gegen die Stadt gerichtete Front bis 1594 durch zwei bastionierte Türme gefasst wurde, welche den Hauptbau allerdings nicht überragten. Hierzu fertigte Stegle 1591 eigens ein Modell. Für die Erstellung der beiden Bastionstürme musste der Graben gegen die Schütt verbreitert werden, auch wurde er weiter vertieft.

Die beiden bastionierten Ecktürme dienten vor allem der flankierenden Bestreichung des Halsgrabens und der Ost- wie auch der Westseite des Schlosses. Sie sind lediglich für den Einsatz von Handfeuerwaffen konzipiert und zeigen in zwei Reihen übereinander angeordnet Steigbügel- und Senkmaulscharten. Hinter diesen Scharten verbirgt sich in jedem Turm eine große zweigeschossige Kasematte, deren Gewölbe von einem Mittelpfeiler getragen wird. Die Scharten, deren Nischen tlw. Vorrichtungen zur Einlage von Prellhölzern haben, sind wegen der Höhe zueinander zur Benützung im Ernstfall sehr ungünstig angelegt. Entweder liegen sie zu hoch oder zu niedrig. Vermutlich sollten im Ernstfall in den zweigeschossigen Nischen Auftritte aus

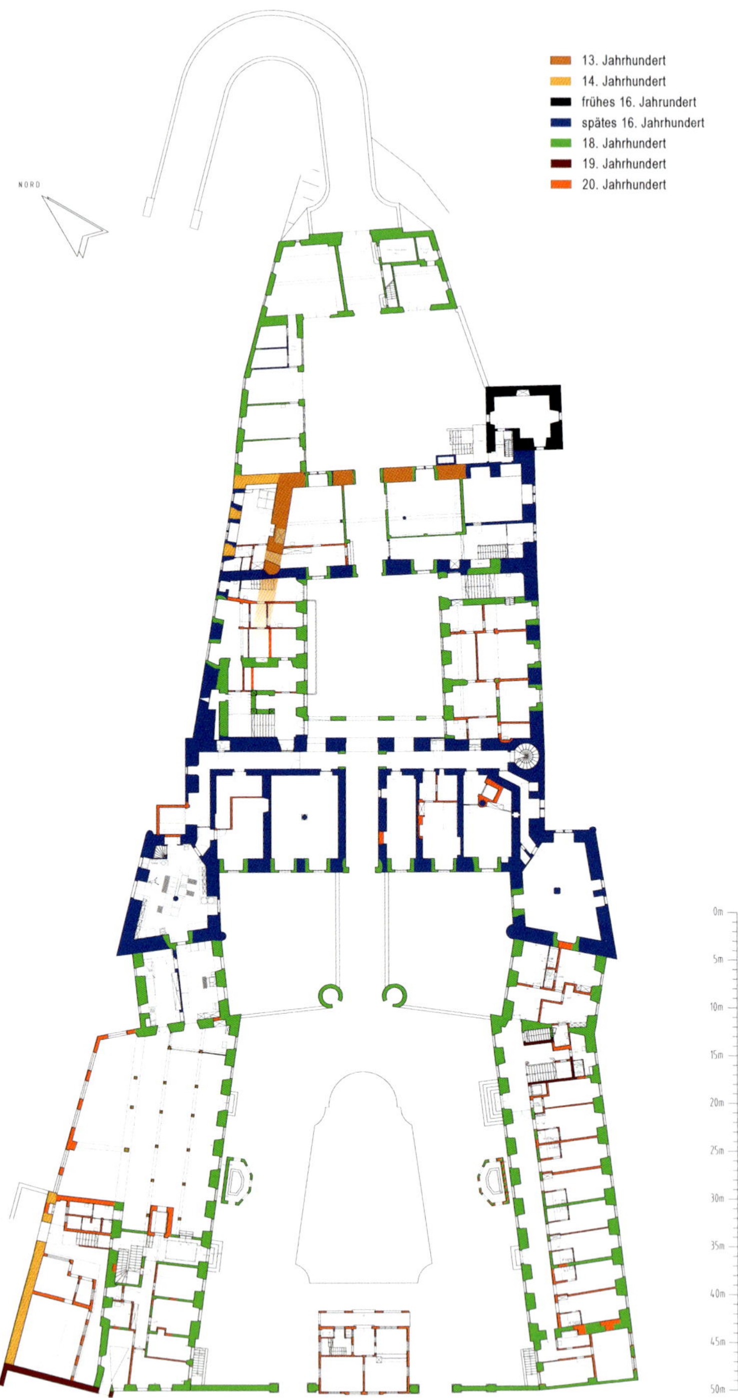

NORD
13. Jahrhundert
14. Jahrhundert
frühes 16. Jahrundert
spätes 16. Jahrhundert
18. Jahrhundert
19. Jahrhundert
20. Jahrhundert
0m
5m
10m
15m
20m
25m
30m
35m
40m
45m
50m

Holz eingebaut werden, aber auch dann wären die Scharten tlw. nur im Knien zu bedienen gewesen.

Eine Aufstellung schwerer Artillerie auf den bastionierten Türmen war nicht vorgesehen. Ihre Flanken haben verkümmerte Orillons, wie sie die Echterbastei auf Marienberg in Würzburg und Schloss Gaibach in Unterfranken im frühen 17. Jh. zeigen. Das Bastionsohr wird hier zu einem reinen Schmuckmotiv. Diese Form der Gestaltung ist wohl erstmals in Kirchberg zu finden.

Der barocke Umbau 1738–45 durch Leopoldo Retti hat die ursprüngliche Situation stark verunklärt, zumal die Bastionen 1764/65 durch steinerne Verbindungsbauten über den Graben hinweg mit den Wirtschaftsbauten des äußeren Schlosshofes verbunden wurden. Die heutige steinerne Brücke mit den beiden so wehrhaft wirkenden Schilderhäuschen ersetzte 1744 eine Holzkonstruktion.

Die beiden mächtigen Ecktürme dienten nicht nur der Verteidigung des Schlosses im Ernstfall, vor allem waren sie Ausweis der Befestigungshoheit des Landesherrn, auch wenn Kirchberg schließlich nicht als hohenlohische Landesfestung weiter ausgebaut wurde und zuerst als Witwensitz diente, bis es 1699 dauerhaft zur Residenz einer eigenen Seitenlinie Hohenlohe-Kirchberg wurde.

Im Rahmen des Umbaus wurde auch die Bastei Schindengaul auf der Talseite ausgebaut, ist aber 1758 wie die Schütt weitgehend verändert worden und erhielt 1785 ein rückwärtiges Tor.

Das Kirchberger Schloss bildet das Musterbeispiel für einen Typus, der im 16. Jh. in Italien aufkam und sich beim Adel in ganz Europa einer gewissen Beliebtheit erfreute: das bastionierte Schloss. Dabei sind Bastionsformen als

Nordflanke des südöstlichen Bastionsturms mit schmalem Orillon

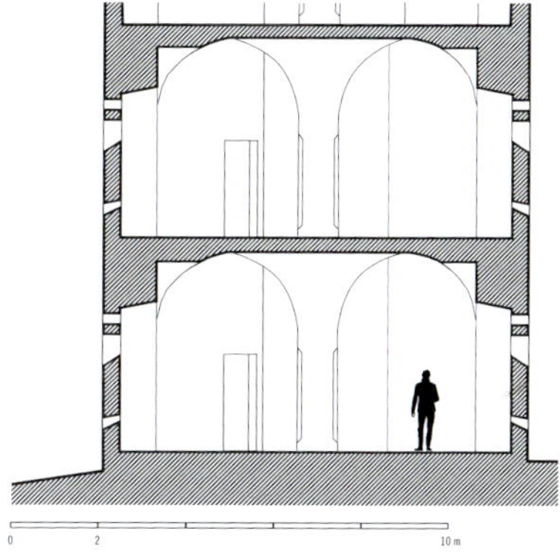

Schnitt durch einen der beiden Bastionstürme mit über zwei Geschosse reichenden Kasematten und Lage der Schießscharten und Lüftungsöffnungen im Mauerwerk. Deutlich wird die unpraktikable Anordnung der Öffnungen.

Türme oder Pavillons in den Baukörper integriert und erlaubten eine flankierende Verteidigung der einzelnen Flügel. Im Idealfall erhielten alle Eckpunkte Bastionstürme, in Kirchberg nur die Hauptangriffsseite, zugleich die repräsentative Zugangsfront. Damit wurde das Prinzip

Rekonstruktion des Schlosses um 1600 von Timm Radt. Vor dem Schloss liegt die Schütt mit einem Torturm, der die Front des Walles flankiert.

der auf Geometrie und Mathematik beruhenden Bastionärfestung direkt auf den Burgenbau übertragen. An Stelle von Rund- sicherten nun Bastionstürme den Adelssitz. Das Prinzip, sich damit gegen Artillerie zu verteidigen, wurde aber quasi konterkariert, denn die hoch aufragenden Türme boten ein leichtes Ziel für die Artillerie. Hier ging es also nicht nur um Verteidigung, sondern mehr noch um den Gestus. Die Bastionsform wirkte wehrhaft, sie unterstützte die Geometrisierung des Schlossbaus und wurde somit zu einem Symbol für den wohl geordneten, präzise funktionierenden Fürstenstaat der Renaissanceepoche. In Baden-Württemberg ist Kirchberg das einzige erhaltene Beispiel dieses Bautyps. Heute befindet sich in Schloss Kirchberg ein Altersheim der Ev. Heimstiftung e. V., doch ist das barock ausgestaltete Innere zu bestimmten Zeiten tlw. mit Führungen zu besichtigen.

C.O.

Kirchheim unter Teck, eine strategische Fehlplanung

18

Plan Kirchheims im 17. Jh. Die Befestigung ist nur zwischen Schloss und dem Rondell gegen die Lindach und der Schlossbastion, heute Marstallbastion, zum Artilleriewall ausgebaut, ansonsten besteht sie aus einer inneren Ringmauer und der Zwingerbefestigung mit niedrigen Türmen.

Kirchheim ist eine Gründung der zähringischen Herzöge von Teck im 13. Jh. Sie dürften hier auch eine Stadtburg, vermutlich an Stelle des heutigen Schlosses, besessen haben.

Die Stadt, die den Zugang von Bayern über die Schwäbische Alb ins Herzen Württembergs sicherte, wurde von Herzog Ulrich 1538 – ca. 1545 zur Landefestung ausgebaut. In ihrer Anlage entsprach sie allerdings noch ganz dem Standard spätmittelalterlicher Befestigungen. Ulrich fand eine um 1274 errichtete Stadtmauer mit vier Tortürmen vor. Sie war bereits um 1359–67 durch einen 3–4 m breiten Zwinger verstärkt worden, vor dem ein

Graben verlief. Die Zwingermauer erhielt 1539 acht im Graben verborgene halbrunde und runde, zweigeschossige Türme zur Verteidigung mit Hakenbüchsen. Damit unterschied sich die Anlage nicht sehr von den zu Anf. des 16. Jh. mit niedrigen Geschütztürmen verstärkten Befestigungen der Reichsstadt Reutlingen, welche Ulrich 1519 nach heftiger Beschießung kurzfristig erobert hatte.

Das Baumaterial gewann man u.a. aus abgebrochenen Kirchen in Kirchheim und den Nachbarorten. Der Turm der Pfarrkirche musste 1540 bis auf das Niveau der inneren Mauer gekappt werden, wurde aber 1568 schon wieder bis auf die heutige Höhe aufgebaut. Man hatte befürchtet, dass er der feindlichen Artillerie ein zu gutes Ziel böte. Da die Kirche in der Nordwestecke der Befestigung lag, wurde der Turm mit Schießscharten ausgestattet. Er diente nach der Erhöhung als Wachtturm.

Eine Neuerung stellte der umlaufende Erdenberg dar. Hierbei handelte es sich um einen hohen Wall, der jenseits des Grabens rund um die Stadt aus dem Grabenaushub aufgeschüttet wurde und die Mauerwerksbauten feindlicher Einsichtnahme und Beschießung entzog. Er ist auf der Südseite vor dem Schloss und auch auf der Nordseite der Altstadt als Geländeabfall noch deutlich erkennbar. Allerdings war dieser Erdwall nur mit einer Palisade besetzt und mit Infanterie zu verteidigen, denn er bot nicht genügend Raum, um Kanonen aufzustellen. Darin unterschied er sich grundlegend von dem viel funktionaleren Wall der Landesfestung Schorndorf. Man gewinnt den Eindruck, dass die Kirchheimer Wallbefestigung entweder Zeugnis des Experimentierens mit neuen Verteidigungsbauten ist oder aber eine kostengünstigere Alternative zu dem ungleich teureren Wallbau in Schorndorf darstellt.

Die Südwestecke der Festung besetzte Ulrich mit dem bis 1541 abgeschlossenen Neubau des Schlosses, das als Zitadelle der neuen Landesfestung und als Jagdsitz diente. In diesem Bau wurde die Landesherrschaft deutlich präsent. Er zeigt die für eine Stadtburg typische Ecklage. Ein Zugang erfolgt von der Stadtseite, einer von der Feldseite, was es dem Stadtherrn erlaubte, sein Schloss jederzeit zu betreten und zu verlassen, ohne die Stadt passieren zu müssen. Der Bau bot so auch Sicherheit gegen eine möglicherweise unruhige Bürgerschaft. Andererseits sollten das Schloss und seine Kasematten im Notfall auch als Zuflucht für die Bürger dienen, die Festung für die Bevölkerung des Umlandes. Daher waren sowohl die Kirchheimer wie auch die Einwohner der benachbarten Ortschaften beim Bau der Befestigungen zu Frondiensten verpflichtet.

Das Schloss besteht aus einer verzogenen Vierflügelanlage. Die Unter- und Erdgeschosse sind massiv gemauert und haben zur Feldseite 2,8–3 m dicke Mauern, die Artilleriebeschuss standhalten sollten. In den Kellern lagerten Vorräte für Belagerungszeiten. Zwei Ecken besetzen zweigeschossige, kasemattierte Streichwehren, in deren Scharten noch die Prellhölzer zum Auflegen der Hakenbüchsen sichtbar sind. Die Oberbauten wurden erstaunlicher Weise in Fachwerk erstellt, der Aufbau des zuerst mit einer Geschützplattform abschließenden Südwestturms entstand erst unter Herzog Christoph um 1553/54.

Die Befestigung dürfte schon bald als veraltet gegolten haben, auch wenn Kirchheim offenbar strategisch so wichtig war, dass Karl V. während des Schmalkaldischen Krieges die Öffnung erzwang und die Festung bis 1551 mit spanischen Truppen besetzt hielt. Ulrichs Nachfolger Christoph ließ verschiedene Verstärkungsprojekte ausarbeiten und die Festung ab 1554 durch Georg Stern, der auch am Bau der bayerischen Landesfestung Ingolstadt beteiligt war, in Teilen

Graben und Wall zwischen Schloss und Marstallbastion. Gut erkennbar die spätere Erhöhung der ehem. Zwingermauer unter Herzog Christoph

ausbauen. Zumal die unter Ulrich errichteten Bauten von keiner sonderlich guten Qualität waren, denn offenbar hatte man unter Zeitdruck gebaut, um das Land rasch gegen Angriffe des Kaisers zu schützen. Der Graben wurde nun auf 24,5 m Breite erweitert, die Zwingermauern nördlich und östlich des Schlosses bis auf Höhe der inneren Mauer aufgeführt und mit Kasematten eingewölbt. So entstand ein Artilleriewall. Diese Maßnahme ist noch heute deutlich erkennbar: Zwinger und Türme Ulrichs sind aus Angulaten-Sandstein, die Erhöhung unter Christoph aus sauberen Kalktuffquadern gemauert. Auf dem neuen Wall fand nun das grobe, weit tragende Geschütz Platz, mit dem das Vorfeld beherrscht werden konnte, unten ermöglichten Schaufel- und Maulscharten eine effektive Verteidigung des Grabens und der Kontereskarpe. Der östlich ans Schloss stoßende Wall endet in der Marstallbastion, einer von zwei Bastionen mit geböschten Außenmauern, die unter Christoph entstanden und die ersten Bastionen überhaupt in Württemberg darstellen. Rückwärtig wurden Rampen zum Auffahren der Kanonen angelegt. In die beiden Bastionen wurden ältere runde Streichwehren einbezogen, die aus den Saillants vortreten und aus ihren Maulscharten mit getreppten Profilen eine Bestreichung der Bastionsfacen wie auch der Gräben erlaubten. Damit stellen diese Bauten eigentümliche, experimentelle Zwitterformen zwischen Rondell und Bastion dar, die sicher nicht den aus Italien kommenden Idealvorstellungen einer auf Geometrie beruhenden Befestigungsweise entsprachen, wie sie Stern in seinen Entwürfen eigentlich vorgesehen hatte. Letztere waren aber in der Ausführung sehr teuer, so dass man sich offenbar für eine kostengünstigere und damit recht eigene Variante entschied. In das Gewölbe der Marstallbastion wurde nachträglich ein kleines Pulvermagazin eingebaut.

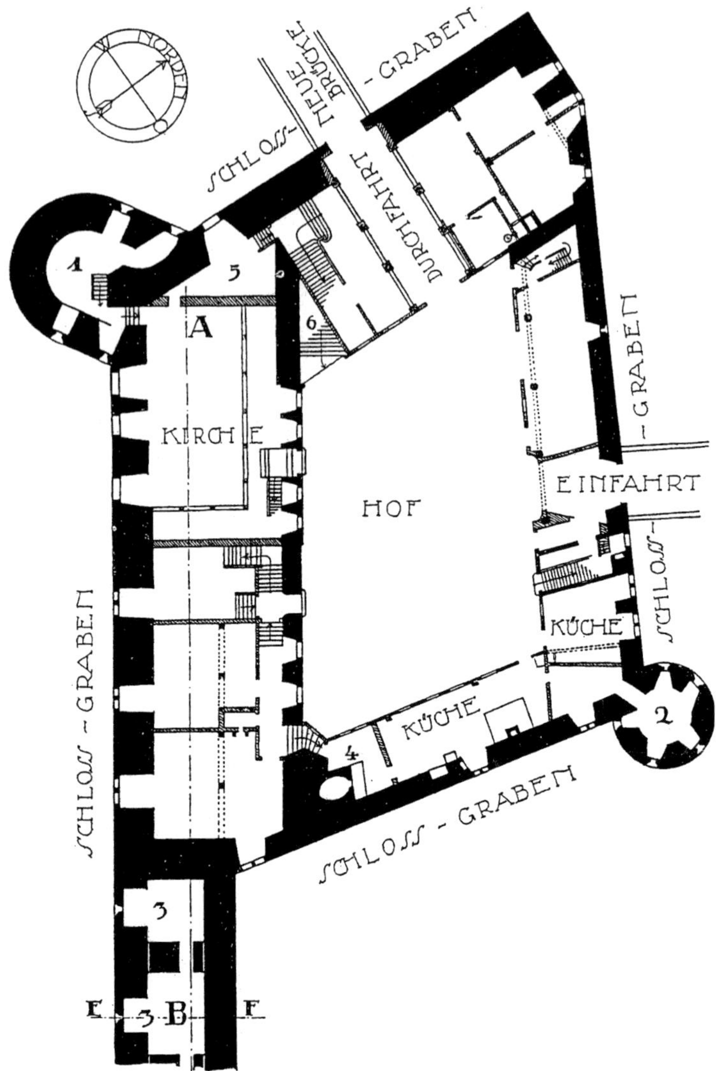

Grundriss des Schlosses mit den westlich anstoßenden Kasematten. Die feldseitigen Mauern sind besonders dick.

Ungleich größer im Umfang ist die „Bastion beim Kloster" im Nordosten der Stadt. Auch sie ist kasemattiert und besitzt eine stadtseitige Auffahrtsrampe für das Geschütz. Hier zeigt sich im Anschluss die schmale innere Stadtmauer in ihrer ursprünglichen Höhe.

Unter Friedrich I. (reg. 1593–1608) wurden innerhalb der Mauern 41 Geschütze, 86 Hakenbüchsen mit 2000 Kugeln, 200 Landsknechtsrohre, zwölf Musketen, sechs zweihändig geführte Schwerter, 1206 Spieße und 25 Hellebarden verwahrt. In den Gewölben des

Ansicht des Schlosses von Nordwesten

Schlosses lagerten 39 Wagenladungen Holzkohle, fünf Zentner Schwefel und einige Fässer mit Salpeter, Grundbestandteile zur Herstellung von Schießpulver. Ungefähr 200 Zentner fertiges Pulver wurden in drei Pulvertürmen verwahrt. Hinzu kamen Blei zur Kugelproduktion, Lunten, Schanzwerkzeuge und sogar Huf- und Stiefeleisen. Das Kommando in Kirchheim führte der Burgvogt, der im Schloss wohnte und dem in Friedenszeiten zur Bewachung der Festung ein gutes Dutzend Kriegsknechte unterstand.

Im Dreißigjährigen Krieg spielte die Festung wider Erwarten keine große Rolle. Nach der Schlacht bei Nördlingen 1634 wurde die Festung entgegen dem Befehl des Herzogs nicht verteidigt. Stattdessen übergab der Burgvogt Melchior Linckh dem kaiserlichen Obristen Walter von Buttler die Festung kampflos. Auch in den folgenden Jahren setzte sich keine der Parteien dauerhaft in der Stadt fest und es kam zu keinen größeren Kampfhandlungen um die Festung. Trotzdem standen Kirchheim und das Umland bei Kriegsende wegen dauernder Einquartierungen und Kontributionen vor dem Ruin. Mit dem Einzug des neuen Obervogts Conrad Widerhold 1650 ging es dann wieder aufwärts.

Widerhold, der als Kommandant des Hohentwiels von sich Reden gemacht hatte, ging mit großem Engagement und eigenen Mitteln erfolgreich daran, Kirchheim wieder in die Höhe zu bringen. An der Festung wurden, finanziert durch Stadt und Amt, die beide für den Unterhalt der Befestigungen zuständig waren, zuerst die dringendsten Reparaturen durchgeführt. 1654 und 1658 ließ Widerhold durch den Werkmeister Gabriel Mayer am Wall und im Zwinger Blockhäuser errichten, um eine bessere Verteidigung der Tore und Brücken zu gewährleisten. 1660/61 wurde der letzte große Neubau der Festung unter der Regie Widerholds angegangen: Am Jesinger Tor, das nach einem Einsturz neu errichtet werden musste, wurde ein aufwendiges Pumpwerk gebaut, das fortan die Wasserver-

Schießkammer mit Scharten und Rauchabzug in den Kasematten zwischen Schloss und Marstallbastion

sorgung sicherstellte. Es befand sich in einer neu angelegten, von Mayer entworfenen Streichwehr. Das Pumpwerk wurde 1893 abgebrochen.

1690 brannte die Stadt bis auf vier Häuser nieder, wobei Schloss und Befestigungen weitgehend verschont blieben. Spätestens seit dieser Zeit kann man nicht mehr von einer Festung Kirchheim sprechen. Rein strategisch betrachtet war Kirchheim ohnehin eine Fehlplanung. Es wäre sinnvoller gewesen, das Filstal durch eine Festung zu sichern, denn dieses stellte eines der Haupteinfallstore ins Herzen Württembergs dar. Die Werke wurden seit 1811 sukzessive niedergelegt. Im Boden erhaltene, tlw. bis zu zwei Geschosse hohe Türme wurden leider noch in den 1980er-Jahren beim Bau von zwei Tiefgaragen restlos beseitigt. Die erhaltenen Schlosskasematten und die Marstallbastion sind mit Sonderführungen zugänglich, in der Bastion am Kloster befindet sich ein Jugendclub. Die heute steinsichtigen Befestigungswerke waren übrigens nachweislich noch Mitte des 18. Jh. verputzt und weiß gestrichen.

Das Schloss war seit 1631 Witwensitz. Die alte Zitadelle wurde fortan stetig für einen gesteigerten Wohnkomfort modernisiert, die Fachwerkaufbauten erhielten größere Fenster und wurden verputzt, die Dürnitz im Südflügel zur Schlosskirche umgebaut.

Kirchheim ist unter den württembergischen Landesfestungen jene, die am deutlichsten die Suche nach neuen Formen der Wehrbaus in der 1 Hälfte des 16. Jh. veranschaulicht. Deutlich wird dies in den eigentümlichen Bastionen aus der Zeit Christophs. Anlage und Gestaltung unter Ulrich entsprechen weitgehen noch dem Standard des 15. Jh., die Fachwerkaufbauten des Schlosses stehen in der Tradition heimischer Burgenbaus, sie ermöglichten eine wohnliche und komfortable Nutzung als Jagd- und Lustschloss, ihr verteidigungstechnischer Wert scheint zur Bauzeit nicht in Frage gestanden zu haben, zumal im Befestigungsbau des Mittelalters wie auch der Frühen Neuzeit Holzelemente weit verbreitet waren.

C.O., J.W.

Die Küssaburg, die Festung der Grafen von Sulz

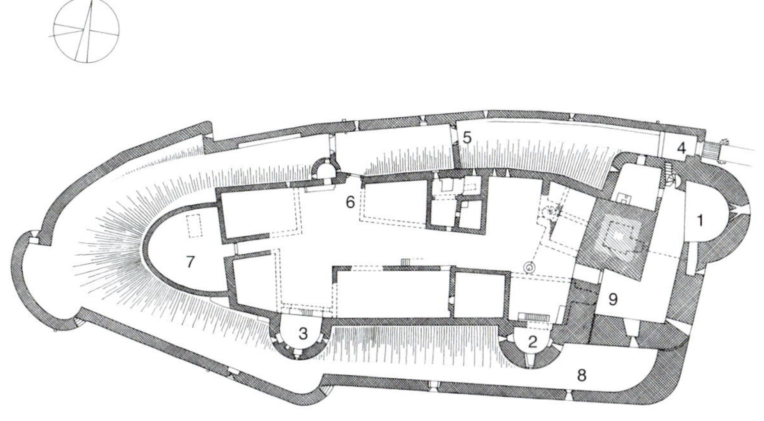

19

Grundriss nach Wellenreuther

1	Batterieturm I
2	Batterieturm II
3	Batterieturm III
4	Äußeres Tor
5	Mittleres Tor
6	Inneres Tor
7	Plattform
8	Zwinger
9	Batterie mit älterer Schildmauer und Bergfried

Die Küssaburg erhebt sich auf einem Kalksteinrücken, der etwa 3–4 km nördlich des Hochrheins liegt und parallel zu ihm in Ost-West-Richtung verläuft. Dieser Bergrücken wird westlich der Burg im Ort Bechtersbohl von einer Pass-Straße überquert. Sie führt vom Hochrhein nach Norden und setzt sich weiter fort in Richtung Hüfingen, Donaueschingen, Villingen und weiter zum oberen Neckar. Im Osten war der Burg auf dem Rücken in gleicher Höhe ein kleines Städtchen vorgelagert, das im Bauernkrieg 1525 bzw. beim nachfolgenden Bau der Festung abging.

Als Besitzer der Burg sind seit dem 12. Jh. die Herren, dann Grafen von Küssenberg genannt. Über die hochmittelalterliche Anlage ist wenig bekannt – sofern nicht die innere Ringmauer und die Grundmauern der Wohn- und Wirtschaftsgebäude dazu gehören. Im östlichen Teil ist jedenfalls der Stumpf eines unregelmäßigen, etwa quadratischen Bergfrieds mit wenigen Buckelquadern erhalten, der zur älteren Burg gehörte.

Die Burg war oft verpfändet; 1497 kam sie als Pfand an die Grafen von Sulz, die künftig wie Alleinbesitzer der Burg agierten. Im „Schweizerkrieg" („Schwabenkrieg") wurde sie 1499 von ihrer Besatzung kampflos aufgegeben, hingegen im Bauernkrieg mehrfach erfolglos belagert; von den zugehörigen Untertanen wurde damals auch ein Religionswechsel angestrebt. Dies und die Erfahrungen von 1499 mögen den lange regierenden Gra-

fen Rudolf V. (1498–1535) zu größeren Baumaßnahmen veranlasst haben. Wahrscheinlich leisteten auch hier die Untertanen durch Zahlung der urkundlich belegten „Brandschatzung" einen Beitrag.

Im Dreißigjährigen Krieg wurde die Küssaburg 1634 aus Furcht vor den Schweden von der kaiserlichen Besatzung verlassen und angezündet. Ein Wiederaufbau unterblieb aus Geldmangel, veränderten Prioritäten und einem späteren Herrschaftswechsel zu den Schwarzenbergern.

Die ältere Burg wurde um etwa 1529 offenbar tlw. abgebrochen und zu einer feuerwaffentauglichen Renaissancefestung mit Schussöffnungen in mehreren Ebenen umgestaltet. Es handelt sich um einen der frühesten Festungsbauten im weiteren Umfeld des südlichen Oberrheins, ein Projekt des Grafen Rudolf V. von Sulz, eines Landesherrn mit relativ kleinem Territorium, jedoch hoher Stellung in der österreichischen Regierung. 1523 war er u.a. Statthalter Württembergs.

Aufgrund der Baufugen ist anzunehmen, dass zuerst die massive Ostseite vorgesetzt wurde, die am meisten gefährdet war. Dazu gehört ein Halbrundturm mit 3,80 m Mauerstärke, die sog. große Bastion (Batterieturm I), der in den Halsgraben hinein vorspringt. Erst danach folgte, wie die Baufuge nahe der SO-Ecke belegt, die Errichtung der außen umlaufenden, meist schwächeren Ringmauer mit Anlage des tiefer liegenden Zwingers. Eine Inschrift an einer Schießscharte der Ostseite und auf einer Scharte des Batterieturmes I nahe dem Burgtor datieren mindestens einen Teil der Baumaßnahmen auf 1529. Charakteristisch sind die breiten Maulscharten, die in ihrem Innern mehrfach abgetreppt sind. Einige sind

Ansicht von Osten mit sog. Batterieturm I und Tor

mit polsterförmigen Quadern gerahmt, eine am Oberrhein typische Schmuckform im Festungsbau der Renaissancezeit. An verschiedenen Stellen der Anlage finden sich Abzugslöcher für den Pulverdampf. Am Batterieturm I scheinen sie zu fehlen, weshalb an einen zentralen Abzugsschacht nach oben gedacht werden muss. Einige Scharten sind als Hosen- und Drillingsscharten angelegt und boten den Hakenbüchsenschützen so verschiedene Schusswinkel.

Das Wappen am stark rekonstruierten Burgtor mit dem Gusserker ist eine Neuschöpfung von 1982 und symbolisiert verschiedene Burgherrschaften. Über eine Zugbrücke führte der Weg in eine Torkammer, die von links oben unter Feuer genommen werden konnte. Der Weg verlief weiter nach Westen in den äußeren Zwinger, passierte ein weiteres Tor in den inneren Zwinger und bog nach Süden ab. Durch ein Tor, das von einem kleinen halbrunden Turm, der nur für Büchsenschützen eingerichtet war, flankiert wurde, betrat man das Innere der Burg. Derselbe halbrunde Turm beschirmte auch ein Tor, das den Zugang in den weiter umlaufenden äußeren Zwinger ermöglicht. An der äußeren Ringmauer werden die langen Fronten durch Scharten gesichert, die sich in eckigen oder gerundeten Vorsprüngen befinden; sie ermöglichten in der Art von Grabenstreichen flankie-

Schalenturm auf der Südseite

Schießscharten an der Ostseite

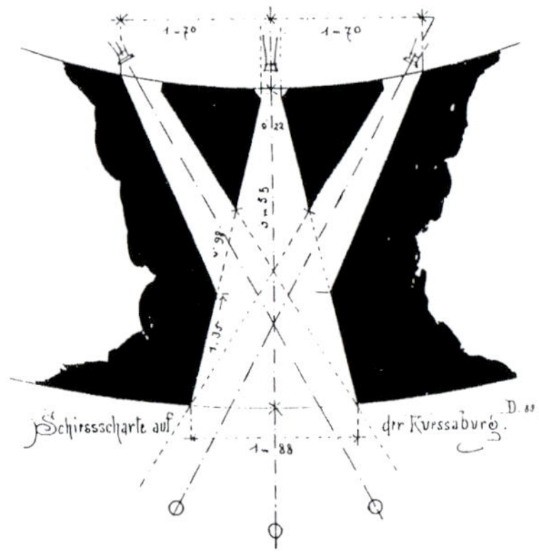

Grundriss einer Drillingsscharte im Batterieturm I

rendes Feuer entlang der äußeren Ringmauer und des oberen Hanges.

Der östliche Baukomplex wird im Westen vom älteren Bergfried und einer Mauer begrenzt, bei der es sich tlw. um eine spätmittelalterliche Schildmauer handeln könnte. Diese wäre dann allerdings später durch drei große Durchbrüche für Schartennischen mit Schussöffnungen für Büchsenschützen und neuere Aufmauerungen stark verändert. An ihrer Außenseite sind ein Rundbogentor mit darüber liegendem Entlastungsbogen und ein weiterer Entlastungsbogen sichtbar. Dabei lässt die Mauer außen keine Störungen in den Steinlagen erkennen. Vielleicht wurde hier eine ältere Schildmauer durch eine außen vorgesetzte Mauerschale gegen Artilleriefeuer verstärkt.

Der sich nach Westen anschließende, auf diese Weise gut geschützte Bereich ist langgezogen. An der südlichen Ringmauer springen zwei massive halbrunde Schalentürme nach Süden vor. Ihre Innenseiten waren wohl mit Holzbrettern oder Fachwerk geschlossen.

Entlang der Ringmauer reihen sich beiderseits des Hofes diverse Bauten wie die sog. Kapelle, ein Mannschafts- und Gesindehaus, Küche/Bäckerei mit zwei Konsolsteinen in Form bärtiger Gesichter und Stallungen auf. Die erwähnten Konsolsteine wurden wohl im Schutt aufgefunden und bei der Sanierung sekundär eingebaut.

Westlich des Bergfriedes schließt ein kleines Wohngebäude mit dem Rest einer Wendeltreppe an. Nahebei wurde im Hof eine 8 m tiefe Zisterne festgestellt.

Nach Westen ist der Kernburg eine bisher als „Rondell" bezeichnete, etwa halbrund eingefasste Terrasse vorgelagert. Scharten sind hier keine erhalten. Seine dünne niedrige Brüstungsmauer wurde vielleicht noch zusätzlich mit Erde oder Schanzkörben abgesichert. Von hier aus ließen sich Teile des äußeren Zwingers bestreichen, jedoch auch größere Geschütze aufstellen, die die Straße über den Pass unter Feuer nehmen konnten.

H.W.

20

Schloss Langenburg,
Hohenlohes früheste Festung

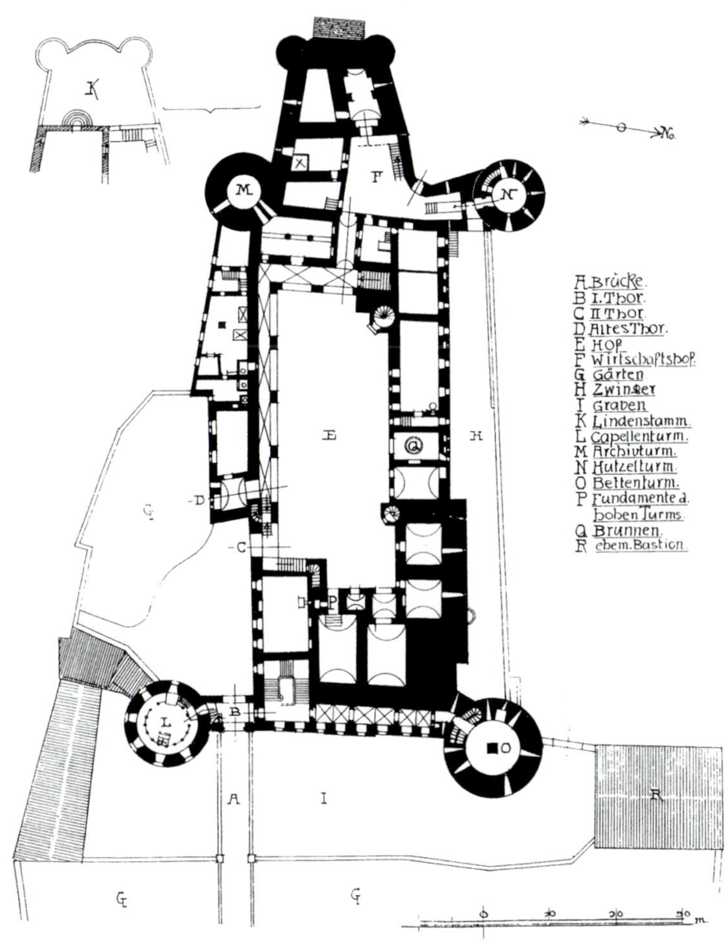

Grundriss des Schlosses auf Kasemattenebene

Über einer Jagstschleife liegt auf einem Bergsporn das einstige Residenzstädtchen Langenburg. Am Spornende erhebt sich das Schloss, das auf eine Burg des späten 12. Jh. zurückgeht. Dieses soll um 1234/35 durch die Herren von Hohenlohe ausgebaut worden sein. In diese Zeit hat man immer wieder die vier mächti-

Nordzwinger zwischen Betten- und Hutzelturm

gen Rundtürme datiert, weil sie in den Untergeschossen Mauerwerk aus großen Buckelquadern zeigen. Doch ist keiner davon stauferzeitlich. Dafür sind ihre Dimensionen zu groß, und die darin befindlichen Schießscharten wurden nicht nachträglich eingearbeitet, sondern entstanden im Verbund beim Bau der Türme. Hier handelt es sich um das herausragende, bisher kaum zur Kenntnis genommene Zeugnis des Ausbaus einer Burg zur frühen Festung. Wann in etwa dieser Ausbau geschah, verrät das Baudatum 1491 mit Spottfigur am Nordostturm, dem Bettenturm. Die Buckelquader mögen hierüber hinwegtäuschen, tatsächlich aber war im fränkischen Raum ihre Verwendung als gestalterisches Motiv für Wehrbauten bis weit ins 17. Jh. hinein üblich. Einen weiteren Hinweis auf die Entstehungszeit ge-

Bettenturm mit Buckelquadern und Schlitzmaulscharten

ben zwei sekundär vermauerte Wappen, welche die Jahreszahlen 1493 und 1516 zeigen.

Die Herren und Grafen von Hohenlohe nutzten Langenburg lange Zeit nicht als bevorzugte Residenz, erst seit 1570 wurde es Sitz einer eigenen Linie. Trotzdem verrät der gewaltige Ausbau, dass den Grafen die Burg als militärischer Platz offenbar sehr wichtig war. Vermutlich im letzten Viertel des 15. Jh. wurde unter Kraft VI. um die Burg im Westen, Norden und Osten ein Zwinger gezogen, der nur noch auf der Nordseite vollständig erhalten ist. Vor der Südseite entstand eine Plattform als Zwinger des inneren Tores. Die vier Ecken dieser Befestigung wurden mit massiven Rundtürmen besetzt, wobei die der Stadt und somit der Angriffsseite zugewandten beiden Türme, der Bettenturm im Norden und der Kapellenturm im Süden, im Umfang deutlich größer sind als die beiden talseitigen Türme im Westen. Die beiden Westtür-

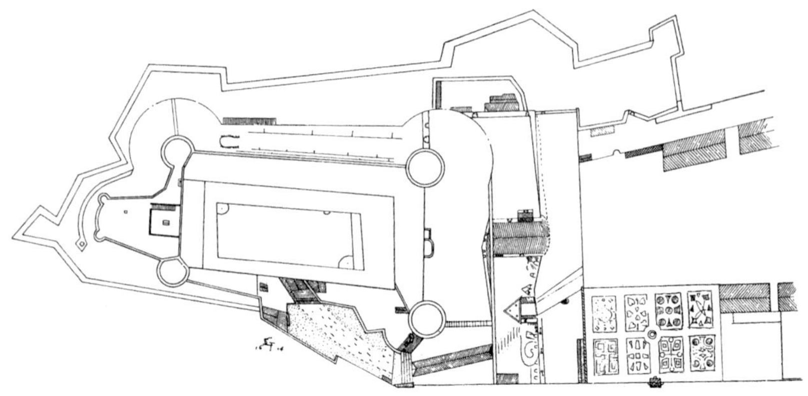

Ausbauplan des Schlosses mit bastionierten Werken 1614

me, der Hutzelturm im Norden und der Archivturm im Süden, waren wohl einst höher als die östlichen, die vermutlich als niedrige Bollwerke im inneren Graben versteckt lagen. Während der Archivturm, einst auch Luginsland genannt, direkt an der Südwestecke der inneren Ringmauer steht, erhoben sich die drei anderen Türme ursprünglich frei im Verband der umlaufenden Zwingermauer und wurden erst später mit dem eigentlichen Schlossbau verbunden. Ihre Mauern sind etwa 3 m dick. Die einzelnen Geschosse schlossen mit Balkendecken ab. Alle vier Türme zeigen in den Untergeschossen Maul- und Schlitzmaulscharten, wie man sie auch aus den zeitgenössischen hessischen Festungsbauten Hans Jakob von Ettlingens kennt. Sie ermöglichten eine Verteidigung mit Hakenbüchsen. Insgesamt erinnert das Ganze an frühe Festungen wie Herzberg in Hessen, das 1477–97 entstand. Allerdings dürfte hier vielmehr württembergischer Einfluss wirksam geworden sein, bewegte sich doch Kraft VI. im Umfeld des Hofes Eberhards V., der schon um 1460 mit der Honburg eine regelmäßig rechteckige Festung mit zwei Geschütztürmen hatte errichten lassen. Auch dort finden sich die charakteristischen Schlitzmaulscharten.

Den Bergsporn schloss man nach Westen mit der sog. Bastei Lindenstamm ab, die spätestens 1526 existent war. Sie umschließt einen kleinen Hof und ist über einen kurzen kasemattierten Flügel auf der Südseite des Hofes mit dem Kernschloss verbunden. In ihren Gewölben birgt sie den Brunnen, zu dessen Sicherung sie wohl errichtet wurde. Ihre Ecken besetzen zwei im Umfang kleinere, einst deutlich höhere Rundtürme; ihre Zinnen sind eine historisierende Zutat des 19. Jh.

Gegen die Stadt riegelt ein doppelter Halsgraben die Burg ab. Der Äußere ist durch Mauern gegen das Tal auf beiden Seiten verschlossen, in denen aber Pforten, u.a. in den Weingarten am Südhang, sitzen. Davor lagen die Rennbahn und der Lustgarten. Der mächtige Wall, der sich bis um den Bettenturm zieht und dort den inneren Halsgraben mit einer Mauer abschließt, dürfte erst im 15. Jh. angelegt worden sein. Auf ihm standen ein Torhaus und mehrere Stall- und Wirtschaftsgebäude. Der innere Graben zog sich ursprünglich entlang der ganzen Nordseite und setzte sich auch im Süden als ein dritter Graben vor der Ringmauer zwischen der nach Süden ausspringenden Plattform und dem innersten Schlosstor fort. Dieser Graben wurde im 18. Jh. aufgefüllt, um einen größeren Vorplatz vor dem inneren Tor zu schaffen. Alle drei Gräben besaßen Zugbrücken. Das heutige äußere Tor rechts des Kapellenturms entstand erst mit dem barockzeitlichen Umbau des Schlosses. Ursprünglich lag es auf der Südseite des Turms.

1611–28 ließ Graf Philipp Ernst, der sich als Militär am niederländischen Freiheitskampf gegen die Spanier beteiligt hatte, durch Jakob Kauffmann seine Residenz zu einer großartigen Renaissanceanlage ausbauen. Die Pläne hierzu waren wohl schon unter seinem Vater Wolfgang II. durch Georg Robin ausgearbeitet worden. Es entstanden die reizvollen Galerien um den Innenhof und der hohe Treppenturm. Gleichzeitig war eine neue Fortifikation geplant. Ein Entwurf von 1614 sah eine Umfassung mit einem bastionierten Wall vor. Er geht wohl auf den gleichfalls militärisch erfahrenen Bruder von Philipp Ernst, den Grafen Georg Friedrich, zurück. Es ist nicht klar, was hiervon verwirklicht wurde. Aber vor der Nordseite des Schlosses zeichnen sich im Hanggelände Strukturen ab, die darauf hinweisen, dass die auf dieser Seite geplanten Bastionen als Erdwerke ausgeführt wurden.

Der Archivturm erhielt 1613 eine Geschützplattform, der Bettenturm wurde 1617–18 durch Meister Jakob aufgestockt und durch einen Gang mit dem Hauptgebäude verbunden, der Kapellenturm 1617–19 über den spätgotischen Untergeschossen völlig neu aufgeführt und ebenfalls durch einen kurzen Flügel mit dem Hauptbau verbunden. Er erhielt gleichermaßen in den neuen Geschossen Fenster und Schießscharten und nahm die Schlosskapelle auf. Dem Bettenturm wurde eine Saalstube aufgesetzt, deren Fensternischen und Decke der „Kalckschneider" Heinrich Kuhn reich mit Figuren, Ornamenten und Fruchtgehängen aus Stuck dekorierte. Ähnlich wie etwa zeitgleich auf dem württembergischen

Schloss Hellenstein oder dem Dicken Turm in Heidelberg entstand auch hier auf einem Geschützturm ein repräsentativer Saal mit Rundumblick auf das landesherrliche Territorium.

Die Festung erlebte ihre Feuertaufe 1634, als sie durch kaiserliche Truppen belagert wurde. Trotz heftiger Gegenwehr gelang den Angreifern nach acht Tagen die Einnahme des Städtchens. Unter dem Feuerschutz der schwedischen Besatzung konnten sich aber zahlreiche Bürger ins Schloss in Sicherheit bringen, das allerdings nach drei weiteren Tagen übergeben werden musste.

Der weitreichende Umbau des Ostflügels und der Osttürme 1756–61 führte zur Entfestigung und verlieh der Stadtfront eine repräsentative Barockfassade. Umbauten am Lindenstamm im 19. Jh. zielten auf ein burgenromantisches Bild. Trotzdem ist der wehrhafte Charakter der Anlage noch gut ablesbar. Eindrucksvoll wirken die Befestigungen des 15 Jh., wenn man das Schloss umwandert. Am Hutzel- und Archivturm lassen sich zahlreiche Details wie Schießscharten und Konsolen einstiger Wehr- und Aborterker ent-

Kapellenturm

Bettenturm, Maulscharte

Bettenturm, Spottfigur mit Baudatum 1491

decken, welche verschiedene Umbauten belegen. So stürzte das Dach des Hutzelturms 1584 ein und wurde erst sehr viel später wieder hergestellt. Einen Besuch verdient das Innere. Obwohl es 1963 zu einem verheerenden Brand kam, birgt es immer noch einige der qualitätsvollsten Stuckdekorationen der Spätrenaissance in Süddeutschland. Der Renaissanceumbau vermittelt dabei anschaulich, dass Wehr- und Wohnfunktion bis ins 17. Jh. hinein nicht getrennt waren, ein herrschaftliches Schloss auch Festung sein konnte. In der Stadtpfarrkirche zeugen die Alabasterreliefs am 1629 von Michael Kern geschaffenen Hochgrab des Grafen Philipp Ernst und seiner Gemahlin Anna Maria von Solms von dessen Einsatz im niederländischen Freiheitskrieg.

C.O.

21

Schloss Lichtenstein ob Honau, Revolutionsangst und Dürerkult

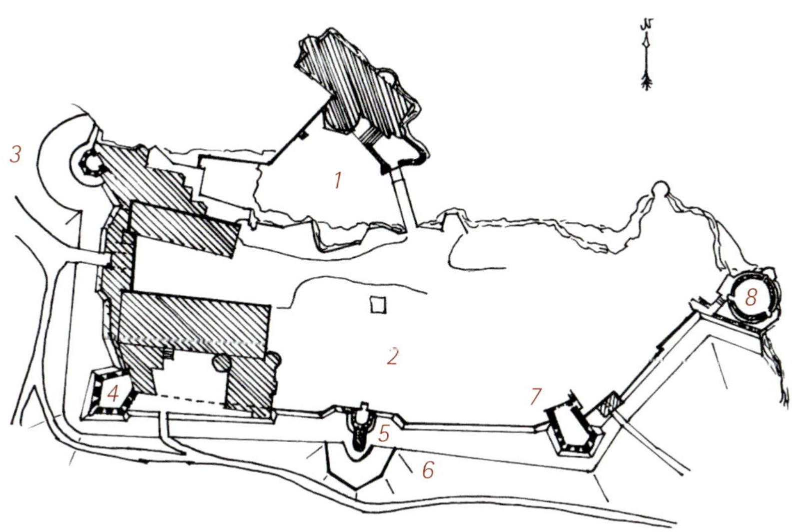

Plan der Gesamtanlage

1	Kernschloss	5	Kaponnierenturm mit Grabenkoffer
2	Vorburg	6	Waffenplatz
3	Mathildenturm	7	Marien-Bastion
4	Eugenien-Bastion	8	Augustenturm mit Streichwehr

Schloss Lichtenstein gilt als Inbegriff romantisch-historistischen Schlossbaus. Der keck auf einem steilen Felsturm über einem Albtal gelegene Kernbau entstand unter Einbeziehung mittelalterlicher Bauteile und fand seit seiner Entstehung 1838–41 immer wieder seine bildliche Darstellung. Weniger bekannt hingegen ist die ausgedehnte Befestigung der Vorburg, die zwar mit Türmchen und Erkern einen pittoresken Anstrich passend zum eigentlichen Schloss erhielt, deren Befestigungen, so miniaturhaft sie erscheinen mögen, aber durchaus ernst gemeint waren und scheinbar die Entwicklung des Festungsbaus vom Geschützturm über die Bastion bis hin zur neudeutschen Festungsfront spiegeln.

Bauherr des Schlosses und seiner Fortifikationen war Graf Wilhelm von Württemberg, ein Vetter König Wilhelms I. Er erwarb 1837 den Lichtenstein und ließ die im Kern mittelalterliche Anlage durch den Neugotiker Carl Alexander Heideloff umbauen. Erst jetzt erhielt das Felsennest seine Vorburg, deren Enceinte mit zwei Geschütztürmen und zwei Bastionen Wilhelm selbst plante. Wie viele adelige Zeitgenossen hatte der vielseitig interessierte und besonders historisch gebildete Graf

eine militärische Karriere eingeschlagen: Er war Artillerieoffizier und brachte es schließlich sogar zum Gouverneur der Bundesfestung Ulm. Als Artillerist hegte Wilhelm nicht nur ein ausgesprochenes Interesse an seiner Waffengattung, sondern auch am Festungsbau. Politisch war er äußerst konservativ. Er fürchtete die Revolution. Auf dem Lichtenstein standen kleine Kanonen, welche der Verteidigung der reich mit Kunstgegenständen und Sammlungen ausgestatteten Burg dienen sollten. Als 1849 im Angesicht der Revolutionsunruhen das Innenministerium die Verbringung der Geschütze an einen sicheren Garnisonstandort forderte, verweigerte Wilhelm die Herausgabe und erlangte schließlich von seinem königlichen Vetter die Stellung einer elf Mann starken Besatzung für seine Burg, um diese samt der darin befindlichen Artillerie einem drohenden Zugriff der Revolutionäre zu entziehen. Die Lage aber blieb ruhig, und für die Soldaten geriet der Aufenthalt auf Lichtenstein quasi zum Urlaub vom schnöden Kasernenalltag.

Schon bald nach der Revolution plante Wilhelm zusammen mit seinem Bauleiter Georg Rupp den weiteren Ausbau der Befestigung. Diese erhielt nach 1854 einen ausgemauerten Graben und als Kernstück eine moderne Kaponnierenanlage mit vorgelegtem Waffenplatz im Glacis. Das ganze wurde mit den Geschützen des Grafen bestückt. In den persönlichen Entwürfen Wilhelms erscheinen Schusswinkel und sogar Angreifer und Verteidiger beim Kampf um die Enceinte. Wilhelm rechnete mit allen Eventualitäten. Die Errichtung einer solch veritablen Miniaturfestung war sicher nur möglich, weil der

Graben zwischen Marienbastion und Augustenturm

Graf mit dem Königshaus eng verwandt war. Üblicherweise stand das Befestigungsrecht der Krone zu, Privatleute hatten hierzu nicht das Recht.

Um 1861 waren die Arbeiten abgeschlossen. Ende des 19. Jh. wurde die Enceinte im Westen und Süden durch den Bau von neuen Wohngebäuden in ihrem ursprünglichen Charakter beeinträchtigt. Gleichwohl ist die Anlage insgesamt weitgehend erhalten.

Die Festung Wilhelms beschreibt in etwa ein Trapez und sichert das Kernschloss auf der Hauptangriffsseite gegen die Albhochfläche. Die Nordwest- und die Nordostecke besetzen ein oktogonaler bzw. runder Geschützturm, die beiden südlichen Ecken bastionierte Türme. Die Enceinte besitzt Schlitzscharten für die Infanterieverteidigung und kleine Geschützscharten. Sie springt auf der Südseite in der Mitte nochmals mit zwei Flanken ein. Zwischen diesen erhebt sich das nach langen Vorplanungen in den 1850er-Jahren errichtete Kernstück der Front, der sog. Kaponnierenturm mit einem im Graben versteckten halbrunden, gewölbten Koffer. Jenseits davon liegt auf dem Glacis ein Waffenplatz in Form einer gemauerten Lünette. Die kleinen Zinnen erhielt er erst im späteren 19. Jh., ursprünglich besaß seine Brustwehr eine Ziegelabdeckung und Maulscharten. Der Waffenplatz war über eine Poterne im Grabenkoffer und einen Steigschacht zu erreichen.

Mit dieser Anlage rezipierte Wilhelm die zeittypische Polygonalbefestigung des neudeutschen Festungsbaus. Gleichzeitig führte er mit diesen Fortifikationen vor, wie eine moderne deutsche Befestigung aussehen sollte. War das neugotische Schloss Heideloffs ein Beispiel dafür, wie neue deutsche Baukunst auf den Grundlagen des Mittelalters aussehen könnte, so knüpfte Wilhelm auch mit seiner Kaponnierenanlage und seinen Geschütztürmen am Spätmittelalter an. Hier be-

Kaponnierenturm mit Grabenkoffer, dahinter der 1901 über die Ringmauer vorgeschobene Fürstenbau

Marienbastion und krenelierte Mauer auf der Südseite mit Niederwall und Graben

Haubitze und kleines Geschütz auf Blocklafette aus der Zeit Graf Wilhelms im Hof des Kernschlosses

zog er sich auf die Zeit Albrecht Dürers, denn der galt damaligen, patriotisch gesonnenen Militärs als Erfinder der modernen Kaponnierbefestigung. Wie sehr sich Wilhelm bei seiner Schöpfung an Dürer und seine Zeitgenossen anlehnte, verdeutlicht der Nordostturm. Mit seinen kleinen Rundtürmchen und der Lage über dem Steilhang erinnert er an Burgendarstellungen in den Bildhintergründen Dürers und anderer Maler des frühen 16. Jh. Wilhelm führte also auf Lichtenstein die Erneuerung der deutschen Baukunst aus der Gotik und der Dürerzeit vor – und zwar im zivilen wie militärischen Bereich gleichermaßen.

Zugleich präsentierte sich hier der kenntnisreiche Militär, der auch als Erfinder neuartiger Lafettenkonstruktionen hervortrat, bei denen das Rohr in einem Pendel aufgehängt war, Dieses fing den Rückstoß beim Feuern auf, ohne dass das Geschütz seine Position veränderte. Im Vorfeld des Schlosses fanden erfolgreiche Versuche mit diesen Geschütztypen statt.

Der Hauptzugang zum Schloss liegt im Westen; im Osten befindet sich im Schutz des Südwestturms eine Poterne. Das Kernschloss wird durch einen tiefen und breiten Felsgraben von der Vorburg getrennt und ist nur über eine Zugbrücke erreichbar. Festungsbautechnisch bemerkenswert sind die frühen Kasematten mit ihren verschiedenartigen Maul-, Schaufel- und Schlüsselscharten, die noch ins 15. Jh. datieren und dem Felsen an der Angriffsseite im Süden vorgesetzt wurden. Dazu gehörte auch ein Turm, der im 19. Jh. auf seine heutige Höhe gebracht wurde und seither einen pittoresken Akzent setzt. Im sog. Rittersaal erscheint der Bauherr in einem Porträt von Franz Seraph Stirnbrand als jugendlicher Artillerieoffizier auf ein Kanonenrohr gelehnt, ein zweites zeigt ihn in vollem Plattenharnisch als Ritter von Lichtenstein und verkörpert so das Selbstbild und die ritterlichen Ideale adeliger Offiziere in der 1. Hälfte des 19. Jh.

C.O.

Neckar-Enz-Stellung, die Vergessene

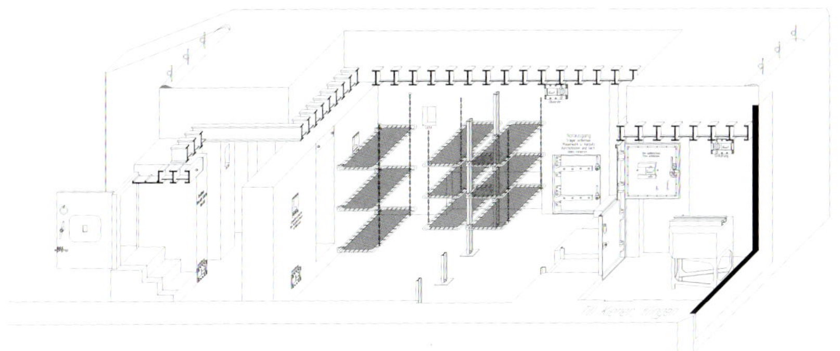

22

Schnittzeichnung von Ro 1. Links die Gasschleuse, in der Mitte der Mannschaftsraum, rechts der Kampfraum mit Maschinengewehrtisch

Nach dem Ersten Weltkrieg stand das Deutsche Reich bei der Landesverteidigung aufgrund der Bedingungen des Friedensvertrags von Versailles vor großen Problemen. Neben der Beschränkung der Reichswehr auf 100.000 Mann verfügte Deutschland über keine modernen Grenzbefestigungen und durfte nach den Bestimmungen des Versailler Vertrags auch keine in einer Zone bis zu 50 km östlich des Rheins erbauen. Mit Frankreich im Westen und der Tschechoslowakei im Osten hatte Deutschland zwei potentielle Gegner, die im Falle eines Krieges mit einer Offensive Süddeutschland vom Rest des Reiches abtrennen konnten und denen man zu Anfang der 1930er-Jahre noch erheblich unterlegen war. Da das Deutsche Reich damals noch nicht so weit aufgerüstet war, dass man einen Bruch des Versailler Vertrags zu riskieren wagte, hielt man sich bei Anlage der Neckar-Enz-Stellung noch an die entmilitarisierte Zone von 50 km. Die Planung ging davon aus, dass man entlang der Stellung eine französische Offensive, die über den Kraichgau erwartet wurde, mit schwachen Kräften hier zum Stehen brachte, aus ihr heraus einen Gegenangriff startete und dabei den Feind wieder aus dem Land warf.

Die Anlage der Neckar-Enz-Stellung ist dabei bereits im engen Kontext der nationalsozialistischen Aufrüstungspolitik zu sehen, die letztendlich auf den von Hitler geplanten Eroberungskrieg abzielte, auch wenn Planungen zu einer deutschen Landesbefestigung bereits auf die Weimarer Republik zurückgehen und zumindest im Nordosten des damaligen Deutschen Reiches noch vor der Machtergreifung Hitlers umgesetzt wurden.

Gebaut wurde eine 90 km lange Linienbefestigung aus insgesamt 446 Bunkern, die im Norden bei Eberbach am Neckar begann und im Süden bei Enzweihingen endete. Die Herzstücke der Neckar-Enz-Stellung bildeten mit schweren

Maschinengewehren bestückte Bunker, die einen Übergang des Feindes über den Neckar und die Enz mit ihrem Feuer verhindern sollten. Die beiden Flüsse übernahmen dabei die Rolle eines nassen Hindernisses. Es wurde eine große Anzahl von Unterständen, die man oft mit MG-Ständen kombinierte, gebaut. Darüber hinaus entstanden Bunker für Kompanie-Stäbe, Artillerie-Beobachter, als Scheinanlagen und als Unterstellraum für Panzerabwehr-Kanonen. Verglichen mit den Panzerforts der Kaiserzeit waren diese Anlagen aber recht primitiv. Weiter gehörten Panzerhindernisse und Stacheldrahtverhaue zum Ausbau der Linie. Die Neckar-Enz-Stellung war quasi ein vorbereites Schlachtfeld, denn man hatte darüber hinaus schon festgelegt, wo im Verteidigungsfall Feldstellungen für Infanterie und Artillerie angelegt werden sollten. Und für den weiteren Ausbau der Linie war in speziellen Schuppen Material eingelagert.

Die Bunker waren aufgrund der Erfahrungen und Erkenntnisse aus dem Ersten Weltkrieg konzipiert worden. Zuallererst sollten sie so klein wie möglich sein. Großer Wert wurde auf die Tarnung der Objekte gelegt, so dass sie kein Ziel für die Artillerie abgaben. Außerdem wurden alle Bunker für den Gaskrieg ausgerüstet und erhielten gasdichte Verschlüsse und Türen, eine Gasschleuse und eine handbetriebene Lüftungsanlage samt Filter. In typischer Weise war auch der Eingang gegen Feindsicht gedeckt und konnte mittels Gewehrscharten verteidigt werden. Zudem verfügten alle Bunker über einen Notausgang. Man legte auch Wert auf einen gewissen Komfort für die Besatzungen. In den sog. Bereitschaftsräumen standen für die Mannschaft Pritschen zur Verfügung und ein Ofen sorgte für Wärme. Die Raumfassung wurde einer Tapete nachempfunden, als handele es sich um ein Wohnzimmer, was im ersten Moment absurd erscheinen mag. Doch mussten die Mannschaften in solchen Bunkern längere Zeit verbringen und im Ernstfall auch Artillerie-Beschuss sicher überstehen.

Großen Wert legte man auf eine sichere Fernsprechverbindung aller Bunker untereinander, die an ein eigenes Festungs-Telefonnetz angeschlossen waren.

Die Planung und Überwachung der Bunker besorgten die sog. Festungspionier-Stäbe in Heilbronn und Ludwigsburg, während man die Bauarbeiten an örtliche Baufirmen vergab. Allein schon um die Kosten gering zu halten, versuchte man sog. Regelbauten zu verwirklichen, was aber angesichts der Örtlichkeiten beispielsweise im Raum Gundelsheim nicht gelang. Dagegen verbaute man bei den sog. Panzerteilen, d. h. Türen, Schartenplatten, Beobachtungsglocken und Schartenpanzertürmen, Normteile.

Die Planungen für die Linie liefen 1934 an, die eigentlichen Bauarbeiten und die Armierung wurden in den Jahren 1935–38 durchgeführt, wobei die Region von den Aufträgen erheblich profitierte. Nach Fertigstellung wurde die Stellung von speziellen Wächtern betreut. Diese kontrollierten die Bunker und lüfteten sie von Zeit zu Zeit.

Im Lauf des Zweiten Weltkrieges wurde die Neckar-Enz-Stellung immer weiter demontiert. Anfangs wurden die umfangreichen Panzerhindernisse und Stacheldrahtverhaue abgebaut, um das Gelände wieder landwirtschaftlich nutzen zu können. Auch das in den Armierungs-Schuppen eingelagerte Material wurde zum Teil für den Westwall verwendet, die Bunker wurden ausgeschlachtet. Erst 1944 wandte man sich angesichts der katastrophalen militärischen Lage wieder der Neckar-Enz-Stellung zu. Dabei stellte man nicht nur fest, dass große Teile der Ausrüstung fehlten, sondern dass die Linie inzwischen auch schon völlig veraltet war. Einzig die gute Tarnung der Bunker wurde lobend er-

Feldseitige Ansicht des Bunkers 1 der Bataillonsabschnittes Ro (Rotenackerwald) bei Bissingen mit Schartenplatte

Aufnahmevorrichtung für das Maschinengewehr mit Richtskala in Bunker Ro 1. Die Scharte ließ sich durch eine Stuhlplatte abschotten

Blick in den Kampfraum von Bunker 302 mit Maschinengewehrtisch und Klappliegen für die Besatzung

wähnt. Trotzdem versuchte man noch zu Anfang des Jahres 1945 die Werke instand zu setzen, was aber letztendlich am Materialmangel scheiterte. Als es dann im März und April im Bereich der Neckar-Enz-Stellung tatsächlich zu Kämpfen kam, spielte die Linie keine große Rolle mehr, allein schon deswegen, weil die Wehrmacht zu dieser Zeit zu hinhaltendem Widerstand nicht mehr fähig war. Gerade eine Woche konnten die Alliierten an Neckar und Enz aufgehalten werden, was aber mehr dem Umstand geschuldet war, dass sie zuerst einen Flussübergang erzwingen mussten, als der Existenz der Linienbefestigung.

Nach Kriegsende wurde aus den nun herrenlosen Bunkern alles entnommen, was sich wegtragen ließ. 1947 begannen die Amerikaner systematisch, die Bauten zu sprengen. Man verschonte nur jene Bunker, die zu nahe an Siedlungen standen. Nach den Sprengungen setzte eine weitere Plünderung ein, denn nun hatte man es auf die Metallteile abgesehen. Als es nichts mehr zu holen gab, verkamen

die Trümmer zu Müllkippen, wurden beseitigt oder einfach mit Erde überdeckt. Im Allgemeinen wurden die Bunker vor allem als Überbleibsel einer schrecklichen Ära gesehen, die man nur all zu gerne verdrängte. Daher setzte sich auch lange Zeit niemand für den Erhalt dieser kriegerischen Hinterlassenschaften der jüngsten Vergangenheit ein, geschweige denn wurden diese als Baudenkmal angesehen. Gerade diese Nichtbeachtung führte aber dazu, dass sich viele der gesprengten Bunker zu Biotopen entwickelten und zumindest in dieser Hinsicht eine positive Funktion erhielten.

Um die Jahrtausendwende regte sich endlich historisches Interesse an den Anlagen, die heute unter Denkmalschutz stehen. Bei Bietigheim-Bissingen wurden in den letzten Jahren zwei Bunker mit viel Eigeninitiative instandgesetzt. Zum einen handelt es sich um den Bunker Ro 1, der vom Arbeitskreis Bunkerforschung des Geschichtsvereins Bietigheim-Bissingen betreut wird und zum Bataillonsabschnitt Ro (Rotenackerwald) zählte, und zum anderen um den Bunker 302 der „Arbeitsgruppe Bunker 302", ein MG-Schartenstand. Diese beiden weitgehend wieder hergestellten Bauten vermitteln einen guten Eindruck, wie diese Anlagen ausgesehen haben. Auch im Bereich von Gundelsheim lassen sich dank neuerer Literatur die dortigen Bunkerruinen erkunden.

Im Allgemeinen wird die Neckar-Enz-Stellung aber trotz ihres erheblichen Umfangs recht wenig beachtet. Bis heute fehlt eine Gesamtaufnahme der vorhandenen Reste dieses wichtigen Zeugnisses der Zeitgeschichte.

J.W.

23

Rastatt,
die Bundesfestung am Oberrhein

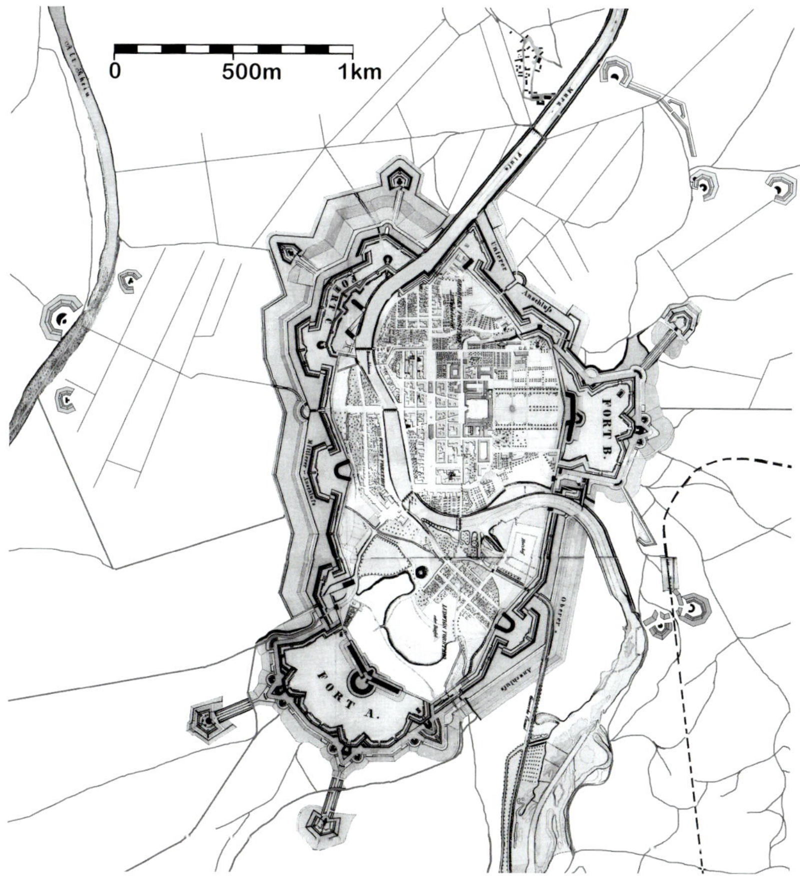

Plan der Bundesfestung mit den detachierten Forts und Schanzen

Wer heute nach Rastatt kommt, wird kaum erahnen, dass sich hier einst eine der großen Festungen des 19. Jh. erhob. Doch die überkommenen Reste sind recht eindrucksvoll, und mit Führungen lassen sich auch noch Kasematten und Minengänge erkunden.

Markgraf Ludwig Wilhelm von Baden-Baden (1655–1707) legte Rastatt 1699 als barocke Idealanlage an, die ganz auf das Residenzschloss ausgerichtet wurde. Er ließ seine junge Residenz ab 1700 befestigen; Rastatt wurde in das Verteidigungskonzept Ludwig Wilhelms am

Leopoldsfeste. Saillantkasematte der Bastion 2

Oberrhein einbezogen, wo er umfangreiche Linienbefestigungen errichten ließ, um die Einbrüche der Franzosen nach Süddeutschland zu verhindern. Nach seinem Tod wurde Rastatt allerdings 1707 im Spanischen Erbfolgekrieg von diesen erobert und die Befestigung geschleift. Ablesbar ist heute nur noch die Lage des großen Kavaliers einer Bastion, der mit Stützmauern als Garten das 1722 erbaute barocke Lusthaus Pagodenburg trägt.

Nach der Gründung des Deutschen Bundes 1815 wurde auch Rastatt zum Bau einer Bundesfestung ins Auge gefasst. Erste Vermessungen fanden bis 1824 statt, auf deren Grundlage Entwürfe erarbeitet wurden. Zur Ausführung gelangte der Bau allerdings wie in Ulm erst im Gefolge der Rheinkrise von 1840. Zum Festungsbaudirektor wurde der österreichische Ingenieuroffizier Georg Eberle (1785–1855) berufen, unter dem der badische Oberst von Fischer die Bauaufsicht führte. Ihm zur Seite gestellt waren österreichische Ingenieuroffiziere wie Michael Ritter von Maly (1799–1858), der 1848 in Nachfolge Eberles Festungsbaudirektor wurde. Die erstellten Entwürfe wurden mit gewissen Abänderungen nun umgesetzt. Die Arbei-

ten begannen 1842. Zeitweilig waren bis zu 8.000 Arbeiter, darunter 2.400 Maurer, am Festungsbau beschäftigt.

Die Bundesfestung sicherte den Murgübergang und sollte als Verbindungs- und Grenzfeste sowie als Waffenplatz des 8. Armeekorps des Deutschen Bundes fungieren. Die Enceinte umschloss in etwa ein Oval. Kernstück der Umwallung bildeten drei besonders stark ausgebaute Abschnitte, die Leopoldsfeste im Süden, benannt nach dem regierenden badischen Großherzog, die Ludwigsfeste im Osten, benannt nach dem Erbprinzen, und die Friedrichsfeste im Nordwesten.

Die Festung entstand als eine Mischung aus Elementen des Bastionär- und Polygonalsystems und war gerade in dieser Kombination typisch für die neudeutsche Fortifikation, welche virtuos ältere und neuere Elemente je nach Bedürfnis verband. Die Bastionen verfügten über retirierte Flankenhöfe und erinnerten damit an die Ohrenbastionen des 16. Jh. Das war sicher kein Zufall, denn für die Vertreter der neudeutschen Fortifikation galt u.a. Daniel Specklin als Vorbild, der solche Bastionen in seinem Traktat zeigte und im Oberrheingebiet gewirkt hatte.

Gemäß den Grundsätzen der damaligen Befestigungslehre waren alle Werke kasemattiert, in den Kehlen der Bastionen

Proviantmagazin

wie auch der drei Festen entstanden starke, bombensicher gewölbte Kasernen und Reduits. Die Werke waren in zahlreiche Einzelabschnitte mit krenelierten Mauern und Zwingerhöfen unterteilt, so dass sie autark gegen eingedrungene Angreifer verteidigt werden konnten. Die Gräben ließen sich über Stauwehre an der Murg fluten und konnten u.a. aus Kaponnieren und Flankenbatterien unter Kreuzfeuer genommen werden.

Im näheren Umfeld wurden polygonale Lünetten mit bombensicheren Kehlreduits angelegt. So entstand im Westen am Alt-Rhein eine dreiteilige Anlage, der Ottersdorfer Brückenkopf, ebenso im Nordosten. Zwei weitere Lünetten sicherten die Ostseite, wo der Bahnhof angelegt wurde. Der Leopoldsfeste waren südlich, über gedeckte Kommunikationen angebundene Schanzen vorgelegt.

Die Arbeiten waren schon in weiten Bereichen abgeschlossen, als im März 1848 die Revolution ausbrach. Im Angesicht des Scheiterns des Paulskirchenparlaments, der Ablehnung der Kaiserkrone durch Friedrich Wilhelm IV. von Preußen und der einsetzenden Reaktion der deutschen Bundesfürsten radikalisierte sich die Revolution in Südwestdeutschland 1849. In Baden rebellierten die Truppen gegen den Großherzog, Rastatt wurde eines der Zentren des Aufstandes. Es wurde die Republik ausgerufen, der Großherzog musste die Flucht ergreifen. Unter Führung Preußens rückten Exekutionstruppen der Bundesfürsten gegen die badischen und pfälzischen Revolutionäre vor. Bei Waghäusel kam es zur Schlacht, in welcher die badische Revolutionsarmee eine fürchterliche Niederlage erlitt. Sie retirierte sich daraufhin ins sichere Rastatt und leistete dort weiteren Widerstand. Preußische Truppen unter General Karl von der Groeben und dem „Kartätschenprinzen" Wilhelm, dem späteren ersten preußisch-deutschen Kaiser, schlossen Rastatt ein und belagerten die

Minenstollen unter dem Glacis der Leopoldsfeste

Bundesfestung über drei Wochen. Für die Belagerer muss es ein ausgesprochen ärgerlicher Umstand gewesen sei, dass sich ein nach den neuesten Grundsätzen befestigter Platz in den Händen der Rebellen fand. An eine verlustreiche förmliche Belagerung war nicht zu denken. Um Besatzung und Zivilbevölkerung zu zermürben und so zur Aufgabe zu zwingen, entschloss man sich, die Stadt mit Brandgeschossen und Granaten zu beschießen. Schloss und Festungswerke blieben von diesem grausamen Befehl ausgenommen. Außerdem leiteten die Preußen den Murgkanal und die Oos um; die Wasserversorgung der Rastatter Mühlen kam zum Erliegen. Schließlich musste Rastatt kapitulieren, da auf Entsatz nicht zu hoffen war. Das anschließende Strafgericht über die Revolutionäre war fürchterlich. In den Festungsgräben fanden standrechtliche Erschießungen statt, unter den in den Kasematten zusammengepferchten Gefangenen grassierten Krank-

heiten, in den ersten Tagen gab es keine Nahrung. Nur wenigen gelang die Flucht, u.a. Carl Schurz. Die Ereignisse leben bis heute im Badischen Wiegenlied fort, wo es heißt: „Schlaf, mein Kind, schlaf leis / da draußen geht der Preuß! / Deinen Vater hat er umgebracht, deine Mutter hat er arm gemacht / und wer nicht schläft in guter Ruh, / dem drückt der Preuß die Augen zu."

Nach dem Triumph der Fürstenmacht wurden nach 1850 letzte Arbeiten an den Werken ausgeführt. 1859 umfasste die Friedensbesatzung der Festung 6.000 Soldaten, davon ein Drittel Preußen. Im Kriegsfall sollte Rastatt 12.000 Mann beherbergen.

Nach dem Krieg von 1870/71 gegen Frankreich veränderte sich die strategische Lage Rastatts grundlegend. Die Grenzverteidigung war mit der Annexion Elsass-Lothringens nach Straßburg und Metz verschoben worden. Und durch waffentechnische Neuentwicklungen waren die Werke bald veraltet. Im Gegensatz zu Ulm wurde Rastatt daher 1888/90 als Festung aufgegeben. Damit fielen Baubeschränkungen fort, und es konnte schon gegen 1900 verstärkt zur Ansiedlung von Industrie und zur Anlage ausgedehnter Wohnbebauung kommen. Vor allem nach dem Ersten Weltkrieg wurden großflächige Entfestigungsmaßnahmen durchgeführt. Das bot in den wirtschaftlich schwierigen 1920er-Jahren zahlreichen Menschen Lohn und Brot.

Die meisten Überreste der Bundesfestung finden sich im Areal der ehem. Leopoldsfeste. Von deren Kehlkaserne steht noch der äußerste östliche Flügel. Er ist zwar zum Wohnhaus umgebaut, zeigt aber noch Baudetails wie Dachtraufen aus Buntsandstein; ein schräg aufsteigendes Fenstergewände markiert ein Treppenhaus. Weiter westlich blieb der Unterbau der sog. Wallkasematte erhalten (Am Kehler Tor/Leopoldsfeste). Im sauber aus hammerrechten Buntsandsteinquadern errichteten Mauerwerk sitzt eine dichte Reihe von Gewehrscharten. Darüber wurde gegen 1900 ein Fabrikgebäude errichtet. Der einstige Graben- und Glacisbereich im Osten und Süden ist heute als Park gestaltet. Hier blieb ein längeres Stück der Eskarpenmauer erhalten. Es verbindet den Kavalier 1 an der Nordostecke der Leopoldsfeste mit der Saillantkasematte der einstigen Bastion 2. Sie zeigt sehr schön die sorgfältige Gestaltung der Festungswerke. Große Quader rahmen die Geschützscharten in dem aus kleinen, flachen Quadern geschichteten Mauerwerk.

Die Reste des Kavaliers 1 liegen am Südende der Militärstraße in einem umzäunten Bereich. Auf der Südseite zeigt sich anhand der Schießscharten, wie hoch der Graben verfüllt wurde. Die restaurierten und ergänzten eisernen Flügel des einstigen Ausfalltores sind in der Grünanlage aufgestellt. Östlich davor zeichnet sich im Gelände noch deutlich ein Ravelin, die Flankenbatterie 10, ab, welche die

nach Norden führende Anschlusslinie und die rechte Face von Bastion 2 deckte. In diesem Bereich blieben umfangreiche Reste der Kontereskarpengalerie und der von dieser unter das Glacis führenden, aus Ziegeln gemauerten Minengänge erhalten, welche mit Führungen begangen werden können. Von hier aus konnten die Minenstollen im Bedarfsfall weit ins Vorgelände unter den Feind vorgetrieben werden. Die als „Betonpilze" zutage tretenden Lüftungsöffnungen im Gelände gehörten zu einer Pilzzucht, die nach dem Zweiten Weltkrieg in den Kasematten beheimatet war. Aus der Kontereskarpengalerie ließen sich in den Graben eingedrungene Feinde unter Gewehrfeuer nehmen.

Westlich der Leopoldsfeste steht das Kehler Tor, eine hohe Rustikaarchitektur mit abschließendem Rundbogenfries. Es stand ursprünglich inmitten einer ausgeklügelten Anlage mit weiteren, vorgelagerten Toren. Nordwestlich ist eine markante Geländekante zu erkennen. Es handelt sich um das alte Hochufer einer eiszeitlichen Sand- und Kiesterrasse, das geschickt in die Konzeption einbezogen wurde. Unterhalb erstrecken sich sumpfige Bruchwiesen, die im Wesentlichen außerhalb der Festung verblieben und als Annäherungshindernis zum Rhein hin dienten. Hier findet sich im Stadtpark als langgestreckter Teich der letzte Rest des nassen Festungsgrabens. Über ihm erheben sich als Erdwall die beiden Facen der Bastion 11, an deren Rückseite der alte Zugang zu den Kasematten erhalten blieb.

An der Ecke Friedrichsring/Zur Friedrichsfeste steht nahe der Murg die einstige, später um ein Geschoss erhöhte Friedenskaserne der geschleiften Friedrichsfeste. In ihre Schmalseite wurde das aus Buntsandstein aufgeführte Eingangstor der Friedrichsfeste eingesetzt, eine gotisierende Architektur mit Ecktürmchen und Zinnenkranz. Direkt benachbart blieb an der Murg die Untere Stauschleusenbrücke erhalten. Schlitze im Mauerwerk

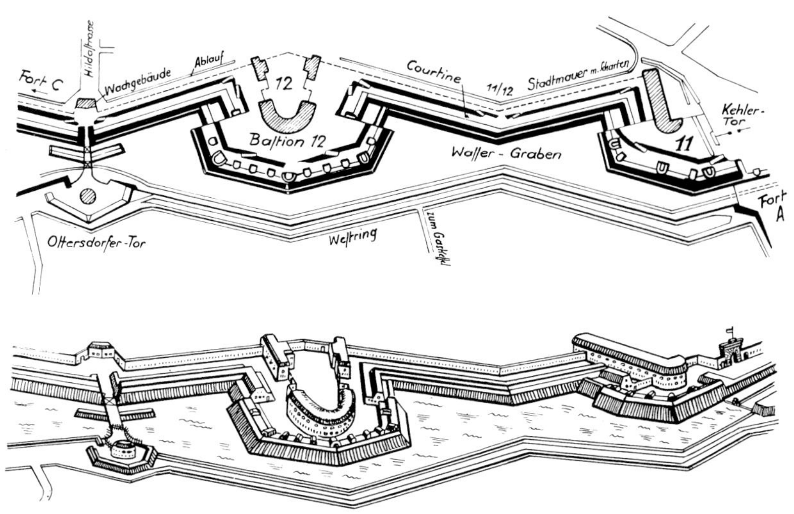

Mittlerer Anschluss zwischen Leopolds- und Friedrichsfeste. Grundriss und Rekonstruktion

der Pfeiler zeigen an, wo Holzbalken eingeschoben werden konnten. Auch von der Uferbefestigung sind noch geringe Reste erhalten.

In der Rauentaler Straße steht das Karlsruher Tor. Als zur Residenzstadt ausgerichteter Stadtzugang ist es besonders repräsentativ gestaltet. Die Fassade ist dreiteilig aufgebaut, in der Mitte öffnet sie sich in einer großen Durchfahrt, in den Seiten je eine Fußgängerpforte. Die Architektur rezipiert in sehr eigenwilliger Weise römische Triumphbögen, die hier in eine gotisierende Formensprache übersetzt sind. Die gliedernden Achteckpfeiler münden in Turmaufsätzen mit Zinnenkränzen. Über den Fußgängerpforten sitzen Reliefplatten mit dem Adler des Deutschen Bundes. Wesentlich für die Wirkung ist der Kontrast des Materials, wobei sich Frieszone, Türmchen, Sockel, Wappentafeln und die Rahmungen der Fußgängerpforten in dunklerem Sandstein von den helleren Mauerflächen abheben.

Auch von den Außenwerken ist nur noch wenig überliefert. Auf eine weiträumigere Planung als fortifiziertes Lager, die einen äußeren Fortgürtel vorsah, hatte man schon früh verzichtet. Im Norden ist jedoch auf dem Röttererberg (Schubertstraße) das hufeisenförmige Reduit der Lünette 42 erhalten. Es diente als Friedenspulvermagazin und wurde 1875 mit einer Erdschicht abgedeckt. Für eine Umnutzung zur Musikschule wurden 1982 die Kasematten feldseitig mit großen Glasfenstern aufgebrochen. Der umgebende Wall ist jetzt Grünanlage.

Nordöstlich von Rastatt, an der Gabelung der B 36 und B 3 in Richtung Karlsruhe, bestand oben auf dem Hochufer der Murg bzw. des Rheins ein Hornwerk. Die nordwestliche Hälfte ist verschwunden, von der südöstlichen sind noch Reste im Wald direkt südöstlich der B 3 erhalten.

Im Westen schützte der Ottersdorfer Brückenkopf mit den Lünetten 35, 36 und 37 die Ottersdorfer Straße, die zum Rheinübergang bei Wintersdorf verlief. Von hier war mit einem französischen Angriff zu rechnen. Die zentrale Lünette 36 ist heute verschwunden. Von den beiden kleineren Flankenwerken stehen noch die im Grundriss T-förmigen, eingeschos-

Ottersdorfer Brückenkopf. Reduit der Lünette 37

sigen Reduits aus qualitätsvollem Buntsandsteinmauerwerk mit Gewehrscharten. Sie sind allerdings nicht öffentlich zugänglich.

Äußerst eindrucksvoll präsentieren sich neben den Festungsresten einige der erhaltenen Infrastrukturbauten. Das bedeutendste Ensemble findet sich am Leopoldsplatz, dem einstigen Exerzierplatz: Seine Randbebauung ist noch auf drei Seiten erhalten. Im Nordwesten befinden sich die Leopoldskasernen Nr. 1 und 2. Im Westen grenzt das 1855/56 erbaute langgestreckte Proviantmagazin den Platz ein. Der gewaltige Bau ist zurückhaltend gegliedert. Die Ecken sind durch Vorlagen mit Rundstäben an den Kanten ausgebildet. Ähnlich dem Karlsruher Tor zeigt auch das Proviantmagazin eine Gestaltung mit zinnengekrönten, polygonalen Ziertürmchen. Solche Elemente der Burgenarchitektur versinnbildlichten Wehrhaftigkeit.

Nicht weniger monumental wirkt das 170 m lange, zweigeschossige Festungslazarett, das den Platz im Osten begrenzt und 1848–54 u.a. nach Entwürfen des österreichischen Ingenieuroffiziers Daniel von Salis-Soglio errichtet wurde. Es wird durch Ecklisenen, einen kräftigen Rundbogenfries und Gewände aus Buntsandstein gegliedert, die zu dem hell gestrichenen Verputz kontrastieren. Das Lazarett trägt heute wie das Körnermagazin ein flach geneigtes Friedensdach; darunter verbergen sich jedoch für den Kriegsfall bombensichere Gewölbe mit Sandanschüttung. Zur Entwässerung dieses Kriegsdaches sollten die derzeit funktionslosen runden Sandsteinröhren als Wasserspeier dienen, die unter der Dachtraufe im Mauerwerk sitzen. Im Kriegsfall hätte man das Dach abschlagen und auf der offenen Plattform Geschütze aufstellen können.

Östlich ist noch der Deckwall erkennbar, der das Lazarett gegen Artilleriebeschuss sichern sollte. Jenseits davon stehen entlang der Militärstraße zwei Wagendepots der Artillerie, die 1874 errichtet wurden.

Lohnend ist ein Besuch des Schlosses, das als Kommandantur diente, nicht nur wegen der hochkarätigen Barockräume, sondern weil hier auch das Wehrgeschichtliche Museum untergebracht ist, das mit einem großen Modell der Bundesfestung aufwartet. In der „Erinnerungsstätte für die Freiheitsbewegungen in der deutschen Geschichte" werden die badische Revolution und die Belagerung 1849 thematisiert. Auch das Stadtmuseum bietet eine Präsentation zur Bundesfestung und zeigt neben Plänen und historischen Fotos u.a. die Grundsteinkassette.

C.O., H.W.

24

Burg Rötteln bei Lörrach, umkämpftes Wahrzeichen der oberen Markgrafschaft

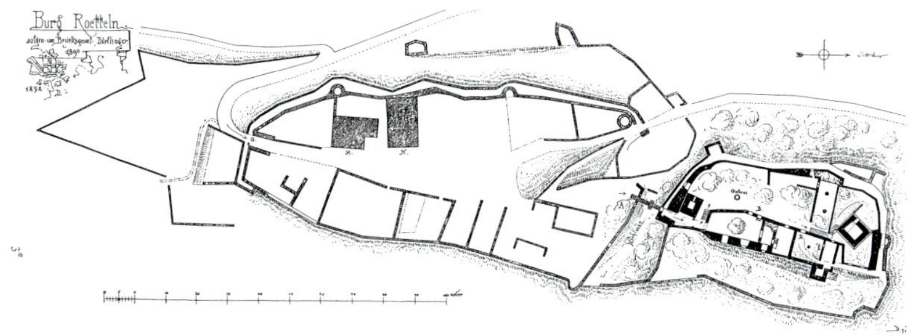

Grundriss 1901

Gut 1 km nördlich von Lörrach erhebt sich auf einem in Nord-Süd-Richtung verlaufenden, langgestreckten Kalksteinsporn die markante Burg Rötteln, eine der größten Ruinen des Landes. Eine erste Burg wurde im 12. Jh. errichtet. 1316 kamen die Markgrafen von Hachberg-Sausenberg in ihren Besitz. 1503 folgte ihnen Markgraf Christoph I. von Baden in der Herrschaft; 1515 kam Rötteln bei einer Herrschaftsteilung an die Linie Baden-Durlach. Die Burg wurde im Bauernkrieg geplündert. Während des Dreißigjährigen Krieges nahmen sie die Kaiserlichen im April 1633 nach einer Belagerung ein. Schon im Juli eroberten wieder die Schweden Rötteln. Nach ihrer Niederlage bei Nördlingen folgte 1634 erneut eine Besetzung durch kaiserliche Truppen. Bernhard von Weimar erfocht 1638 einen Sieg über die Kaiserlichen bei Rheinfelden und gewann am 28. März Rötteln im Sturm. Nach dem Krieg ließ Friedrich VI. von Baden-Durlach die Burg wieder herrichten. Während des Holländischen Krieges beschossen sie 1678 französische Truppen. Am 18. Juni stand eine Vorhut eines großen französi-

schen Heeres erneut vor Rötteln. Die Burg wurde eingeschlossen und beschossen. Der Kapitulation nach drei Tagen folgte die Besetzung durch die Franzosen. Ein Feuer am 29./30. Juni wurde vermutlich absichtlich gelegt. Das eigentliche Ende der Festung kam 1689 im Pfälzischen Erbfolgekrieg. Rötteln wurde wie die Hochburg zu einem Opfer der französischen Entfestigungspolitik auf dem rechten Rheinufer.

Besonders die langgestreckte Westseite war stark gefährdet. Ein hochgelegenes Tal reicht bis wenige Meter unterhalb der Burg; es hätte die Aufstellung von Bliden oder Artillerie ermöglicht. In dieser Hinsicht verwundert die geringe Mauerstärke an der Westseite der südlichen Vorburg. Sie ist immerhin durch einen Rund- und zwei Halbrundtürme (15./16. Jh.) mit Scharten unterschiedlicher Form geschützt, die wohl nachträglich angebaut wurden. Außerdem wurde im 15. oder 16. Jh. ein schmaler Zwinger mit weiteren Scharten vorgelegt, dessen Verlauf auf die bereits vorhandenen Halbrundtürme Rücksicht nimmt. Dennoch

empfand man die Schwäche dieser Seite; daher wurde zu einem unbekannten Zeitpunkt ein wenige Meter breiter Zwinger der Ringmauer vorgelegt; er scheint sich in einem ehem. Graben zu befinden. Zwei bastionierte Türme schützten diese Flanke; sie erinnern zunächst an besser gebaute und größere Exemplare etwa auf der Schauenburg bei Oberkirch oder am Schloss Staufenberg bei Durbach (Ortenaukreis), die ins 15. Jh. gehören dürften. Jüngere Untersuchungen ergaben jedoch, dass die Schussöffnungen an den Röttelner Türmen sehr einfach gehalten und ohne System ausgeführt sind. Ihre Form ist durchaus unterschiedlich. Die Ausführung ist insgesamt schlampig, notdürftig, wie unter Zeitdruck angesichts einer akuten Bedrohungslage oder eines bereits heranrückenden Feindes. Sie wären nur für den Einsatz von Büchsen oder allenfalls sehr kleiner Geschütze geeignet gewesen. Die Türme sind unten offenbar mit

Erde ausgefüllt oder massiv, enthalten jedenfalls wohl keine Gewölbe. Ihre insgesamt gute Erhaltung trotz der schlampigen Ausführung und die Fluchtlinie des Zwingers nach Süden in Richtung der besser gebauten tenaillierten Schanze „Kapf" lassen an eine Entstehung erst im 17. Jh. denken. Die einzeln ins Mauerwerk eingesetzten, rustikal wirkenden groben Kalksteinbrocken waren wohl weniger zur Zierde als zu einem praktischen Zweck gedacht gewesen. Hier könnte man an eine Vorrichtung zur Befestigung von Holzbalken mit Erdeinfüllung oder dergleichen denken, die eine zusätzlichen Puffer gegen Beschuss darstellen würde. Die Zwingermauer zwischen den Türmen bildet innen nur eine mit 0,5 m eher dünne, niedrige, mit etwa 1,6 m etwa gut brusthohe Kurtine, ansonsten im südlichen Teil nach außen einen reinen Erdwall, was in der Tat an eine frühneuzeitliche Anlage denken lässt.

Die Zwingermauer setzt sich im Bogen in Richtung Norden den Hang hinauf fort; sie setzt dort an eine Quermauer an, die außen eine vermauerte Tür zeigt; der ehe-

mals zugehörige Abgang nordöstlich ist verfüllt, sofern die Tür nicht überhaupt in einen Graben mündete. Die Sandsteingewände mit tlw. kugeligen Bossen dürften renaissancezeitlich datieren. Es scheint sich um einen Durchgang für die Wachablösung und Versorgung des Zwingers sowie für den Rückzug seiner Besatzung ins Burginnere zu handeln. Ein unregelmäßiges Türmchen vor dem Nordwesttor der Unterburg scheint zum selben Befestigungssystem zu gehören. Jenseits des Weges wurden beim Halsgraben der Unterburg 2014 durch Rodungen weitere Mauerstücke wieder sichtbar, die in direkter Verlängerung der Zwingermauer liegen. Hier zeichnet sich insgesamt offenbar eine bisher unbeachtete Verstärkung der Burg im frühen 17. Jh. ab. Der Zeitpunkt ihrer Erbauung ist unbekannt; man könnte vielleicht an die Zeit zwischen 1633 und 1638 unter dem kaiserlichen Statthalter Klingelin denken, möglich wäre aber auch eine Verstärkung schon in den 1620er-Jahren, da sich Baden-Durlach auf pfälzischer Seite im Krieg gegen den Kaiser engagierte.

Am steilen, höheren Osthang fand hingegen kein Ausbau statt. Hier übernahmen offenbar zwei nachträglich angesetzte kleine Halbrundtürme des 15./16. Jh. die flankierende Bestreichung der langen Ostseite, ergänzt durch zwei Vorsprünge der Zwinger im Süden und Norden. Eine deutlich neuzeitliche Befestigung erfolgte nur in Richtung Süden. Das zeitliche Verhältnis zu dem genannten „Zwinger" auf der Westseite ist aufgrund von Störungen durch modernen Wegebau nicht zu klären. Südlich der Unterburg wurde der spitz auslaufende Bergrücken, der sog. Kapf, durch eine Tenaillierung mit drei Spitzen befestigt; der mittleren Spitze ist auf dem Berggrat nach Süden noch ein tief ausgehauener Graben vorgelagert. Das recht qualitätsvolle Mauerwerk aus Buntsandstein lässt an eine von langer Hand geplante, durch

Nördlicher bastionierter Turm. Südseite mit Geschützscharte in der Face und Schlitzscharte in der Flanke

reichliche Geldmittel unterstützte Errichtung während einer Friedensphase denken. Die Bauzeit ist unbekannt; vielleicht ist sie erst in die Zeit nach dem Dreißigjährigen Krieg zu setzen. Innerhalb der Schanze erreicht der Aufgang das südliche Tor der Unterburg. Von der repräsentativ gelegenen Schanze aus ließen sich drei Richtungen gut überblicken und damit die Verkehrswege im Tal kontrollieren. Diese Anlage auf dem „Kapf" wurde 1689 geschleift.

Nur etwa 200 bis 400 m nordwestlich der Ruine erstreckt sich im Wald beim Gewann „Schanzboden" eine ausgedehnte Befestigung. Es handelt sich dabei um eine der größten erhaltenen Erdschanzen Badens. Sie liegt am sanft nach NW und auch nach NO abfallenden Hang. Die in etwa quadratische Anlage mit vier großen Eckbastionen entspricht der altniederländischen Manier. Wegen der Topographie und der unterschiedlich weit ausgezogenen Ecken wirkt die Form etwas unregelmäßig. Gerade die südöstliche, von der Burg nur etwa 150 m entfernte Ecke ist u.a. durch Wegebau gestört. Die Schanze gibt sich deutlich erst bei ihrer SW-Ecke zu erkennen. Direkt nordwestlich wird ein mächtiger Wall sichtbar, davor ein breiter Graben und außen davor wiederum ein

Rötteln von Nordwesten nach Daniel Meisner. Die Ansicht zeigt vor der Schildmauer und dem Halsgraben deutlich einen großen Geschützturm, der den Schartenformen nach in die Zeit um 1500 datieren könnte. Obertägig sind von diesem Vorwerk heute keine Spuren mehr erkennbar.

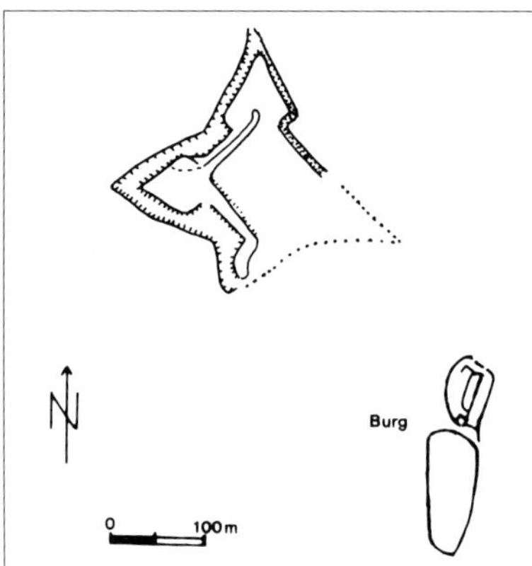

Lageplan der bastionierten Schanze nordwestlich der Burg

flacher Vorwall, wohl das einstige Glacis. An der gut erhaltenen NW-Bastion sind einige Details sichtbar, so etwa ein von hier ausgehender Wall mit vorgelagerter Berme.

Die schiere Größe (der Innenraum misst etwa 100 qm, die Bastionsecken sind jeweils etwa 200 m voneinander entfernt) hätte einigen Hundert Mann ausreichend Platz geboten. Wegen der Nähe zur Burg ist als historischer Entstehungszusammenhang am ehesten an die Besetzung durch Bernhard von Weimar zu denken. Er soll am 30. Jan. 1638 „ob Rhinfelden über Rhin gesetzt, [...] und sich in der oberen herrschaft zuo Lörch mit 800 reyttern verschantzet" haben. Auch im weiteren Verlauf des Jahres lag in der Region die Reiterei Weimars. Die Röttelner Schanze ist daher wohl als befestigtes Lager zu deuten. Sicher sollte die mächtige Befestigung die Burg Rötteln schützen. Zwar ist weder der Erbauungszeitpunkt noch ihr Bauherr bekannt, aber da seit 1654 ein Waldstück bei der Burg nachweislich „ob der Schanz" genannt wird, können wir annehmen, dass die Schanze während des Krieges angelegt wurde. Sie ist aufgrund ihrer Größe und der insgesamt guten Erhaltung als hochrangiges Denkmal einzustufen.

H.W.

25

Schorndorf, hessische Einflüsse in Württemberg

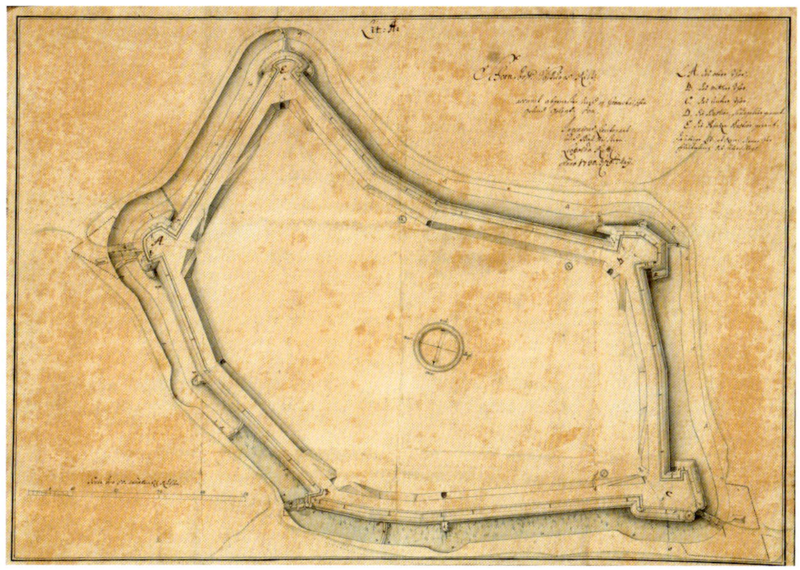

Ansicht Schorndorfs von Norden

Kaum mehr erahnbar ist heute, dass die alte württembergische Amtsstadt Schorndorf einst von mächtigen Erdwällen umgeben war. Bis auf geringe Reste sind die mächtigen Fortifikationen verschwunden.

Schorndorf war seit Mitte des 13. Jh. württembergisch. Strategische Bedeutung erhielt der Ort durch seine Lage, weil durch das Remstal ein Vorstoß in das Zentrum der Grafschaft möglich war. Schon Graf Eberhard V. ließ daher die Befestigungen verstärken. Die Bedeutung Schorndorfs als Sperrfestung erkannte auch Landgraf Philipp von Hessen bei der Rückeroberung Württembergs 1534, weshalb er Herzog Ulrich den Ausbau anriet. Der Landgraf und der Herzog umritten gemeinsam die Stadt, um den Festungsbau zu besprechen. Ab 1536 begann unter landgräflicher Beratung durch Niklas von Geldern die Anlage einer in Württemberg völlig neuartigen Befestigung, wie sie damals schon in Hessen und in Mitteldeutschland, besonders in Sachsen, verbreitet war: An die 10 m hohe und 20–30 Meter breite Erdwälle wurden um die alte, mit 23 Türmen besetzte Mauer aufgeworfen, um diese gegen direkten Beschuss zu schützen. Ihr kam nur noch die Funktion einer inneren Befestigungslinie zu, sollte ein Angreifer die mächtigen Erdwälle erstürmt haben. Zum Bau wurde u.a. Abbruchmaterial benachbarter Kirchen und Burgen verwendet.

Die Festung beschrieb ein unregelmäßiges Fünfeck, an vier Ecken erhoben sich
große, zumindest tlw. kasemattierte Rondelle, die Nordecke besetzte eine rechteckige Artillerieplattform. Auf den kasemattierten Wallanlagen fand sich ausreichend
Platz für Kanonen. Die beiden nördlichen
Fronten wurden durch niedrige Streichwehren für den Nahkampf gesichert, eine
weitere besetzte die Ecke der polygonal
gebrochenen Eskarpenmauer am Fuß der
Südbastei. Merkwürdig erscheint die Lage
der vier Tore, die mitten durch die Rondelle und die Front des rechteckigen Bollwerks geführt wurden und so nicht ausreichend gedeckt waren. Bei der Bastei des
Unteren Tores war das Problem dadurch
gelöst, dass die Front im Saillant, in die
das Tor führte, zangenartig einsprang, so
dass Brücke und Torweg bestrichen werden konnten. Hier scheint es mehr um die
wehrhafte Geste gegangen zu sein: Als
moderne Nachfolger der mittelalterlichen
Tortürme sollten die Rondelle offenbar
Stärke und Macht demonstrieren.

Für die Regulierung des Wasserstan-
des in den Gräben wurden Dämme und
aufwendige Schleusenanlagen erbaut, deren Anlage sicher die Erfahrung des niederländischen Damm- und Bollwerkbau-
meisters Niklas von Geldern zugutekam.

Schorndorf war das Teuerste von Ulrichs Festungsprojekten, es kostete an die
200.000 Gulden. Täglich arbeiteten etwa
1.200 bis 2.000 Tagelöhner an den Werken, die bereits 1544 unter Aufsicht des
Baumeisters Hösch weitgehend fertiggestellt werden konnten. Die neue Stadtfes-
tung galt als äußerst wichtig und musste
1548 auf Geheiß Karls V. im Schmalkaldischen Krieg dessen spanischen Truppen geöffnet werden, welche die Stadt bis
1551 besetzt hielten. Ulrichs Nachfolger
Christoph ließ ab 1551 unter Leitung von
Aberlin Tretsch an der Festung unter enormen Kosten weiterbauen und diese vor allem verbessern. Die Befestigung war nämlich wie die Kirchheims unter Zeitdruck
und daher schlampig ausgeführt worden.
Immer wieder kam es zu Wallrutschungen.
Die Eskarpenmauern wurden daher erhöht, 1560–68 auch die Wälle auf 10 m,
so dass die Stadt hinter ihnen verschwand
und damit weitgehend direktem feindli-

Das sog. Burgschloss von Südosten

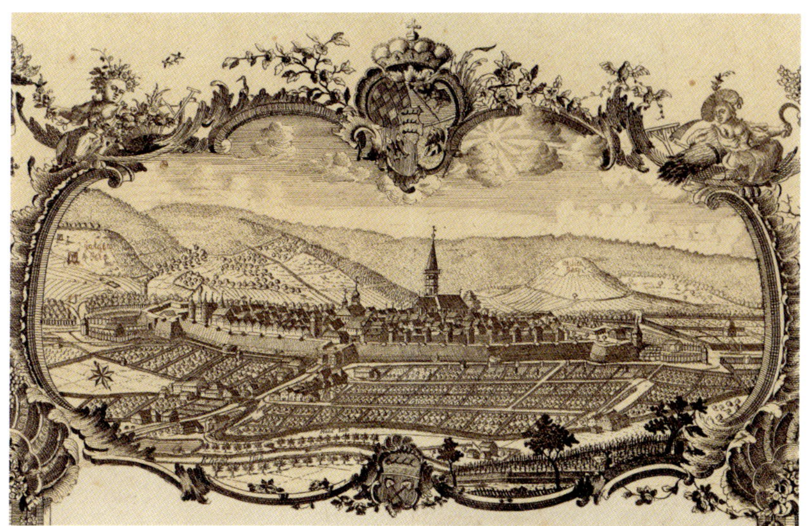

Ansicht Schorndorfs von Osten. Kupferstich von Elias Nüssle, 1773

chen Feuer entzogen war. Man versuchte nun die Rondelle in Bastionen nach italienischem Vorbild umzuformen. Sie wurden vergrößert, den Flanken Ohren angesetzt, hinter denen in kleinen Höfen Geschütze zur flankierenden Bestreichung der langen Kurtinenfronten aufgestellt waren. Die vorgezogenen Ohren deckten diese gegen feindliche Einsichtnahme und Artilleriefeuer. Für diese Veränderungen ist vermutlich der eigens aus Jülich erbetene Italiener Giovanni Pasqualini verantwortlich, der 1560 und 1567 in Schorndorf weilte und Pläne fertigte. In Jülich war nur wenige Jahre zuvor eine der modernsten Festungen ihrer Zeit nach italienischem Muster entstanden.

Pasqualinis Vorschläge und die daraufhin erfolgten Umbauten an den Rondellen sind heute nur noch an den ergrabenen Resten der Prinzenbastion (Schlossbastei) zu sehen.

Die alte Stadtburg, die oft von den Landesherren aufgesucht worden war und dem Ober- und Untervogt als Sitz diente, wurde unter Ulrich durch die Werkmeister Peter und Thomas Busch unter Leitung des Baumeisters Martin Vogler zu einer kastellförmigen, grabenumwehrten Zitadelle mit vier kräftigen, runden Geschütztürmen ausgebaut, dem sog. Burgschloss, das sich hinter den mächtigen Wall duckte. Wie in Kirchheim diente sie nicht nur als feste Kaserne und Zeughaus, sondern auch als landesherrliche Wohnung. Das Schloss verfügte über ein stadt- und ein feldseitiges Tor, das zum Wall führte. Dieses lag ursprünglich auf der Südseite und ist heute zugesetzt. Die Durchfahrten im Westen und Osten stammen erst aus dem 19. Jh. Die Türme zeigen die für die württembergischen Festungsbauten typischen Schartenformen mit gerundeten Stufengewänden. Die hoch- und flachrechteckigen Scharten dienten der Verteidigung mit Hakenbüchsen. Über dem stadtseitigen Tor findet sich ein Wehrerker, darunter prangt das württembergische Wappen.

Im 18. Jh. wurde das Schloss als Kaserne genutzt, ein durchgreifender Umbau 1834/35 veränderte sein Aussehen, aus dieser Zeit stammen die großen Rechteckfenster und die hofseitigen Fachwerk-

Reste des nördlichen Flankenhofs der ehem. Prinzenbastion (Schlossbastei)

Belagerung und Beschießung Schorndorfs durch kaiserliche Truppen 1634. Detail aus dem Epitaph für Bürgermeister Michael Hirschmann, 1660, in der Stadtpfarrkirche

fassaden. Der verfüllte Graben wurde 1976 wieder freigelegt, allerdings nicht in der ursprünglichen Tiefe.

Die Landesfestung war im 16. Jh. in Friedenszeiten mit 30 Soldknechten, drei Torwächtern und sechs sog. Rondellknechten besetzt. Im Kriegsfall sollte sie bis zu 1.500 Mann Infanterie und 300 Kavalleristen beherbergen, für die u.a. 1.490 Spieße, 122 Schlachtschwerter, 172 Musketen und 492 Zentner Pulver in der Festung aufbewahrt wurden. Das Geschützinventar von 1587 führt neben 53 schweren und leichten Kanonen u.a. fünfrohrige Hakenbüchsen auf. Unter den Vorräten für die Besatzung fanden sich neben Getreide 3.000 Eimer Wein, 188 Eimer Schnaps, aber auch 1244 Stockfische.

Im Dreißigjährigen Krieg war Schorndorf 1634 hart umkämpft. Die Festung wurde von kaiserlichen Truppen eingeschlossen und zwei Monate lang belagert. Die Wälle konnten die Stadt zwar gegen horizontales Feuer decken, nicht aber gegen Steilfeuer aus Mörsern. Nach heftigem Bombardement brannte die Stadt lichterloh und musste übergeben werden. 1646 wurde sie von den Franzosen erobert. Im Pfälzischen Erbfolgekrieg 1688 standen die Franzosen erneut vor den Toren, doch diesmal hielt die Festung stand. Die Feinde mussten im Angesicht eines vorgetäuschten Entsatzes abziehen. Nicht zuletzt spielten dabei die „Schorndorfer Weiber" unter Anführung der Bürgermeistersgattin Barbara Künkelin eine wichtige Rolle, die ihre übergabewilligen Männer zum Durchhalten animiert hatten. Im Spanischen Erbfolgekrieg hingegen gelang den Franzosen 1707 die Einnahme.

Eine Modernisierung der Werke unterblieb, auch wenn es hierzu 1656 und 1662 noch Projekte des Baumeisters Matthias Weiß gegeben hatte, die eine moderne niederländische Befestigung vorgesehen hatten. Überlegungen zu einer Modernisierung diente wohl auch eine Planaufnahme durch Leopoldo Retti 1730. Die Landesfestung Schorndorf verlor militärisch zunehmend an Bedeutung. 1798 erließ Friedrich II. ein Dekret, das die Auflassung verfügte. Tatsächlich begann die Schleifung der Wälle aber erst 1810, endgültig abgeschlossen war sie 1866. Von den fünf Bollwerken ist die ehem. Prinzenbastion 1977 ergraben worden und bis heute in ihren Fundamenten sichtbar. 1992 stieß man beim Bau eines Altenheimes auf die Fundamente und Kasematten der Obertorbastei, welche erhalten und in den Neubau einbezogen werden konnten. Einen Eindruck der Gesamtfestung vermittelt das Modell im Stadtmuseum.

C.O., J.W.

Überlingen, der andere Weg

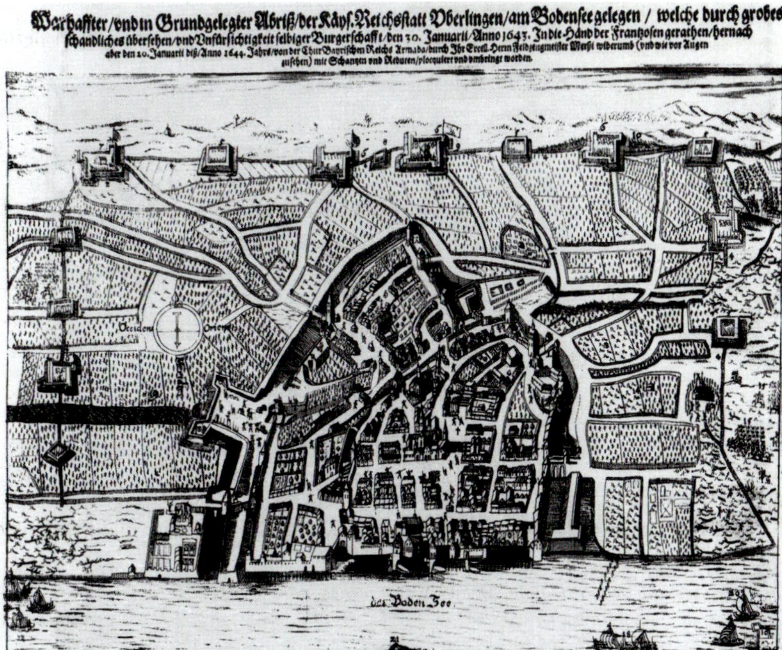

26

Flugblatt mit der Belagerung Überlingens durch die Bayern 1644. Die Stadt ist durch eine Schanzen-linie und die kaiserliche Bodenseeflotille blockiert.

Die ehem. freie Reichsstadt Überlingen, reizvoll am Nordufer des Bodensees gelegen, besitzt noch umfangreiche Reste ihrer Stadtbefestigung. Diese sind schon allein deshalb bemerkenswert, weil sie davon zeugen, wie die Überlinger im 17. Jh. einen durchaus erfolgreichen eigenständigen Weg der Fortifikation einschlugen und sich damit deutlich von der damals vorherrschenden Bastionärbefestigung abhoben.

Die Stadt Überlingen verdankt ihre Entstehung dem Umstand, dass das Bodenseeufer hier bequem zu erreichen war und daher eine Fähre eingerichtet wurde. Der große Aufschwung setzte im 13. Jh. ein, als sich Überlingen dank der Förderung durch die staufischen Herrscher zur Reichsstadt entwickelte. Diese hatten vor allem eine sichere Verbindung von Schwaben über die Schweiz nach Italien im Auge. Überlingen wurde über Jahrhunderte der Hauptumschlagplatz für Getreidelieferungen nach der Schweiz.

Die große Blütezeit Überlingens war das 15. Jh. Das drückte sich nicht nur in Großbauten wie dem Münster oder Rathaus aus, sondern auch in einer Stadt-

erweiterung, die nun die im Nordwesten und Westen gelegenen Vorstädte, das sog. Dorf und die Fischervorstadt, in den Mauerring einbezog.

Die Kriege in der 1 Hälfte des 16. Jh. überstand die Stadt ohne größere Schäden, aber gerade in dieser Zeit wurden die Befestigungen erheblich verstärkt. Mit dem Galler- und dem Johannesturm entstanden zwei große Batterietürme, und die Gräben wurden permanent vertieft.

Zur großen Prüfung für die katholische Reichsstadt sollte der Dreißigjährige Krieg werden. Zwar war die politische Bedeutung Überlingens trotz der Mitgliedschaft in der sog. Seeallianz gering, aber dank ihrer starken Befestigung spielte die Stadt eine große Rolle als kaiserlicher Stützpunkt. 1632 und 1634 wurde Überlingen von den Schweden erfolglos angegriffen. Erfolgreicher hingegen war Conrad Widerhold, der Kommandant des Hohentwiel, der mit Unterstützung französischer Truppen die Stadt 1643 im Handstreich einnahm. Ein Jahr später wurde Überlingen von bayerischen Truppen nach einer monatelangen Blockade eingenommen, um 1647 doch noch in schwedischen Besitz zu gelangen.

Bis zum Ende der Reichsstadt 1802 spielte Überlingen keine militärische Rolle mehr. Das Ende der reichstädtischen Wehr stellte die Plünderung des Zeughauses durch französische Truppen im Jahr 1800 dar. Zwei Jahre später wurde die alte Reichsstadt dem Großherzogtum Baden zugeschlagen. In Laufe der nächsten Jahrzehnte verkaufte die Stadt ihre Befestigungen. Was folgte, war nur allzu typisch: Zuerst beseitigte man nach und nach einzelne Abschnitte der Mauern und Bauten. Immerhin blieben die Verluste hauptsächlich auf die Tore und die See-Front beschränkt, da die Entwicklung Überlingens im 19. Jh. eher gemächlich vor sich ging. Zu Ende Jahrhunderts, als sich Überlingen als Kurort profilierte, begann man sich wieder um die Befestigungen zu bemühen. Die Westfront wur-

Quellturm

St. Johannes-Turm

de tlw. zu einem Park umgestaltet und die beiden markantesten Türme, der Galler- und der Johannes-Turm, renoviert. Auch beim Bau der Eisenbahn – ein Tunnel unterquert die Stadt parallel zum Seeufer – ging man behutsam mit den Resten der einstigen Wehr um. So gestaltete man die Entlüftungen als zinnenbekrönte Türmchen und die Portale als neugotische Burgtore. Heute ist die Befestigung in das touristische Konzept der Stadt voll integriert. Ein ausgeschilderter Weg führt in den Gräben um die Altstadt, die auch einen umfangreichen mittelalterlichen Hausbestand aufzuweisen hat.

Die Befestigung, alles andere als optimal am Hang zum Seeufer gelegen, wurde bis in das 17. Jh. ständig ausgebaut. Sie gliedert sich in zwei große Abschnitte. Zum einen die Kernstadt mit der hochmittelalterlichen Mauer, zum anderen in die Vorstädte, die man in der 2. Hälfte des 15. Jh. zu befestigen begann. Auffällig ist, dass man bis auf zwei kleine Abschnitte völlig auf einen Zwinger verzichtete und – verglichen mit anderen Stadtbefestigungen – wenige Türme baute. Allein die Front zwischen dem Wiestor und dem Wagsauter-Turm kann man als typisch für das 15. Jh. bezeichnen. Die ganze Befestigung besaß in ihrem maximalen Ausbauzustand nur drei große Geschütztürme, die allerdings taktisch hervorragend platziert waren. Dies waren der Galler-Turm an der Westfront, der Neubau des Rosenobel-Turms von 1657 und der Johannes-Turm, die alle eine interessante Baugeschichte aufweisen. Der Galler-Turm wurde um 1503 errichtet und steht, seit man später den Graben massiv vertieft hat, auf einem hohen Felssockel. Der Rosenobel-Turm hingegen ist eher eine Streichwehr, wie man sie aus dem Festungsbau des 19. Jh. kennt. Sie ragt nicht über die angrenzenden Mauern empor. Diese mächtige Kaponniere, deren sauberes Bossenquaderwerk dem Rundbau einen martialischen und zugleich

Der Gallerturm aus dem Zeit um 1500 zeigt neben den älteren Maulscharten Geschützscharten des 17. Jh.

repräsentativen Anstrich verleiht, diente der Flankierung der anstoßenden Fronten, weshalb in den Flanken auf drei Geschossen übereinander große und kleine Scharten angeordnet sind. Die Vorderseite weist keine Schießscharten auf, meterdicke Mauern schützten hier die Kasematten gegen frontalen Artilleriebeschuss. Für seine Entstehungszeit erscheint der Bau merkwürdig altertümlich, zeigt aber nur, dass man auch noch um die Mitte des 17. Jh. ältere Formen gegenüber den vermeintlich „modernen" Bastionen nutzte. Möglicherweise war das Verdeck als Geschützplattform eingerichtet.

Ebenso überholt scheint das Vorgehen beim Johannes-Turm zu sein. Er wurde 1523 als niedriges, kasemattiertes Rondell mit Maulscharten erbaut, aber 1633 und 1657 jeweils auf insgesamt sechs Geschosse erhöht und bewährte sich bei der Belagerung 1634 hervorragend. Nicht immer also wurden Türme in der Höhe verringert, um möglichst schlechte Ziele für die feindliche Artillerie zu bieten. In Überlingen ließ sich das stark überhöhte Gelände im Norden aus diesen reich mit Scharten bestückten hohen Bauten bestens unter Feuer nehmen.

Eine Besonderheit der Überlinger Befestigung stellen die Gräben dar. Da man

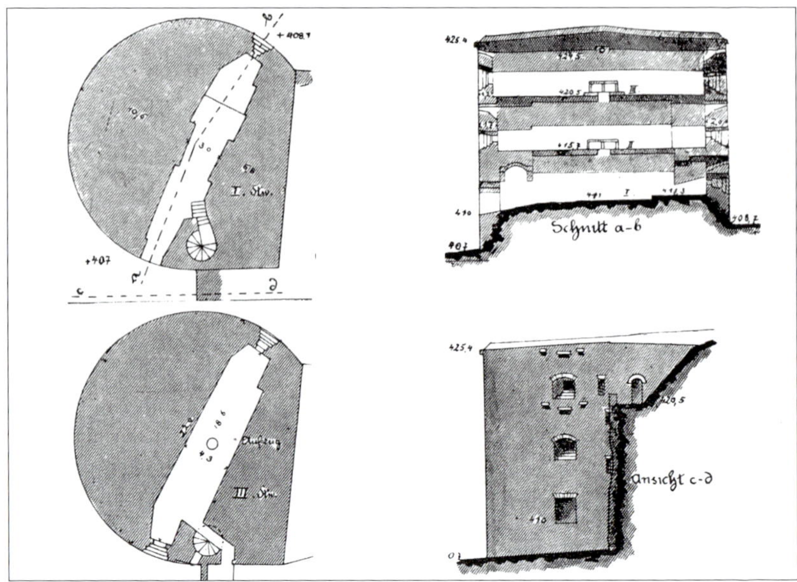

Grundrisse, Schnitt und Ansicht des Rosenobel-Turms

Rosenobel-Turm

schnell auf den gewachsenen Fels traf, konnte man sie ohne Mauerverkleidungen ausschachten. Das Ergebnis waren bis zu 20 m tiefe sturmfreie Gräben, die eher das Aussehen von Schluchten als einer Befestigungsanlage haben. An der Westfront schüttete man darüber hinaus noch hohe Wälle auf, so dass hier völlig auf Türme oder Bastionen zur Flankierung des Grabens verzichtet werden konnte. Stattdessen wurden vor allem nach der Belagerung von 1634 hinter den Mauern Schütten als Kavaliere aufgeführt, auf denen man schwere Artillerie positionierte, um weit ins Vorfeld hinein zu wirken. Eine ist u.a. im Areal der Johanniterkommende beim Johannes-Turm erhalten geblieben.

In den 1630er-Jahren baute die Stadt dann noch zwei bastionierte Werke, die aber ob ihrer bescheidenen Höhe während der Belagerung 1634 keine Rolle spielten. Erst nach der französischen Besetzung wurden größere bastionierte Erdwerke angelegt, die aber später wieder aufgegeben wurden. Für eine so umfangreiche Befestigung hatte die Stadt keine ausreichende Mannschaft mehr und man ersparte sich schließlich den kostspieligen Unterhalt der Erdbauten. Insgesamt gesehen stützte sich die Befestigung der Stadt auf ihre enorm tiefen Felsgräben und einige wenige Geschütztürme an ausgewählten Punkten. Damit ist sie nicht nur in Baden-Württemberg einmalig.

J.W.

27

Ulm,
Deutschlands größte Festung

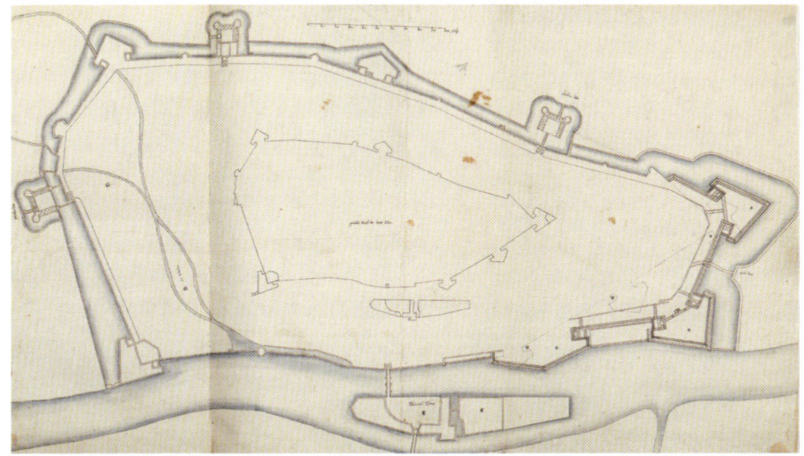

Plan der Festungswerke zu Beginn des 17. Jh. nach Errichtung der drei großen Ohrenbastionen durch Gideon Bacher. Gestrichelt und im kleinen Plan ist die ältere, durch die Neubauten ersetzte Befestigung mit kleineren Ohrenbastionen zu erkennen.

Unter den schwäbischen Reichsstädten nahm Ulm eine herausragende Stellung ein. Sie war eine der reichsten und politisch bedeutendsten Kommunen. Die im Hochmittelalter angelegte und 1316 erweiterte Befestigung erfuhr ab 1527–50 einen ersten Ausbau nach Entwürfen des Nürnberger Baumeisters Hans Behaim d. Ä. († 1535). Die innere Mauer wurde bis auf Höhe der Zwingermauer abgetragen, eine weitere Stützmauer dahinter gezogen und der Zwischenraum mit Erde verfüllt. So entstand ein breiter Wall für Kanonen. Zur Bestreichung der Fronten wurden niedrige Streichwehren angelegt, an drei Punkten war der Wall zu großen Basteien erweitert.

Die neue Befestigung bewährte sich schon 1552, als die Reichsstadt erfolglos durch Markgraf Albrecht Alcibiades von Brandenburg-Kulmbach belagert wurde. Die Arbeiten wurden danach fortgesetzt. An der Nordfront wurde zum Schutz des Einlasses der Blau in die Stadt eine kleine Ohrenbastion italienischer Manier errichtet, die erste dieser Art in Schwaben. Nach Ausweis einer Ansicht von 1570 und eines Planes aus dem frühen 17. Jh. entstanden auch im Osten und an der Donau mehrere solcher Ohrenbastionen. Das Konzept fand seine Fortsetzung 1576–79 unter Beratung des versierten Straßburgers Daniel Specklin, und 1581 wurden zwei Rondelle durch Giovanni del Monte zu Ohrenbastionen umgebaut. Davon hat sich der Kavalier der Alten Oberen Donaubastion erhalten. 1605 begann man auf der Ostseite und an der Donau mit einer Neubefesti-

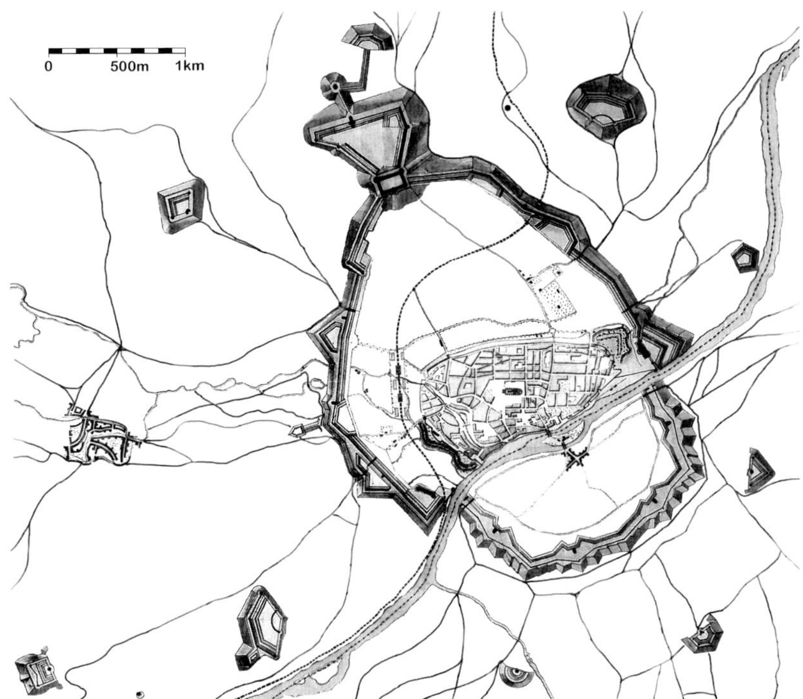

Plan der Bundesfestung um 1850

Obere Donaubastion. Kehlreduit, Kapponiere

gung mit großflächigeren Ohrenbastionen. Der Baumeister Gideon Bacher errichtete bis 1611 drei Bastionen, dann wurde der Bau eingestellt, zumal sich die mächtigen kasemattierten Steinbauten des italienischen Systems als zu kostspielig erwiesen. Erhalten haben sich aus dieser Phase die beiden Facen der Adlerbastion am Donauufer. Ulm setzte nun auf das altniederländische System mit Erdbastionen. Damit wurde die gesamte Stadt 1617–23 umgeben und so zu einer der stärksten Festungen in Süddeutschland. Projektiert wurden die Werke von dem renommierten Johan van Valckenburgh, welchen man auf Rat der protestantischen Union einstellte. Von diesen Anlagen zeugen nur wenige Reste,

so eine Face der Glöcklerbastion im Westen, in deren Kehle 1632 als Kasernement das sog. Soldatenstädtlein entstand, das noch existiert. Auf dem alten inneren Wall wurden weitere Soldatenunterkünfte errichtet.

Die Befestigungen bewährten sich, als es zu einer Belagerung durch die Kaiserlichen 1634 kam. Zwar wurde Ulm blockiert, aber an einen förmlichen Angriff wagte man sich nicht.

In den Kriegen des 17. und 18. Jh. erwies sich immer wieder die strategische Bedeutung Ulms. Die Reichsstadt sicherte den Pass nach Osten der Donau entlang sowie den wichtigen Flussübergang. Nach der verheerenden Niederlage bei Höchstädt 1704 zogen sich die bayerischen und französischen Truppen nach Ulm zurück. Nach tagelanger Beschießung durch Kaiserliche und Engländer vom nordwestlich gelegenen Eselsberg aus musste die Besatzung kapitulieren.

Der Spanische Erbfolgekrieg machte bereits zwei Dinge deutlich: Der Donauübergang Ulm war von strategischer Bedeutung als Aufmarschplatz und Rückzugsort einer Armee und die Höhen im Norden bildeten eine Schwachstelle für die Verteidigung. In den Koalitionskriegen um 1800 nahm Ulm daher eine Schlüsselstellung ein. 1797–1800 bauten die Österreicher die Befestigung zu einem verschanzten Lager aus. Erstmals wurde der Michelsberg im Norden durch Forts mit Reduits und vorgeschobenen Werken gesichert, ebenso der Galgenberg im Westen. Einige Werke wurden in Stein permanent ausgebaut. Es zeichnete sich schon jetzt jenes Konzept ab, das später beim Bau der Bundesfestung umgesetzt werden sollte.

1800 kam es zu einer französischen Belagerung, schließlich musste Ulm übergeben werden. Zur Erleichterung der Bürger wurden die Werke bis 1805 weitgehend geschleift. Derweil verlor Ulm 1802 seine Reichsfreiheit an Kurbayern, 1810 gelangte es an Württemberg.

Mit der Gründung des Deutschen Bundes 1815 wurde die Anlage von Bundesfestungen beschlossen. Vor allem Österreich drängte darauf, Ulm als großen Waffenplatz in Süddeutschland auszubauen. Erste konkrete Planungen setzten 1819 ein, doch erst unter dem Eindruck der Rheinkrise 1840 wurde der Bau in die Tat umgesetzt. 1842–59 entstand eine der größten Festungen Europas. In ihren Bauwerken fand der frühneuzeitliche Festungsbau einen seiner Höhe- und Endpunkte, denn kaum war die Festung fertiggestellt, waren ihre Werke durch die Entwicklung der Artillerie schon wieder veraltet. Die Besatzung wurde von Bayern, Württemberg und Österreich gestellt.

Das für den Festungsbau vorgesehen Gelände lag zu zwei Dritteln auf württembergischer, zu einem Drittel auf bayerischer Seite. 1844 kam es auf beiden Donauseiten zur offiziellen gemeinsamen Grundsteinlegung. So erwuchs eine zweiteilige Anlage unter der Leitung von zwei

Die Wilhelmsburg mit der gegen Norden vorgelagerten, in einzelne Abschnitte untergliederten Wilhelmsfeste von Osten. Deutlich wird die polygonale Anlage der Enceinte unter Verzicht auf Bastionen. Im Zentrum der Angriffsseite der Wilhelmsfeste liegt eine große Kaponniere.

Baudirektoren. Auf dem linken, württembergischen Donauufer entstand der größere Teil der Festung als großräumiges, fortifiziertes Lager mit einem weit ins Umfeld ausgreifenden Fortgürtel, welcher vor allem die Höhen im Norden und Westen sicherte. Da Württemberg über kein eigenes Ingenieurkorps verfügte, wurde auf Wunsch König Wilhelms I. der preußische Ingenieurmajor Freiherr Moritz Karl Ernst von Prittwitz und Gaffron als Baudirektor nach Ulm abgeordnet. Er war einer der Exponenten jener neuen, polygonalen Manier, die als neudeutsches System bezeichnet wird. Wenig später leitete er pikanterweise auch die preußische Neubefestigung des Hohenzollern. Die Detailplanung und Leitung über die einzelnen Werke innerhalb des Gesamtkonzeptes wurde verschiedenen Ingenieuroffizieren übertragen.

Auf dem rechten, bayerischen Ufer der Donau wurde als Brückenkopf die Stadt Neu-Ulm gegründet, ihre Enceinte wurde durch Theodor Ritter von Hildebrandt (1791–1859) geplant und geleitet. Im Vorfeld entstanden drei vorgeschobene Forts, nämlich Schwaighofen, Ludwigsvorfeste und Illerkanal.

Das Bauunternehmen mit seinen umfangreichen Erdarbeiten brachte zahlreiche Arbeiter in Lohn und Brot und etablierte Zementwerke in der Umgebung. In einer Zeit, die geprägt war von Massenarmut der Unterschichten, stellte der Ulmer Festungsbau eine gewaltige Arbeitsbeschaffungsmaßnahme dar. Zeitweise waren an den Werken bis zu 3.000 Arbeiter tätig, wobei den erfahrenen 800 Tiroler Maurern als Spezialisten für die Bearbeitung des harten Kalksteins besondere Bedeutung zukam. Dieser wurde u.a. aus dem Blautal herangeführt. Darüber hinaus richtete Prittwitz eigens eine Unfall- und Krankenversicherung für die „Schanzer" ein.

Für die Stadt selbst bewirkte der Festungsbau einen enormen Aufschwung. Prittwitz plante auf Grundlage der be

Wilhelmsburg. Nordostturm

Die Qualität des Mauerwerks wie auch die architektonische Durchgestaltung der Ulmer Festungswerke zeigt sich u.a. eindrucksvoll an der Kehlkaserne der Oberen Donaubastion.

reits existenten Entwürfe in städtebaulicher Voraussicht die Enceinte in weitem Abstand zur alten Stadt, so dass diese die Möglichkeit erhielt, innerhalb der Umwallung zu wachsen. Die Werke nutzten dabei gemäß den Grundsätzen des neudeutschen Systems das Gelände optimal aus. Die Befestigung erklomm im Westen und Osten mit ihren Wällen und Geschützplattformen die Höhe des Michelsberges, auf der das zentrale Kernwerk der Festung liegt. Diese Zitadelle entstand 1842–

49 als vierflügelige Defensivkaserne mit zwei großen Geschütztürmen und einem Rampenturm, welche der kgl. Major von Erhardt entwarf und die zu Ehren des Königs den programmatischen Namen Wilhelmsburg erhielt. Gegen Norden wurde ihr bis 1857 die weiträumige Wilhelmsfeste vorgelegt.

Die Befestigung entsprach in idealerweise dem polygonalen System, d.h., sie verzichtete auf ausspringende Bastionen. Die Bastionen wurden hier als eigenständig ummauerte Anlagen in der Flucht der Wälle errichtet und bildeten so ähnlich den Forts in sich geschlossene Verteidigungswerke und Stützpunkte. In ihren Kehlen wurden Reduits als bombensicher gewölbte Unterkünfte und Rückzugsräume für die Garnison geschaffen (Obere und Untere Donaubastion). Dem Ehinger und dem Blaubeurer Tor im Westen wurden Ravelins vorgelegt.

Die Verteidigung der langen Wallfronten erfolgte aus Kaponnieren, die in unterschiedlichen Dimensionen errichtet wurden und in den tiefen und breiten Festungsgräben versteckt lagen. Vor dem Wallfuß wurde, gedeckt durch das jenseitige Glacis und die Kontereskarpe, eine frei stehende Carnot'sche Eskarpenmauer errichtet, die mit Gewehrscharten zur Infanterieverteidigung kreneliert war. Sie ermöglichte zusammen mit den Flankenkasematten der Kaponnieren die Verteidigung gegen einen in den Graben durchgebrochenen Feind. Diese Mauern waren so tief im Graben abgesenkt, dass sie wie die Kaponnieren direkter Einsichtnahme und Beschuss völlig entzogen waren. Mochte ein Angreifer die Geschütze auf dem Wall durch sein Feuer ausgeschaltet haben, so wurde er bei einem Sturm auf die Werke trotzdem noch von intakten, verteidigungsfähigen Kasemattenbauten erwartet. Besonders eindrucksvoll ist diese Konzeption noch im Westen zwischen der Kienlesbergbastion und der Wilhelmsburg erlebbar. Die Kienlesberg-

bastion zeigt dabei eine Ulmer Spezialität: halbrunde Doppelkaponnieren.

Die Gräben in den ebenen Teilen der Festung waren durchweg nass, bzw. sie konnten durch die von Westen durch die Stadt zur Donau führende Blau geflutet werden. Jenseits der Gräben erstreckte sich das Glacis mit dem gedeckten Weg, auf dessen ausspringenden Waffenplätzen und bei den Toren kasemattierte Blockhäuser standen.

Da inzwischen von Stuttgart her eine Eisenbahn nach Ulm geplant wurde, legte man deren Lauf durch die Festung. Durch eigens eingerichtete Tore wurden die Schienenstränge in das Stadtgebiet geleitet. Zur Sicherung der Bahnlinie wurde im Örlinger Tal ein maschikulierter Geschützturm errichtet. Das Tal wurde zudem durch die Wilhelmsfeste im Westen und das Fort Albeck im Osten gedeckt. Schließlich führte man die Bahn über die Donau und schuf so innerhalb der Neu-Ulmer Enceinte einen Anschluss an die Linie nach Augsburg und München. Strategisch war die Eisenbahn von großer Bedeutung, erlaubte sie doch den raschen Transport von Truppen und Material.

Zur Konzeption der Lagerfestung Ulm, die als Aufmarschplatz und Rückzugspunkt einer Armee von 100.000 Mann gleichermaßen dienen und den süddeutschen Raum als zentraler Hauptwaffenplatz sichern solle, gehörte ein weiträumiger Fortgürtel, der sich notfalls durch Schanzenlinien verbinden ließ. Jedes dieser Forts stellte eine kleine autarke Festung dar, die einen Angreifer zur zeitraubenden und gegebenenfalls verlustreichen förmlichen Belagerung zwang. Im Westen, Norden und Osten der Stadt entstanden insgesamt elf solcher detachierter Forts, tlw. lediglich Geschütztürme, weitgehend aber große Wallanlagen mit Kasematten und Reduits in den Kehlen als Kasernen für die Besatzung. Es handelt sich um die Forts Unterer Kuhberg, Mittlerer Kuhberg (abgebrochen), Oberer Kuhberg, Söflin-

Fort Oberer Kuhberg von Nordwesten. Das Luftbild macht den Aufbau der Anlage deutlich. Gegen die Angriffsseite liegt der hohe Artilleriewall, hinter dem sich in der Werkskehle das Reduit duckt. Die Ecken der umlaufenden krenelierten Eskarpenmauer besetzen zwei Geschütztürme.

ger Turm, Unterer Eselsberg, Lehrer Turm (1876 abgebrochen), Avancé/Prittwitz, Örlinger Turm, Albeck, Safranberg, und Friedrichsau. Die große Bedeutung der Bundesfestung liegt heute darin, dass mit Ausnahme zweier Anlagen alle diese Forts erhalten sind, während weite Teile der Enceinte später der Schleifung anheim fielen. Sie werden tlw. durch Vereine genutzt und können zumindest im Außenbereich begangen werden. Am besten erhalten ist das Fort Oberer Kuhberg, das durch den Förderkreis Bundesfestung Ulm hergerichtet worden ist und als Festungsmuseum dient. Daneben befindet sich hier eine Gedenkstätte zur Erinnerung an die Nutzung als KZ in den ersten Jahren des „Dritten Reiches" 1933–35.

Das 1848–57 nach dem Entwurf der kgl. württembergischen Oberleutnants von Valois und von Gaisberg erbaute Fort Oberer Kuhberg zeigt exemplarisch den Aufbau eines neudeutschen Forts und die Veränderungen, die im späteren 19. Jh. unter dem Eindruck einer sich rasant ver-

ändernden Geschütztechnik vorgenommen werden mussten. Die Architektur mutet auf den ersten Blick recht altertümlich an, griff doch der neudeutsche Festungsbau sehr bewusst auf Elemente zurück, die typisch für das Spätmittelalter waren. So besetzen die beiden Ecken auf der Angriffsfront zwei große runde Geschütztürme. Doch während das Spätmittelalter eine Vielzahl verschiedenartiger Formen und Größen der Schießscharten kannte, zeigen die Mauern des Oberen Kuhbergs eine begrenzte Anzahl gleicher Schartenformen entsprechend der inzwischen längst normierten Waffen und Kaliber in regelmäßiger Anordnung. Nicht zuletzt ging es auch um eine symmetrische, harmonische Gestaltung der Bauten im Sinne des Klassizismus.

Die beiden Türme waren ursprünglich allerdings um zwei Geschosse höher und überragten die verbindenden, zweigeschossigen krenelierten Infanteriemauern am Wallfuß deutlich. Nach Einführung der zielgenaueren Kanonen mit gezogenem Lauf wurden der Obere Kuhberg wie auch die anderen Forts 1878–82 umgebaut und man kürzte die Türme. Gleichzeitig verstärkte man den Erdwall durch Hohltraversen, die als bombensichere Unterstände für Mannschaften und Material bei einer Beschießung dienen sollten.

Hinter den beiden Geschütztürmen liegen in den Wallschultern Kasematten für Wurfgeschütze. Aus jeweils drei großen Bogenöffnungen konnten Mörser in das Glacis des Forts wirken. Der Wall umgibt das Fort nur auf drei Seiten. Sollte ein Belagerer es einnehmen, so fand er keine ausreichende Deckung gegen die Stadtumwallung und die weiter östlichen Forts auf dem Kuhberg. Den Wall untergliedern Erd- und Hohltraversen, welche die Geschützstellungen gegen Querschläger decken sollten. So wurde verhindert, dass ein Belagerer durch einen sog. Rikoschettschuss den ganzen Wall von den dort aufgestellten Kanonen „rasieren" konnte.

Das ganze Fort wird von einer krenelierten Infanteriemauer umgeben, auf den drei Angriffsseiten zweigeschossig, indem unter dem Rondengang am Wallfuß eine Schützengalerie entlang geführt ist.

In der Mitte der Kehle erhebt sich das Reduit als zentrales Werk und Kaserne, ein gewaltiger halbrunder Geschützturm. Zum Hof war es ursprünglich durch einen Graben gesichert, in den zwei halbrunde kleine Kaponnieren zur Infanterieverteidigung vorspringen.

Mauerwerk und Kasematten der Bundesfestung zeigen eine sorgfältige und qualitativ hochwertige Bauausführung. Dabei wurde großer Wert auf die architektonische Gestaltung gelegt. So kontrastieren die aus Ziegeln gemauerten flachen Wölbungen der Schießscharten zum blendenden Weiß des Jurakalksteins, aus dem die Mauern gefügt wurden. Ziegel kamen auch bei der Gestaltung des Blaubeurer Tores zum Einsatz, das mit seinen beiden Durchfahrten und den runden,

von Zinnen abgeschlossenen Flankentürmen unwillkürlich an römische Kastelltore gemahnt. Wirkungsvoll bauen sich die roten Ziegelmauern über dem weißen, geböschten Sockel aus großen Kalkquadern auf. Ziegel wurden ebenso für die Kranzgesimse verwendet, welche einige der Reduits und Kaponnieren abschließen. In zurückhaltender Weise kamen auch Versatzstücke neugotischer, burgenromantischer Motive ins Spiel, so die achteckigen Zinnentürmchen am Ehinger Tor oder Rundbogenfriese. Die Saillants der Werke und die Kanten einzelner Bauten wurden durch Rustikaquader betont.

Die Ulmer Festung war nicht nur ein militärischer Nutz-, sondern auch ein Repräsentationsbau des Königreiches Württemberg und des Deutschen Bundes. Gemäß ihrer Funktion sollten sich die Werke dabei durch einen angemessen ernsten Charakter auszeichnen, was in zurückhaltendem Schmuck, dem sauberen Mauerwerk, dem gezielten Einsatz farblich kontrastierenden Steinmaterials und klarer Umrisse der einzelnen Baukörper zum Ausdruck kam. Es entstanden Bauten von eindrucksvoller Monumentalität, deren rationale, strenge Architektur den Betrachter in Ehrfurcht versetzen sollte, was u.a. besonders schön in den mächtigen Rundtürmen an der Feldseite der Wilhelmsburg zum Ausdruck kommt. Das Festungsensemble in Ulm zählt damit zu den herausragenden Zeugnissen des romantischen Klassizismus in Deutschland.

Der Festungsbau verteuerte sich allerdings so sehr, dass noch während der Arbeiten Abstriche an den großzügigen Planungen vorgenommen werden mussten. So erhielten einige der Außenforts und der Bastionen der Kernumwallung deutlich kleinere Reduits.

Mit der Reichsgründung 1871 wurde Ulm zur Reichsfestung. Nur vier Jahre später wurden erste Modernisierungen an den inzwischen veralteten Werken vorgenommen. So brachte man vor den Reduits

Weiße Kalkquader und Rote Ziegel bestimmen die Gestaltung der Festungswerke wie hier am bogenförmigen Reduit des Forts Albeck.

Erdvorlagen an und die Glacis wurden erhöht. Vor allem aber sicherte man 1881–87 die nordwestlichen Höhen durch den Bau des Forts Oberer Eselsberg samt einem kleineren Nebenwerk. Diese beiden Anlagen folgen dem Musterplan des von dem preußischen Generalleutnant Alexis von Biehler (1818–86) entwickelten sog. Biehlerschen Einheitsforts, das in Form einer Lünette mit hohem Erdwall und einer Saillant- und zwei Schulterkaponnieren angelegt wurde. Alle großen deutschen Festungen wurden mit einem weit vorgeschobenen Ring solcher Forts umgeben.

Während das Hauptwerk Oberer Eselsberg für den Bau der Versorgungsanlage der Universität Ulm im Inneren komplett abgetragen und dabei auch die Kehlseite völlig zerstört wurde, blieb das Nebenwerk intakt. Im Gegensatz zu den älteren Werken sind diese beiden Forts als Ziegelbauten erstellt. Auf Reduits wurde nun verzichtet, die Mannschaften wurden in einer gut gedeckten Kehlkaserne untergebracht, durch welche auch die Hauptzufahrt über die sog. Kapitalpoterne ins Fort und zu den Geschützstellungen und bombensicheren Magazinräumen führt.

Die fortschreitende Kriegstechnik führte schließlich 1899 zum Beschluss, die Ulmer Enceinte aufzugeben, was Raum für die rasch wachsende Industriestadt schuf. Die Brisanzgranatenkrise machte weitere Verstärkungen einzelner Forts durch Betonauflagen nötig. Insgesamt gesehen waren die Werke trotzdem hoffnungslos veraltet. In einer letzten Modernisierungsphase wurde weiträumig um Ulm 1901–1916 ein Gürtel von Infanteriewerken aus Beton erstellt, eine vorbereitete Feldstellung, die das Konzept späterer Linienbefestigungen wie des Westwalles vorwegnimmt. Viele dieser Anlagen sind heute verschwunden oder gesprengt; gut erhalten ist u.a. noch der Infanteriestützpunkt Gleiselstetten.

Fort Safranberg, erbaut 1855–58 nach Entwurf von Oberleutnant Blumhardt. Kehlreduit

Da Ulm nicht von den Bestimmungen des Versailler Vertrags zur Entfestigung betroffen war, existierte noch bis 1932 eine Festungsbauverwaltung, welche sich um die Instandhaltung der Werke kümmerte. Das offizielle Ende der Reichsfestung kam per Verordnung erst 1938. So blieben viele Bauten erhalten. Zwar kam es zwischen 1955 und 1975 zu Abbrüchen, im Großen und Ganzen blieb das Ensemble der Bundesfestung aber weitgehend gut erhalten. Seit 1974 kümmert sich u.a. der Förderverein Bundesfestung Ulm e.V. um den Erhalt. Die Bundesfestung wurde als Kulturdenkmal wiederentdeckt. Viele Forts sind seither renoviert worden, einige durch Vereine genutzt, der Obere Kuhberg ist Museum. Zum Tag des offenen Denkmals sind immer wieder einzelne, sonst nicht zugängliche Werke geöffnet. Zumindest eine Außenbesichtigung vieler Anlagen ist aber ganzjährig möglich.

Von der militärischen Vergangenheit zeugen neben den Festungswerken innerhalb der Stadt zahlreiche Infrastrukturbauten wie Kasernen und die Proviantämter. Städtebauliche Akzente setzen die beiden Garnisonkirchen, die 1904 geweihte kath. St. Georgskirche und die 1910 geweihte ev. Paulskirche, letztere von Theodor Fischer im Reformstil entworfen.

Insgesamt gesehen nimmt Ulm nicht nur wegen des Umfangs der Befestigungen den ersten Rang unter den Festungen in Süddeutschland ein. Es spiegelt auch in exemplarischer Weise die gesamte Entwicklung des Wehrbaus vom Spätmittelalter bis ins frühe 20. Jh.

C.O.

Wertheim
Residenzburg der Grafen von Wertheim

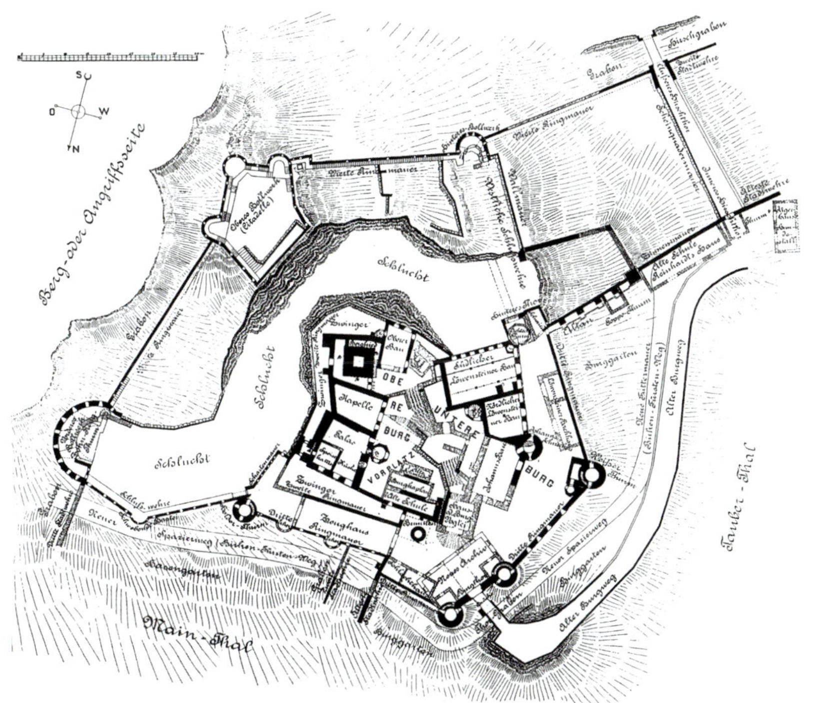

Grundriss

Auf einem Sporn über der Mündung der Tauber in den Main erhebt sich die eindrucksvolle Ruine der Burg Wertheim, bis ins frühe 17. Jh. Wohnsitz der Grafen von Wertheim und deren Erben, der Grafen von Stolberg-Königstein und der Grafen von Löwenstein.

Die Grafen von Wertheim erscheinen erstmals 1152 und zu diesem Zeitpunkt dürfte die Burg bereits existent gewesen sein. Sie erfuhr wohl um 1235–40 einen weitgehenden Neubau, von dem der spätromanische Palas noch in umfangrei-

chen Resten erhalten ist. Seit dem späten 14. Jh. wurde die hochmittelalterliche Kernburg durch Zwingermauern erweitert. Die genaue zeitliche Abfolge dieser Baumaßnahmen ist nicht gesichert, doch erfuhr die Burg vor allem im späteren 15. Jh. etappenweise einen gewaltigen Ausbau zur Frühfestung. Damit zogen die Grafen von Wertheim militärtechnisch ihren Nachbarn nach, waren doch in der Region schon in der 1. Hälfte des 15. Jh. die Deutschordensburg Prozelten und Burg Collenberg mit Zwingern, Türmen

und Kasematten bzw. einer Streichwehr ausgebaut worden.

Die Arbeiten auf Wertheim dürften sich bis ins frühe 16. Jh. hingezogen haben. Als Bauherren kommen vor allem Graf Wilhelm und sein Nachfolger Michael II. in Frage, die seit 1480 auch die Burg Breuberg im Odenwald zur Festung ausbauen ließen. Die Konzepte auf Wertheim wirken allerdings etwas älter, so dass hierin wohl ein Vorläufer für die Werke auf Breuberg zu sehen ist. Die Grafen von Wertheim bauten jedenfalls in den Jahren um 1500 alle ihre wichtigeren Sitze massiv aus. Mainabwärts sicherte Graf Michaels jüngerer Bruder Erasmus die ihm als Residenz zugesprochene Burg Freudenberg 1497–1507 durch Wallbauten an der Hauptangriffsseite und hangabwärts zum Main durch eine weitläufige Vorburg mit einem mehrgeschossigen Geschützturm.

Nachdem man in Wertheim durch Anlage eines weiträumigen Zwingers mit Rundtürmen im Westen und Norden und einem repräsentativen Doppelturmtor als Hauptzugang von der Stadt eine

Halsgraben mit Geschützplattformen und Oberem Bollwerk am höchsten Punkt

weiträumige Unterburg geschaffen hatte, wandte man sich dem Ausbau der Hauptangriffsseite im Osten und Süden zu. Der Halsgraben scheint damals vertieft und vergrößert worden zu sein. Direkt auf der Felskante gegenüber dem Bergfried entstand das Obere Bollwerk, eine große fünfeckige Plattform mit Wehrgängen auf zwei Ebenen, deren drei äußere Ecken mit halbrunden und runden Schalentürmen besetzt wurden – eine Art vorgeschobenes Außenfort mit sehr starken Frontmauern. Das Obere Bollwerk war durch einen 1668 weitgehend eingestürzten Torturm auf der Ostseite der Vorburg und mittels einer Brücke über den Halsgraben an die Burg angebunden. Den Zutritt erlaubte ursprünglich nur die Pforte in der Südflanke. Die unterschiedlichen Schartengrößen zeigen, dass das Obere Bollwerk nicht nur mit Handbüchsen, sondern auch mit leichter Artillerie verteidigt werden konnte.

Schon bald scheint das Konzept erweitert worden zu sein. Nun wurden nördlich und südlich an das Vorwerk Mauern angesetzt, die tlw. die vorhandenen Scharten überschneiden und das Obere Bollwerk mit zwei Türmen verbinden. Davor wurde ein weiterer, allerdings nicht sehr tiefer und breiter Graben ausgehoben. Die südliche Mauer führt hangabwärts zum sog. Unteren Bollwerk, einem Schalenturm, der ein bergseitiges Tor sichert, das einst über eine Zugbrücke verfügte. Unmittelbar hinter dem Tor befindet sich eine Böschungsmauer, die zu einer frühen Geschützplattform gehört, die hier am Hang angelegt war und entlang der Stadtbefestigung flankierend zum Inneren Hirschtor wirkte. Vom Unteren Bollwerk aus setzte sich die Mauer gegen Südwesten zum Hirschtor und weiter bis an die Tauber fort, bildete hier also eine weit vorgeschobene Zwingeranlage der Stadtmauer, die zur Burg hinaufführt. Die Mauer zwischen dem Oberen Bollwerk und dem Äußeren Hirschtor war aber

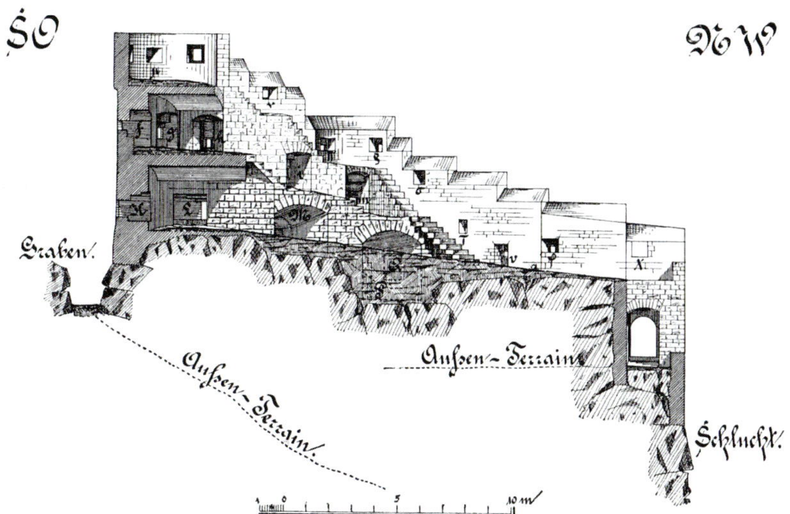

Oberes Bollwerk. Schnitt

wohl nie zur vollen Höhe ausgebaut, sondern noch im 17. Jh. nur mit einer Palisadenreihe abgeschlossen.

Auf der Nordostecke der Befestigung entstand der mächtige Zehnringturm. Sein Name rührt von jenen Eisenringen hier, welche feldseitig in die Brustwehr eingelassen sind. Ihr Zweck ist ungeklärt, vielleicht dienten sie als Aufhängevorrichtung für Säcke, die man als Kugelschutz vor die Mauern hängte. Das Erdgeschoss des dickwandigen Schalenturms besteht aus einer einzigen, gewölbten Schartennische für ein Geschütz, deren Mündung sich außen durch eine steinerne Schiebelade verschließen lässt. Seitlich führen Türen zu einer Treppe im Mauerinneren bzw. zu einer Scharte, welche die Kurtine zum Oberen Bollwerk hin hangaufwärts flankiert. Das obere Geschoss weist zwei Schartennischen auf, und auf der Krone der dicken Mauer verläuft als dritte Ebene eine Schützengang mit Scharten für die Verteidigung mit Handfeuerwaffen. Wie im Westen wurde auch hier, direkt im Anschluss an die Südflanke des Turms, eine Geschützterrasse angelegt, so dass sich

Blick vom Unteren zum Oberen Bollwerk

das Tal und die gegenüber liegenden Höhen bestreichen ließen.

Auch vom Zehnringturm aus führte eine äußere Stadtmauer den Berg zum Main hinab. Die geknickte Mauer nach Westen zum Holderturm entstand im 16. Jh. weitgehend neu und schloss so den Graben gegen Norden.

Die Befestigung der Wertheimer Burg wurde nochmals im späteren 16. und frühen 17. Jh. verstärkt. Hier und da wurden Mauern erhöht und neue Brustwehren mit eng gereihten Scharten errichtet, so auf der Quermauer südlich des Holderturms, welche die Vorburg zum Graben

*Zehnringturm. Innenseite mit großer Schieß-
kammer im Erdgeschoss*

abriegelt. Die um den Bergfried führende Zwingermauer wurde damals massiv
erhöht, der schmale Raum zwischen der
Ringmauer und dem Turm zweigeschossig eingewölbt. Im Südwesten entstanden
drei weitere Geschützterrassen, die eine
Flankierung des Zwingers zwischen äußerer und innerer Stadtmauer ermöglichten. Erst jetzt wurde das Untere Bollwerk
durch eine nach Norden geführte Mauer
mit der Burg verbunden.

Neben dem Ausbau der Festungswerke konzentrierte man sich allerdings vor
allem auf eine repräsentative Erweiterung
der Wohnbauten in der Burg. Ein durch
eine Pulverexplosion ausgelöster Brand
zerstörte jedoch schon 1619 den erst
1590–1600 auf der Südseite der Kernburg
errichteten Löwensteiner Bau, der damals die herrschaftlichen Gemächer beherbergte. Zu ihm gehört die auf hohen
Blendbögen über der Ringmauer als Bel-
vedere auskragende Altane, die im 17. Jh.
bergseitig eine Brustwehr erhielt.

Im Dreißigjährigen Krieg wurde die
Burg gleich zweimal belagert. 1634 standen die Kaiserlichen vor den Mauern und
beschädigten mit einer heftigen Kano-
nade die Anlage schwer. Bis 1636 wurden Schanzarbeiten und Ausbesserungen
durchgeführt. Erneut schweren Schaden
nahmen die Wohnbauten 1647, als die
Burg durch die Schweden erfolgreich gegen bayerische Truppen gehalten wurde.
Ein Wiederaufbau derselben nach dem
Krieg unterblieb, die Grafen von Wert-
heim-Löwenstein bezogen nun dauerhaft
das Stadtschloss an der Tauber. Es begann der allmähliche Verfall der Anlage,
deren Ringmauern gleichwohl in Stand
gehalten wurden. Immerhin wurde noch
1742–45 unter Einbeziehung des äußeren
Burgtores der repräsentative Archivbau
errichtet.

Trotz der Zerstörungen der Wohnbauten blieben die spätmittelalterlichen
Vorbefestigungen weitgehend erhalten.
Sie geben ein authentisches Bild von den
verschiedenartigen Lösungsansätzen, mit
denen Bauherren und Baumeister auf die
Bedrohung der immer effizienteren Feuerwaffen zu reagieren versuchten. Mit
der weit vorgeschobenen Befestigung
und den beiden äußeren Stadtmauern
suchte man die inneren Verteidigungsli-
nien gegen das Feuer feindlicher Artillerie
zu sichern. Die Vorbefestigung der Wertheimer Burg, die für Besucher frei zugänglich ist, gehört damit sicher zu den
eindrucksvollsten und größten Festungswerken des späteren 15. Jh. in Südwestdeutschland und ist in ihrer singulären
Lösung mit einem fünfeckigen Kernwerk
einzigartig.

C.O.

Der Westwall,
in Beton und Stahl gegossene Propaganda

29

Rastatt. Regelbau 10, Werkskehle mit Eingangsverteidigung

Nach dem Ersten Weltkrieg war aufgrund der Versailler Verträge von 1919 ein Streifen von 50 km entlang des Rheins zur entmilitarisierten Zone erklärt worden. Schon im Jahre 1936 wurden einige Amtsstellen der Wehrmacht im rückwärtigen Bereich eingerichtet, um Sperrwerke zu planen. Verdeckt wurden Erkundungen innerhalb der entmilitarisierten Zone durchgeführt, um geeignete Stellungen auszumachen; es entstanden bereits erste, relativ leichte Bauten. Noch 1936 erfolgte die völkerrechtswidrige Besetzung des entmilitarisierten Rheinlands. Nach einer Reihe von Baumaßnahmen wurde am 28. Mai 1938 der offizielle Baubeginn des sog. Westwalls mit einem Befehl Hitlers inszeniert. Mit dem „Limes-Bauprogramm" schuf man eine Reihe von einfachen „Regelbauten" mit genormten Maßen und Grundrissen, um die Baugeschwindigkeit zu erhöhen.

Die Bezeichnung „Westwall" für die Linienbefestigung kam erstmals 1938 in der Presse auf und wurde bald schon zum offiziellen Namen der Westbefestigungen. Die Propaganda schuf in Vorbereitung des Bauprojekts und in Begleitung dazu einen Mythos, der noch bis heute weiterwirkt. Er beinhaltete u.a.:

1. die rein defensive Funktion des Bauwerks („Friedenswall")
2. die Gemeinschaftsleistung des Volkes
3. die Qualität, Stärke und Unüberwindbarkeit des Bauwerks.

Der Westwall war sicher kein Friedenswall, mit dem ein Krieg verhindert werden sollte, wie die Propaganda versicherte. Er gehörte fest in das nationalsozialistische Militärkonzept und diente der Vorbereitung des von Hitler geplanten Angriffs-

krieges. Er wirkte vielleicht schon in der sog. Sudetenkrise, dann anlässlich des Polenfeldzugs und schließlich beim Krieg gegen Frankreich unterstützend. Er half 1939, einen Zweifrontenkrieg zu vermeiden und machte größere Truppenteile für Invasionen verfügbar, die sonst gebunden gewesen wären. Der Westwall verhinderte möglicherweise mehrfach eine alliierte, vor allem französische und britische Offensive. Mit der Abschreckung wurde die Vorbereitung des Krieges ermöglicht.

Die von der Propaganda betonte „Gemeinschaftsleistung" der „Frontarbeiter" beruhte im Wesentlichen auf Zwang durch Abordnung, Verurteilung und Terror. Die Disziplin der Arbeiter bei den schlechten Lebens- und Arbeitsbedingungen konnte nur durch ein Strafsystem aufrechterhalten werden.

Die Qualität der Bauten war unterdurchschnittlich, die Bunker waren klein, übereilt geplant und mangelhaft errichtet, oft nicht fertiggestellt oder noch nicht voll ausgerüstet, auch durch die sich rasant entwickelnde Militärtechnik bald überholt. Auch bei der projektierten Großfestung Isteiner Klotz zeigte sich, dass fast keine Artillerie vorhanden war.

Neben dem eigentlichen Westwall wurden bereits 1936 Sperrstellen entlang des Schwarzwaldes errichtet. Es gab zudem einige Querriegel in NW-SO-Richtung, so der Tüllinger und Fischinger Riegel (1939/40) und der Tunibergriegel (Panzergraben Munzingen, 1939/40). Die andersartig konzipierte und mit Wasserhindernis versehene Korkerwaldstellung (1937/38) zwischen Straßburg und Offenburg sollte einen Vorstoß auf das breite und gut gangbare Kinzigtal verhindern. Weiter nördlich folgte noch der Ettlinger Riegel (schon 1936–38).

Ergänzt wurden diese Anlagen des Heeres durch die Bodenverteidigung der

Luftverteidigungszone-West bei Karlsruhe, in der Südpfalz und auch im mittleren Kinzigtal. Sie unterstand der Luftwaffe. Hinzu kamen mehrere breite Zonen von Flakstellungen im Neckarmündungsgebiet, im Kraichgau, im Schwäbischen Schichtstufenland, in der Baar, im Hegau und entlang der Nordseite des Bodensees, außerdem in der Oberrheinebene und auf den Höhen des Schwarzwalds, so auf der Hornisgrinde und dem Schliffkopf.

Die zahlreichen Bauten sind zum einen ein Monument der Kriegsvorbereitung, zum anderen stellen sie auch ein Denkmal für das Kriegsende dar. Die Wehrmacht hatte sich, von Westen kommend, in diese Räume mit noch einigermaßen funktionierender Infrastruktur zurückgezogen. In Baden-Württemberg gab es an einzelnen Abschnitten Kämpfe, so an der Neckar-Enz-Stellung.

Die meisten der Bauten wurden nach dem Krieg gesprengt oder überdeckt, weitere fielen noch kürzlich den Polderbauten am Rhein zum Opfer; nur wenige blieben als Bauwerke sichtbar erhalten. Die schwierige Vergangenheit dieser Denkmäler des von Hitler angezettelten Krieges macht den Umgang mit ihnen nicht gerade einfach. Insgesamt ist der Westwall nicht nur ein militärgeschichtliches bzw. -architektonisches Denkmal, sondern auch ein mythenbelastetes, Beton gewordenes Symbol eines politischen Unrechtssystems. Es ist völlig unmöglich, auch nur annähernd die in Baden-Württemberg im Zusammenhang mit der Westbefestigung entstandenen, etwa 3.500 Bauten hier alle aufzuführen. Hinzu kämen auch noch Bauten der Luftverteidigungszone. Einen guten Eindruck von den Befestigungen vermitteln die folgenden ausgewählten Beispiele:

In **Rastatt** ist am NW-Rand der B 36 (Kehler Straße) im Areal einer ehem. französischen Kaserne ein Bunker mit 1,50 m dicken Betonwänden gut erhalten. Der 1938 errichtete Regelbau 10, ein Mann-

*Rastatt. Regelbau 10, Maschinengewehrschar-
te mit getreppetem Gewände, links Auswurf-
öffnung für Handgranaten*

*Märkt. MG-Doppelschartenstand (Regelbau 24)
am Rheinufer*

schaftsraum mit angehängtem Kampfraum, ist im Grundriss unregelmäßig dreieckig. Im rückwärtigen Bereich ergibt sich
ein kleiner Hof; in zwei Richtungen sind
Eingänge mit Stahltüren vorhanden, hinter denen sich jeweils eine Gasschleuse
befand. Mitten zwischen ihnen befindet
sich frontal eine abgetreppte Scharte für
ein Maschinengewehr, mit dem der Hof
und die beiden Eingänge verteidigt werden konnten. Seitlich am Mannschaftsraum war außerdem ein Notausgang
vorgesehen. Im sog. Bereitschaftsraum
waren Stockbetten für 15 Mann aufgestellt; ein Eisenträger stützt die über-
kragende dicke Betondecke. Der ange-
hängte Kampfraum mit Scharten in zwei
Richtungen war nicht direkt vom Mannschaftsraum, sondern nur von außen zu
betreten; hier war keine Gasschleuse vorgesehen. Der Historische Verein Rastatt

hat den Bunker restauriert, tlw. wieder
mit Originalobjekten eingerichtet und erschließt ihn durch Führungen.

Direkt am Rheinufer steht südwestlich von **Märkt** (Stadt Weil am Rhein, Lkr.
Lörrach) ein MG-Doppelschartenstand. Er
findet sich unweit südlich des Ansatzes
des Stauwehrs. Wegen der Gefahr für das
Wehr wurde er nicht gesprengt, sondern
mit Beton ausgefüllt. Er wurde 1938 als
Regelbau 24 (Limes) in der Stärke B-alt,
d.h. mit 1,50 m Wand- und Deckenstärke
errichtet und enthielt zwei kleine Kampf-
räume mit Maulscharten, die den Rhein-
lauf nach Norden und Süden im Visier
hatten. Die Feindseite nach Westen besaß
keine Öffnungen und zeigt noch Schäden
durch den Beschuss 1944. Die Rückseite
ist eingezogen; von Osten führte ein Eingang mit Gasschleuse ins Innere. Er war
von einer abgetreppten Scharte flankiert.

Bei **Rheinfelden–Karsau** (Lkr. Lörrach)
am Hochrhein steht auf einer Anhöhe über
der B 34 ein 1936 errichteter Bunker; er
besteht nur aus einer sehr dünnen Be-
tonwand und hätte intensivem Beschuss
nicht lange standgehalten. Drei einfache
Öffnungen blicken talwärts, eine einfache Tür erschließt das kleine Bauwerk von
hinten. Heute ist keine Dachdeckung mehr
vorhanden, d.h., es gab kein massives Dach.

Einige Anlagen wurden bewusst getarnt. So findet sich in einem Wohnge-
biet in **Durmersheim** (Lkr. Rastatt) ein
etwa rechteckiger Unterstand, der bereits
1936 errichtet wurde. Zwei Panzertüren
führen ins Innere; der Bunker war ehemals als Holzschuppen im damals noch
unbebauten, landwirtschaftlich genutz-
ten Gelände getarnt. Über einem Bunker
in **Neuried-Altenheim** (Ortenaukreis)
wurde zur Tarnung gar ein echtes Wohnhaus errichtet. Es ist inzwischen durch
ein neues Haus ersetzt, doch ist der von
einer privaten Initiative betriebene Museumsbunker „Emilie" (Ulmenweg 10)
am Tag des offenen Denkmals geöffnet,
sonst auf Anfrage. H.W.

30

Wildenstein bei Leibertingen, Zuflucht und Universität

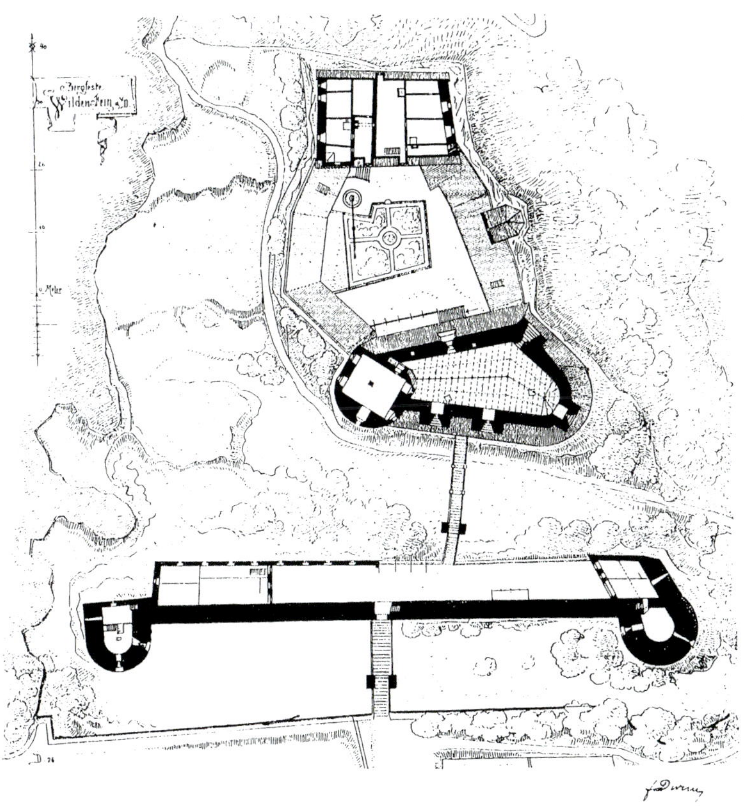

Grundriss 1887

Die Burg Wildenstein, spektakulär auf zwei Felsen im Tal der oberen Donau nahe von Leibertingen gelegen, ist trotz der Bezeichnung Burg eine Artilleriefestung der frühen Renaissance, die sich heute in hervorragendem Zustand präsentiert. Zwar baut die Anlage auf einer älteren Burg auf, aber der Umbau zur Festung Anfang des 16. Jh. war so radikal und konsequent, dass man von einem Neubau sprechen kann, der den Stand der damaligen Befestigungstechnik spiegelt.

Der Wildenstein wurde in der 2. Hälfte des 13. Jh. gegründet. Nach mehreren Besitzerwechseln gelangte die Anlage 1462 an die Herren von Zimmern, welche die Anlage zu ihrer Landesfestung machten und schon zu dieser Zeit viel Geld in die Befestigung investierten. Zwar musste Johann der Ältere die Burg 1491 verkau-

fen, da er in die Reichsacht geraten war, aber 1503 wurde sie von den Zimmern zurückerobert.

Unter Gottfried Werner von Zimmern begann 1513 der Ausbau zur Festung, der sich bis 1550 hinziehen sollte. Auf zwei frei stehenden Felsen, 193 m über dem Grund des Donautals, wurde eine originelle Anlage geschaffen, die aus einem Vorwerk und der Kernburg besteht. Das langgestreckte Vorwerk stellt sich dem Besucher als breite, mächtige Kurtine entgegen, deren Enden zwei große sog. Backofentürme besetzen. Es war zur Verteidigung mit Hakenbüchsen eingerichtet und zeigt flache Maulscharten. Zur Kernburg hin schließt es nur mit einer niedrigen Mauer ab. Das Kernwerk wird auf der Angriffsseite von der sog. Kaserne mit ihren Artilleriekasematten dominiert. Der mächtige Baukörper mit dem flankierenden Halbrundturm schirmt zusammen mit dem Vorwerk wie eine doppelte Schildmauer den donauseitigen Wohnbau samt der Kapelle, den Verbindungsbauten und der Zisterne gegen Beschuss von der Hochebene ab. Er besitzt unter dem Dach, das leicht demontierbar war, einen großen Artillerieboden für schweres Geschütz. Die großen Kanonenscharten haben dabei das Aussehen von Zwerchhäusern. Durch die Kaserne führt der Zugang in den Hof, der gewinkelt angelegt ist, um einen Durchschuss zu verhindern. Scharten ermöglichten die Verteidigung des Torgewölbes.

Zwischen den Werken und der Hochebene gestaltete man die vorhandenen Klüfte zu senkrechten Gräben aus. Der Halsgraben des Kernwerks weist dabei einen beachtlichen Umfang auf: Er hat eine Breite von 20 m bei einer Tiefe von 25 m und erstreckt sich über 40 m Länge.

Die beiden Felsgräben wurden von zwei Brücken überspannt, die jede auf einem Stützpfeiler im Graben aufsaßen und an diesem Pfeiler jeweils eine Zugbrücke mit Schwungruten hatten.

Zwar lag die Festung abseits der großen Wege (durch das Donautal gab es zu dieser Zeit noch keine durchgehende Straße und die wichtige Straße von Ulm nach Freiburg verlief weiter südlich), aber für die Zimmern stellte sie einen sicheren Rückzugsort dar.

Der Ausbau der Festung zog sich lange hin. Es wurde die immense Summe von 40.000 Gulden verbaut. Schuld daran waren zum einen das schwierige Gelände, zum anderen die eigenwilligen Vorstellungen des Bauherrn. Der Untergrund war brüchig. In Verbindung mit den Mauern, die man, wohl aus Platzgründen, direkt auf die Felskanten setzte, führte dies immer wieder dazu, dass ganze Partien einstürzten. Und Gottfried Werner scheint seine Pläne während des Baus permanent geändert zu haben. Trotzdem präsentiert sich die Festung wie aus einem Guss.

In den folgenden Jahrzehnten erfüllte die Festung ihren Zweck. Die Zimmern, die in Friedenszeiten im benachbarten Meßkirch in einem großartigen Renaissancepalast residierten, zogen sich während des Bauernkrieges, des Schmalkaldischen Krieges und des Fürstenkrieges auf die Festung zurück und überstanden die Wirren unbeschadet. Ebenso brachten viele andere Adelige aus der Umgebung sich und ihr Vermögen während dieser Ereignisse auf dem abgelegenen Wildenstein in Sicherheit. Auch zu Zeiten der Pest zogen sich die Zimmern auf ihre Festung zurück, so bei der Epidemie 1519, als die Zimmern jeden Kontakt mit der Außenwelt abbrachen.

Als 1594 der letzte der Zimmern starb, gelangte die Festung über die Grafen von Helfenstein 1627 an das Haus Fürstenberg. Es nutze den Wildenstein weiter als Landesfestung. Während des Dreißig-

Rekonstruktion des Wildensteins in der 1. Hälfte des 16. Jh. mit Schnitt der Toranlage nach Kraus 1887

jährigen Krieges deponierten die katholischen Fürstenberger hier Wertsachen und unterhielten auf der Burg eine kleine Garnison. Im August 1642 wurde sie von einer Steifschar der Festung Hohentwiel mittels einer List eingenommen. Die Hohentwieler versteckten sich dabei in einem Misthaufen vor der Festung und schlugen zu, als der Kommandant mit drei Musketieren zum Gottesdienst nach Meßkirch zog. Doch eine bayerische Abteilung konnte die Burg nach kurzer Belagerung schon am 9. September wieder zurückerobern und hielt die Festung bis Kriegsende besetzt.

Während des Pfälzischen Erbfolgekrieges lag 1688 und 1694 eine kaiserliche Besatzung in der Festung und während des Spanischen Erbfolgekrieges bot der Wildenstein den Fürstenbergern 1704 und 1705 nochmals Zuflucht. Seit 1744 diente die Festung als Gefängnis, eine typische Nutzung für solche Anlagen in jener Zeit.

Die Brautreise der zukünftigen französischen Königin Marie Antoinette 1769

bedeutete dann das Ende der Festungseigenschaft. Sämtliches Geschütz samt Munition wurde in die fürstenbergische Residenz Donaueschingen abtransportiert, um der Hoheit Salut zu schießen. Dabei wurde auch gleich die mit Eisen beschlagene Tür der Kaserne demontiert. Zwar residierte immer noch ein Burgvogt auf dem Wildenstein, aber 1772 wurde die Garnison verkleinert und der Zeugwart abgezogen. Um 1800 war die Festung dann so baufällig, dass die Oberamtsverwaltung Meßkirch vorschlug, den Wildenstein abzubrechen. Stattdessen ließen die Fürstenberger die Festung 1800–04 mit großem Aufwand noch einmal sanieren, was zu dieser Zeit mehr als ungewöhnlich war. Hier dürften Prestigegründe ausschlaggebend gewesen sein, war doch eine Landesfestung Ausweis der Landeshoheit, die im Falle der Fürstenberger von der Mediatisierung durch mächtigere Nachbarn bedroht war. Kaum zwei Jahre später wurde das Reichsfürstentum Fürstenberg tatsächlich durch Baden annektiert. Die Fürstenberger verloren zwar

Vorwerk und äußerer Graben

Innerer Graben und Eckturm der Hauptburg

ihre Landeshoheit, blieben aber im Besitz des Wildensteins. In den folgenden Jahrzehnten versank die Burg in einen Dornröschenschlaf. 1902 kam dann wieder Leben in die Festung. Ein Hilfswaldarbeiter durfte eine Schankwirtschaft im Wohnbau eröffnen. Mit der Einrichtung der

Wirtschaft zollte man dem aufkommenden Albtourismus Tribut. Damit war auch der weiteren Verwendung der Festung ein Weg gewiesen: 1922 wurde im Vorwerk eine Jugendherberge eingerichtet, die bis heute besteht.

Während des Zweiten Weltkriegs wurde die Freiburger Universität auf die Festung verlegt. Unter den zehn Professoren, die mit 30 Studenten im Gefolge Ende November 1944 vor den Bombenangriffen auf den Wildenstein flüchteten, war auch der Philosoph Martin Heidegger, der aus dem benachbarten Meßkirch stammte. Die Universität blieb bis zum Juni 1945 auf der Festung, und es fand ein geregelter Betrieb mit Vorlesungen statt.

Nach dem Krieg zog wieder die Jugendherberge ein und 1971 verkauften die Fürstenberger die Festung an das Deutsche Jugendherbergswerk. In den folgenden Jahren wurde der Wildenstein aufwendig renoviert und umgebaut. Dabei wurden die beiden Gräben zur Anlage einer Fahrstraße tlw. aufgefüllt.

Die Festung ist heute in hervorragendem Zustand und die Außenbereiche sind größtenteils begehbar. Die Dicken Mauern verbergen mit den Wand- und Deckenmalereien im heutigen Speisesaal, die aus der 1. Hälfte des 16. Jh. stammen, und der Burgkapelle, kunsthistorische Kostbarkeiten. Den berühmten Wildensteiner Altar, der einst den kleinen spätgotischen Raum zierte, muss man heute allerdings in der Stuttgarter Staatsgalerie aufsuchen, um ihn eingehend bewundern zu können.

J.W.

Literatur

Allgemein:

Die Festungen des Deutschen Bundes 1815–1866, hg. v. d. Deutschen Gesellschaft für Festungsforschung e. V. (Festungsforschung Bd. 5), Regensburg 2013.

Dumbsky, Walter: Die deutschen Festungen von 1871 bis 1914: Strategische Bedeutung und technische Entwicklung (Erlanger Historische Schriften, hg. v. Karl-Heinz Ruffmann u. Hubert Rumpel, Bd. 11), Frankfurt a. M., Bern, New York u. Paris 1987.

Festungen und Schanzen im Hegau vom 15. bis zum frühen 20. Jahrhundert (= Festungsjournal, Zeitschrift der DGF Heft 15, 2003 u. Hegau-Bibliothek Bd. 116), Bonn u. Singen 2003.

Fischer, Albert: Daniel Specklin aus Straßburg (1536–1589). Festungsbaumeister, Ingenieur und Kartograph (Veröffentlichungen der Kommission f. Geschichtliche Landeskunde in Baden-Württemberg. Ein Beitrag zum Historischen Atlas von Baden-Württemberg), Sigmaringen 1996.

Fleck, Walther-Gerd: Die Württembergischen Herzogsschlösser der Renaissance (Veröffentlichungen der Deutschen Burgenvereinigung Reihe A: Bd. 8, hg. v. Europäischen Burgeninstitut), 2 Bde., Braubach 2004.

Fleischhauer, Werner: Renaissance im Herzogtum Württemberg, Stuttgart 1972.

Fleischhauer, Werner: Barock im Herzogtum Württemberg, Stuttgart 1981.

Haasis-Berner, Andreas, Johannes Lauber u. Ute Seidel: Die barocken Schanzen im Schwarzwald – Die Verteidigungsanlagen auf den Schwarzwaldhöhen. In: Festungsjournal 37, 2010, S. 30–36.

Hohrath, Daniel: Mathematik für den Kriegsstaat. Georg Bernhard Bilfinger und die Fortifikation. In: Mathesis, Naturphilosophie und Arkanwissenschaft im Umkreis Friedrich Christoph Oetingers (1702–1782), hg. v. Sabine Holtz, Gerhard Betsch u. Eberhard Zwink (Contubernium. Tübinger Beiträge zur Universitäts- und Wissenschaftsgeschichte Bd. 63), Stuttgart 2005, S. 107–128.

Kessinger, Roland u. Jörg Wöllper: Hohentwiel und Hohenneuffen – Herausragende Beispiele des württembergischen Festungsbaus im Vergleich. In: Hegau 68, 2011, S. 263–280.

Lorenz, Sönke u. Wilfried Setzler (Hg.): Heinrich Schickhardt. Baumeister der Renaissance. Leben und Werk des Architekten, Ingenieurs und Städteplaners, Leinfelden-Echterdingen 1999.

Losse, Michael u. Hans Noll: Burgen, Schlösser und Festungen im Hegau. Wehrbauten und Adelssitze im westlichen Bodenseegebiet (Hegau-Bibliothek Bd. 109), Singen 2001.

Maurer, Hans-Martin: Die landesherrliche Burg in Wirtemberg im 15. und 16. Jahrhundert. Studien zu den landesherrlich-eigenen Burgen, Schlössern und Festungen. (Veröffentlichungen der Kommission für geschichtliche Landeskunde in Baden-Württemberg, Reihe B: Forschungen, Bd. 1), Stuttgart 1958.

Maurer, Hans-Martin: Die Württembergischen Höhenfestungen nach der Schlacht bei Nördlingen. In: Zeitschrift für Württembergische Landesgeschichte 26, 1967, S. 264–315.

Minsker, Yair: The Defortification of the German City 1689–1866, Washington 2012.

Neumann, Hans-Rudolf (Hg.): Historische Festungen im Südwesten der Bundesrepublik Deutschland, Stuttgart 1995.

Ottersbach, Christian: Befestigte Schlossbauten im Deutschen Bund. Landesherrliche Repräsentation, adeliges Selbstverständnis und die Angst der Monarchen vor der Revolution 1815–1866 (Studien zur internationalen Architektur- und Kunstgeschichte 53), Petersberg 2007.

Pflüger, Hellmut: Festungsarchitektur der Barockzeit in Baden-Württemberg. In: Barock in Baden-Württemberg. Vom Ende des Dreißigjährigen Krieges bis zur Französischen Revolution. Ausstellungskatalog Bruchsal, 2 Bde., Karlsruhe 1981, S. 131–144.

Schneider, Alois: Die Burgen im Kreis Schwäbisch Hall. Eine Bestandsaufnahme (Forschungen und Berichte der Archäologie des Mittelalters in Baden-Württemberg Bd. 18, hg. v. Landesdenkmalamt Baden-Württemberg), Stuttgart 1995.

Stein, Günter: Festungen und befestigte Linien des 17. und 18. Jahrhunderts am Oberrhein. In: Barock am Oberrhein, hg. v. Volker Press, Eugen Reinhard u. Hansmartin Schwarzmaier (= Oberrheinische Studien Bd. VI), Karlsruhe 1985, S. 55–106.

Störk, Werner: Der Türkenlouis und seine Schanzen – Verteidigungstechnik im Südschwarzwald. In: Festungsjournal 30, 2007, S. 20–21.

Straßburger, Martin: Im Schatten von Sonne und Doppeladler. Die Verteidigung der Vorderen Reichskreise im 17. und 18. Jahrhundert. In: Alemannisches Jahrbuch 2005/2006, S. 47–161.

Streng, Herrman: Burgen, Schlösser und Ruinen im Raum Tuttlingen = Tuttlinger Heimatblätter NF 39, 1976, S. S. 9–14 und 50–54.

Uhland, Robert: Johann Antoni von Herbort und das württembergische Oberbauamt. Ein Beitrag zur Regierung Herzog Karl Alexanders. In: Neue Beiträge zur südwestdeutschen Landesgeschichte. Festschrift f. Max Müller (Veröffentlichungen der Kommission f. Geschichtliche Landeskunde in Baden-Württemberg, Reihe B: Forschungen, 21. Bd.), Stuttgart 1962, S. 237–264.

Wagner, Heiko: An der Schwelle zur Neuzeit – Die Belagerung der Burg Geroldseck im Jahre 1486. In: Festungsjournal Heft 25, 2005, S. 28–39.

Wagner, Heiko: Theiss Burgenführer Oberrhein – 66 Burgen von Basel bis Karlsruhe, hg. v. Joachim Zeune, Stuttgart 2003.

Weber, Karl-Klaus: Johan van Valckenburgh. Das Wirken des niederländischen Festungsbaumeisters in Deutschland 1609–1625, Köln, Wien u. Weimar 1995.

Wöllper, Jörg: Die Festungen am Bodensee während des 30-jährigen Krieges. In: Festungsbaukunst in Europas Mitte. Festschrift zum 30-jährigen Bestehen der Deutschen Gesellschaft für Festungsforschung, Red. Guido v. Büren (Festungsforschung Bd. 3), Regensburg 2011, S. 245–281.

Wöllper, Jörg: „und dahero/ weil es mit Hand- und Roßmühlen zimlich versehen". Getreidemühlen auf Festungen in Süddeutschland. In: Kasernen – Lazarette – Magazine. Gebäude hinter den Wällen, hg. v. d. Deutschen Gesellschaft f. Festungsforschung e. V. (Festungsforschung Bd. 4), Regensburg 2012, S. 235–266.

Wunder, Bernd: Kleine Geschichte der Kriege und Festungen am Oberrhein 1630–1945, Karlsruhe 2013.

Zu den einzelnen Festungen:

Breisach

Iber, Amand: Die Feste Breisach in der neueren Kriegsgeschichte am Oberrhein (1697–1745), ND Freiburg 2003 (1936).

Jenisch, Bertram: „Grenze einst war ich den Galliern …" – Spuren barocker Festungs- und Belagerungswerke bei Breisach am Rhein. In: Fundberichte aus Baden-Württemberg 20, 1995, S. 845–884.

Steckner, Carl Helmut: Breisach – Grenzfeste – Einfallstor. In: Vorderösterreich nur die Schwanzfeder des Kaiseradlers Die Habsburger im deutschen Südwesten. Ausstellungskatalog, hg. v. Württembergischen Landesmuseum Stuttgart, Stuttgart u. Ulm 1999, S. 373–383.

Weber-Jenisch, Gabriele: Museum für Stadtgeschichte Breisach am Rhein. Führer durch die Dauerausstellung, (Breisach 1993).

Ellwangen, Schloss

Grupp, Anselm: Residenz- und Amtsschloss. Untersuchungen zum Schlossbau in der Fürstprobstei Ellwangen im 17. und 18. Jahrhundert. In: Ellwanger Jahrbuch 2006/2007. Ellwangen 2008, S. 11–462.

Esslinger Burg

Lohrum, Burghard: Die Esslinger Burgstaffel. Bauforschung als Basis für ein Sanierungskonzept. In: Denkmalpflege in Baden-Württemberg 37, 2008, Heft 3, S. 134–139.

Ottersbach, Christian: Die Esslinger „Burg". Eine reichsstädtische Befestigungsanlage als Sinnbild bürgerlicher Macht. In: Marburger Correspondenzblatt zur Burgenforschung Heft 1, 1997/98, Marburg 1999, S. 13–22.

Ottersbach, Christian: Die Esslinger Burg (Der historische Ort 106), Berlin 2000.

Freiburg

Haumann, Heiko u. Hans Schadek (Hg.): Geschichte der Stadt Freiburg im Breisgau, Bd. 2: Vom Bauernkrieg bis zum Ende der habsburgischen Herrschaft, Stuttgart 1994.

Stadt und Festung Freiburg (Veröffentlichungen aus dem Archiv der Stadt Freiburg im Breisgau 22), 2 Bde., Freiburg i. Br. 1988.

Jenisch, Bertram u. Peter Kalchthaler: Weihrauch & Pulverdampf – 850 Jahre Freiburger Stadtgeschichte im Quartier Unterlinden (Archäologische Informationen aus Baden-Württemberg Heft 64), Esslingen 2011.

Heidelberg

Hoppe, Stephan: Die Architektur des Heidelberger Schlosses in der ersten Hälfte des 16. Jahrhunderts. Neue Datierungen und Interpretationen. In: Mittelalter. Schloss Heidelberg und die Pfalzgrafschaft bei Rhein bis zur Reformationszeit. Begleitpublikation zur Dauerausstellung der Staatlichen Schlösser und Gärten Baden-Württemberg, Red.: Volker Rödel (Schätze aus unseren Schlössern Bd. 7), Regensburg ²2002, S. 183–189.

Ludwig, Renate, Manfred Benner u. Ulrich Klein: Tilly vor Heidelberg. Neue Befunde zur Archäologie der frühen Neuzeit. In: Der Winterkönig. Friedrich V. Der letzte Kurfürst aus der oberen Pfalz. Amberg – Heidelberg – Prag – Den Haag, hg. v. Peter Wolf u.a. Katalog zur Bayerischen Landesausstellung 2003 (Veröffentlichungen zur Bayerischen Geschichte und Kultur 46/03), Augsburg 2003, S.132–160.

Pape, Burkhard: Die Befestigungen am Heidelberger Schloss. Bau, Architektur und Funktion der Fortifikationen und die Geschichte der Belagerungen, Neckargemünd-Dilsberg 2006.

Wacker, Heiko P.: Das Heidelberger Schloss. Burg – Residenz – Denkmal, Ubstadt-Weiher, Heidelberg u. Basel 2012.

Wendt, Achim u. Manfred Benner: Das Heidelberger Schloss im Mittelalter. Bauliche Entwicklung, Funktion und Geschichte vom 13. bis zum 15. Jahrhundert. In: Mittelalter. Schloss Heidelberg und die Pfalzgrafschaft bei Rhein bis zur Reformationszeit. Begleitpublikation zur Dauerausstellung der Staatlichen Schlösser und Gärten Baden-Württemberg, Red.: Volker Rödel (Schätze aus unseren Schlössern Bd. 7), Regensburg ²2002, S. 165–181.

Hellenstein

Ackermann, Manfred: Schloß Hellenstein über Heidenheim an der Brenz, Heidenheim 2006.

Heinzelmann, Peter u. Herbert Jantschke: Der Schloßbrunnen Hellenstein. In: Jahrbuch des Heimat- und Altertumsvereins Heidenheim an der Brenz e. V. 2, 1987/88, S. 229–247.

Kreder, Martin u. Manfred Lohmüller: Der Fruchtkasten als Teil von Burg und Schloss Hellenstein in Heidenheim – Bau- und Nutzungsgeschichte. In: Jahrbuch des Heimat und Altertumsvereins Heidenheim an der Brenz e. V. 9, 2001/2002, S. 200–229.

Lehmann, Erhard: Wasserkunst zu Heidenheim. In Jahrbuch des Heimat- und Altertumsvereins Heidenheim an der Brenz e. V. 11, 2005/2006, S. 214–229.

Hochburg

Brinkmann, Rolf: Burgruine Hochburg. Heimatkundliche Reihe im Verlag Kesselring, Emmendingen 1984.

Brinkmann, Rolf: Die Hochburg bei Emmendingen (Führer Staatliche Schlösser und Gärten), München u. Berlin ²2007.

Hohenasperg

Arnold, Susanne: Wiederentdeckung einer Kasematte auf dem Hohenasperg, Gde. Asperg, Kreis Ludwigsburg. In: Archäologische Ausgrabungen in Baden-Württemberg 1996, Stuttgart 1997, S. 294–297.

Bleyer, Hans-Jürgen: Der Kellereibau auf dem Hohenasperg. In: Südwestdeutsche Beiträge zur historischen Bauforschung Bd. III, 1996, S. 27–42.

Maurer, Hans-Martin: Ruhm und Fall des Hohenasperg. – Das Drama der ersten Landesfestung im Dreißigjährigen Krieg. In: Ludwigsburger Geschichtsblätter 24, 1972, S. 97–113.

Sauer, Paul: Der Hohenasperg. Fürstensitz – Höhenburg – Bollwerk der Landesverteidigung, Stuttgart 2004.

Hohenneuffen

Bär, Walter: Der Neuffen. Geschichte und Geschichten um den Hohenneuffen, Neuffen 1995.

Schön, Theodor: Die Viereckschanze hinter dem Hohenneuffen. In: Blätter des Schwäbischen Albvereins Nr. XII, 1906. , Heft 12, S. 388–390.

Werner, H.: Neuere Untersuchungen über die bauliche Entwicklung des Hohen-Neuffen. In: Der Burgwart 39, 1938, S. 10–16.

Hohenschramberg

Roth, Oskar: Die Jahreszahlen auf der Hohenschramberg. In: D'Kräz. Beiträge zur Geschichte der Stadt und Raumschaft Schramberg 16, 1996, S. 2–11.

Schramberg. Adelsherrschaft – Marktflecken – Industriestadt, hg. v. Museums- und Geschichtsverein Schramberg e. V. u. der Großen Kreisstadt Schramberg, Schramberg 2004, S. 105–114.

Späth, Lothar: Die Beschreibung der Hohenschramberg von 1610. In: D'Kräz. Beiträge zur Geschichte der Stadt und Raumschaft Schramberg 15, 1995, S. 17–21.

Hohentübingen

Eimer, Manfred: Tübingen. Burg und Stadt bis 1600, Tübingen 1945.

Frommer, Heike: Ein politisches Manifest. Das untere Tübinger Schlossportal. In: Denkmalpflege in Baden-Württemberg 33, 2004, Nr. 1, S. 30–35.

Hannmann, Eckart: Das Schloß in Tübingen. Sanierung des Süd- und Westflügels. In: Denkmalpflege in Baden-Württemberg 15, 1986, Nr. 3, S. 93–101.

Koch, Albert: Beiträge zur Geschichte des Schlosses Hohentübingen. In: Württembergische Vierteljahreshefte NF 6, 1897, S. 192–241.

Schloss Hohentübingen. Zweiter Bauabschnitt. Untersuchung des historischen Baubestandes. Vorschläge für die künftige Nutzung, hg. v. d. Staatlichen Hochbauverwaltung Baden-Württemberg, Universitätsbauamt Tübingen, Tübingen 1986.

Hohentwiel

Berner, Herbert (Hg.): Hohentwiel. Bilder aus der Geschichte des Berges, Konstanz 1957.

Bumiller, Casimir: Hohentwiel. Die Geschichte einer Burg zwischen Festungsalltag und großer Politik, Konstanz 1997.

Jenisch, Bertram: Neue Waffen verändern die Kriegsführung – Frühe Handgranaten vom Hohentwiel bei Singen, Kr. Konstanz und aus Freiburg, Kr. Freiburg. In: Entdeckungen – Höhepunkte der Landesarchäologie 2007–2010. Ausstellungskatalog, hg. v. Landesamt f. Denkmalpflege im Regierungspräsidium Stuttgart in Verbindung mit den Fachreferaten für Denkmalpflege in den Regierungspräsidien, Esslingen 2011, S. 180–183.

Kessinger, Roland: Ansätze zur Baugeschichte des Hohentwiel. Herzoglicher Wohnsitz, Kloster, Burg, Festung und Ruine. In: Marburger Correspondenzblatt zur Burgenforschung Bd. 4, 2003/2004, S. 37–50.

Kessinger, Roland u. Klaus Michael Peter (Hg.): Hohentwiel-Buch. Kaiser, Herzöge, Ritter, Räuber, Revolutionäre, Jazzlegenden, Singen u. Bonn 2002.

Kessinger, Roland u. Jörg Wöllper: Ansätze zur Baugeschichte der unteren Festung auf dem Hohentwiel. In: Hegau 61, 2004, S. 159–178.

Hohenurach

Maurer, Hans-Martin: Hohenurach als Beispiel einer württembergischen Landesfestung. Aufbau, Organisation, Standrecht, Bewährung. In: Burgen und Schlösser 1975/I, S. 1–9.

Hohenzollern

Bothe, Rolf: Burg Hohenzollern: von der mittelalterlichen Burg zum national-dynastischen Denkmal im 19. Jahrhundert, Berlin 1979.

Lindeiner, Christoph, gen. v. Wildau: Burg Hohenzollern als preußisch-deutsche Garnison und befestigter Platz. Zum 100. Gedenktag der Einweihung der wiederhergestellten Burg. In: Zeitschrift für Hohenzollerische Geschichte 3, 1967, S. 53–131.

Honburg

Koch, Albert: Burgruine Honburg bei Tuttlingen. In: Blätter des Schwäbischen Albvereins XVIII, 1906, Nr. 11, S. 103–106.

Neues von unserem Honberg und anderen Burgen im Tuttlinger Raum. In: Tuttlinger Heimatblätter NF 15/16, 1959, S. 38–46.

Isteiner Klotz

Fröhle, Claude: Der Isteiner Klotz in der Konzeption der Westbefestigungen in den Jahren 1936–1945. In: Das Markgräflerland Bd. 1, 2012, S. 67–72.

Kühn, Hans Jürgen: Der Isteiner Klotz in der Konzeption des Westwalls. In: Zeitschrift für Festungsforschung 1987, S. 33–39.

Fröhle, Claude u. Hans-Jürgen Kühn: Die Befestigung des Isteiner Klotzes 1900–1945. Annäherung an eine Festungsgeschichte, Herbolzheim 1996.

Reinhardt-Fehrenbach, Gitta: Kaiserliche Festung – Der Westwall in Baden-Württemberg (4) – Kalter Krieg. Das Sanitätshauptdepot im Isteiner Klotz (Lkr. Lörrach). In: Denkmalpflege in Baden-Württemberg 40, 2011, Heft 4, S. 235–238.

Schülin, Fritz, Hermann Schäfer, Hermann u. Pius Schwarz: Istein und der Isteiner Klotz – Beiträge zur Orts-, Landschafts- und Wehrgeschichte, Istein ³1994.

Kirchberg

Grünenwald, Elisabeth: Schloß Kirchberg an der Jagst. Baugeschichte und Parkanlagen von 1590 bis 1800. In: Württembergisch Franken NF 28/29, 1953/54, S. 178–224.

Sandel, Theodor (Bearb.): Kirchberg an der Jagst. Schicksal einer hohenlohe-fränkischen Stadt, Nürnberg 1936.

Kirchheim u. Teck

Fleischhauer, Werner: Die Befestigung der Stadt Kirchheim im 16. Jahrhundert. In: Schwäbische Heimat 2, 1969, S. 139–148.

Kilian, Rainer (Hg.): Kirchheim unter Teck. Marktort, Amtsstadt, Mittelzentrum, Kirchheim u. T. 2006.

Laskowski, Rainer: Mit Wallbüchsen auf Angreifer im Graben bei der Bastion. Neues zur Kircheimer Stadtbefestigung. In: Beiträge zur Heimatkunde des Bezirks Kirchheim unter Teck Heft 67 NF, 2004, S. 29–31.

Müller, Winfried: Die Anfänge der Wasserversorgung. Das Pumpwerk am Jesinger Tor (1660). In: Stadt Kirchheim unter Teck, Schriftenreihe des Stadtarchivs Heft 2, 1984, S. 61–71.

Ottersbach, Christian: Ein vest und wehrhaft gebäw. Kirchheim und sein Schloss als Landesfestung. In: Schloss Kirchheim unter Teck. Landesfestung – Witwensitz – Schlossmuseum. Schloss und Stadt in Frauenhand, Stuttgart 2007, S. 4–7.

Küssaburg

Weiß, Andreas u. Christian Ruch: Die Küssaburg, o. O. 2009.

Wellenreuther, Ernst: Die Küssaburg. In: Heimat am Hochrhein. Schriftenreihe des Landkreises Waldshut 2, 1965/66, S. 9–18.

Langenburg

Doerstling, Steffen: Das Schloß Langenburg in Hohenlohe. In: Württembergisch Franken 43, 1959, S. 5–51.

Taddey, Gerhard: Neue Forschungen zur Baugeschichte von Schloß Langenburg. In: Württembergisch Franken 63, 1979, S. 13–45.

Neckar-Enz-Stellung

Arnold, Götz: Die Neckar-Enz-Stellung. Militärischer Schutzwall nach dem Ersten Weltkrieg. In: Ludwigsburger Geschichtsblätter 57, 2003, S. 115–144.

Kiener, Till: Die Neckar-Enz-Stellung. Eine Einführung in die Geschichte und Technik. Begleitheft für den Besuch des Museumsbunkers Ro 1 in Bissingen, Bietigheim-Bissingen u. Nürtingen 2003.

Rastatt

Hank, Peter: Staatsliberale Großprojekte und Bundesfestung. In: Rastatt und die Revolution von 1848/49. Vom Rastatter Kongreß zur Freiheitsfestung, hg v. Peter Hank, Heinz Holczek u. Martina Schilling (Stadtgeschichtliche Reihe Bd. 6), Rastatt 1999, S. 179–228.

Rößler, Karl Josef: Kampf um den Bau und die Besatzung der Festung Rastatt. In: Die Ortenau 42, 1962, S. 264–273.

Schindhelm, F. W.: Die Festung Rastatt. In: Um Rhein und Murg. Heimatbuch des Landkreises Rastatt, Bd. 2, 1962, S. 85–113.

Schott, Rudolf: Die Festung Rastatt in den Jahren 1700 bis 1707. In: Militärgeschichtliche Mitteilungen 41, 1987, S. 15–36.

Wollenschneider, Rainer u. Michael Feik: Bundesfestung Rastatt. In Erinnerung an die Grundsteinlegung am 18. Oktober 1844, Ötigheim 1994.

Zepf, Markus: Die Bundesfestung Rastatt. „Badens Glück" oder Rastatts Korsett. In: „Aus langem Schlaf erwacht." Die moderne Entwicklung Rastatts nach der Entfestigung 1890–1814, hg. v. Iris Baumgärtner u. Wolfgang Reiß, Rastatt 2009, S. 13–28.

Burg Rötteln

Krüger, Jürgen: Burg Rötteln, München u. Berlin 2006.

Wagner, Heiko: Burg Rötteln bei Lörrach. Baubegleitung und erster Survey an einer der größten Burgruinen des Landes. In: Archäologische Ausgrabungen in Baden-Württemberg 2011, Stuttgart 2012, S. 288–293.

Schorndorf

Arnold, Susanne: Anlage und Ausbau der Landesfestung Schorndorf, Rems-Murr-Kreis, im 16. Jahrhundert. In: Archäologische Ausgrabungen in Baden-Württemberg 1992, Stuttgart 1993, S. 372–374.

Hartmayer, Ralf: Eine wehrhafte Stadt – neue Befunde im Daimler-Carré in Schorndorf, Rems-Murr-Kreis. In: Archäologische Ausgrabungen in Baden-Württemberg 2001, Stuttgart 2002.

Rösler, Immanuel: Die Festungspläne Schorndorfs aus dem 17. Jahrhundert. In: Heimatbuch für Schorndorf und Umgebung 1958, S. 33–49.

Schahl, Adolf (Bearb.): Die Kunstdenkmäler des Rems-Murr-Kreises (Die Kunstdenkmäler in Baden-Württemberg, hg. v. Landesdenkmalamt Baden-Württemberg), München 1983, S. 868–874 u. 934–938.

Schneider, Alois: Vom militärischen Großprojekt zum archäologischen Kulturdenkmal. Die Demolierung der württembergischen Landesfestung Schorndorf im 19. Jahrhundert. In: Denkmalpflege in Baden-Württemberg 41, 2012, Heft 4, S. 212–217.

Zeyher, Reinhold: Aus dem Inventurverzeichnis von 1587 über Geschütze und Munition im Burgschloss. In: Heimatblätter 17, 2003, S. 119–123.

Überlingen

Telle, Wilhelm: Die Überlinger Stadtbefestigung. In: Schriften des Vereins für Geschichte des Bodensees und seiner Umgebung Heft 54, 1926, S. 142–203.

Ulm

Burger, Matthias: Die Bundesfestung Ulm. Deutschlands größtes Festungsensemble, Ulm 2006.

Palaoro, Simon: Stadt und Festung. Eine kleine Geschichte der Bundesfestung Ulm (Kleine Schriftenreihe des Stadtarchivs Ulm Bd. 6, hg. v. Michael Wertengel), Ulm 2009.

Schäuffelen, Otmar: Die Bundesfestung Ulm – Bestand, Zustand, Nutzung. In: Vielfältige Ansätze – einheitliches Ziel, Festungsforschung international. Beiträge zur Exkursionstagung der DGF aus Anlaß „150 Jahre Bundesfestung Ulm" (Schriftenreihe Festungsforschung Bd. 12, hg. v. Volker Schmidtchen), Wesel 1994, S. 9–34.

Scheschkewitz, Jonathan u. Hans Lang: Bis zur Sohle des Ulmer Stadtgrabens. In: Archäologische Ausgrabungen in Baden-Württemberg 2011, Stuttgart 2012, S. 257–260.

Westwall

Armbruster, Frank: Der Westwall – vom Unerfreulichen zum Denkmalwert. In: Die Ortenau 91, 2011, S. 463–476.

Herden, Ralf Bernd: Das „Führerhauptquartier Tannenberg" auf dem Kniebis. In: Die Ortenau 82, 2002, S. 681–684.

Kieser, Clemens: „Westwall" – Weder Schutzwall noch Baukunst. Die militärischen Westbefestigungen des Nationalsozialismus in Baden-Württemberg. In: Denkmalpflege in Baden-Württemberg 39, 2010, Heft 4, S. 247–252.

Threuter, Christina: Westwall. Bild und Mythos. (IMHOF-Zeitgeschichte), Petersberg 2009.

Wein, Friedrich: Der Westwall (3). Die Flugabwehrstellung Hornisgrinde (Ortenaukreis). In: Denkmalpflege in Baden-Württemberg 40, 2011, Heft 3, S. 168–169.

Wijnands, Patrice: Der Westwall in Baden-Württemberg (2). Der Ettlinger Riegel. In: Denkmalpflege in Baden-Württemberg 40, 2011, Heft 2, S. 118–119.

Wijnands, Patrice: Der Westwall in Baden-Württemberg (5). Die „Korker Waldstellung". In: Denkmalpflege in Baden-Württemberg 41, 2012, Heft 1, S. 52–53.

Wertheim

Rödel, Volker: Archivische Quellen zur Baugeschichte der Burg Wertheim. Inventar. In: Wertheimer Jahrbuch 1995, S. 251–292.

Uhl, Stefan: Die Vorbefestigungen der Burgruine Wertheim. In: Zwinger und Vorbefestigungen, hg. i. A. d. Landesgruppen Sachsen, Sachsen-Anhalt und Thüringen der Deutschen Burgenvereinigung e. V. v. Heinz Müller u. Reinhard Schmitt, Langenweißbach 2007, S. 137–140.

Wibel, Ferdinand: Die alte Burg Wertheim am Main und die ehemaligen Befestigungen der Stadt. Nach architektonischen, geschichtlichen und culturhistorischen Gesichtspunkten untersucht und mit Benutzung der hinterlassenen Arbeiten des Professor Karl Wibel, Freiburg i. Br., Leipzig 1895.

Wildenstein

Uhl, Stefan: Zimmerische Burg- und Schlossbauten im 15. und 16. Jahrhundert. In: Mäzene, Sammler, Chronisten. Die Grafen von Zimmern und die Kultur des schwäbischen Adels, hg. v. Casimir Bumiller, Bernhard Rüth u. Edwin Ernst Weber. Ausstellungskatalog Meßkirch u. Rottweil, Stuttgart 2012, S. 204–216.

Wohleb, Joseph: Das Schloß Meßkirch und die Burgen Wildenstein und Falkenstein in den Inventaren des 17. Jahrhunderts. In: Zeitschrift für die Geschichte des Oberrheins 107, 1959, S. 468–482.

Zu weiteren Objekten aus dem Einleitungsteil:

Beisel, Peter: Schlösser, Burgen, Wehranlagen. In: Villa Biscovesheim. Neckarbischofsheim 988–1988. Heimatgeschichtliche Beiträge aus dem Leben einer Kraichgaustadt, hg. v. Verein f. Heimatpflege, Neckarbischofsheim 1988, S. 78–93.

Bezzel, Oskar: Die Festung Mannheim im 18. Jahrhundert. In: Mannheimer Geschichtsblätter XXVII, 1926, Nr. 3, Sp. 62–69, u. Nr. 4, Sp. 76–85.

Fritsche, Iris: Burg Amlishagen. Baugeschichte der Anlage aufgrund der archäologischen Untersuchungen (Materialhefte zur Archäologie 38, hg. v. Landesdenkmalamt Baden-Württemberg), Stuttgart 1996.

Huth, Hans (Bearb.): Die Kunstdenkmäler des Stadtkreises Mannheim (Die Kunstdenkmäler in Baden-Württemberg, hg. v. Landesdenkmalamt Baden-Württemberg), München 1982.

Jenisch, Bertram: Neue Aspekte zur Villinger Stadtbefestigung. In: Denkmalpflege in Baden-Württemberg 23, 1994, Heft 3, S. 100–108.

Kull, Walter: Festung Freudenstadt. Ein Beitrag zur Heimatkunde der Stadt Freudenstadt und zur Geschichte des Festungsbaus (Freudenstädter Beiträge zur geschichtlichen Landeskunde zwischen Neckar, Murg und Kinzig Nr. 4/1985), Freudenstadt 1985.

Pfefferkorn, Wilfried: Vorbefestigungen der Burg Rechberg. In: Zwinger und Vorbefestigungen, hg. i. A. der Landesgruppen Sachsen, Sachsen-Anhalt u. Thüringen der Deutschen Burgenvereinigung e. V. v. Heinz Müller u. Reinhard Schmitt, Langenweißbach 2007, S. 165–172.

Pfefferkorn, Wilfried u. Ernst Eberhard Schmidt: Burg Vaihingen genannt Schloß Kaltenstein. Das Bauwerk und seine Geschichte (Beihefte zur Schriftenreihe der Stadt Vaihingen a. d. Enz 3), Vaihingen 1997.

Remmele, Martin: Die Entwicklung der mittelalterlichen Stadtbefestigung von Wimpfen am Berg. In: Forschungen und Berichte der Archäologie des Mittelalters in Baden-Württemberg Bd. 8, 1983, S. 423–442.

Sauer, Benedikt: Die Festung Mannheim. In: Die Wittelsbacher am Rhein. Die Kurpfalz und Europa. Begleitband zur 2. Ausstellung der Länder Baden-Württemberg, Rheinland-Pfalz und Hessen, hg. v. d. Reiss-Engelhorn Museen Mannheim u. d. Staatlichen Schlössern und Gärten Baden-Württemberg (Publikationen der Reiss-Engelhorn-Museen Mannheim Bd. 60), Bd. II: Neuzeit; Regensburg 2013, S. 276–279.

Schmidt, Erhard: Das Obere Bollwerk in Reutlingen. In: Archäologische Ausgrabungen n Baden-Württemberg 1988, Stuttgart 1989, S. 323–327.

Schmidtchen, Volker (Hg.): Festung im Spiegel der Quellen. Im Mittelpunkt: Die Reichsfestung Philippsburg (Schriftenreihe zur Festungsforschung Bd. 7), Wesel 1988.

Stadler, Benedikt: Mannheim im Barockzeitalter – Relikte aus kriegerischen Zeiten. In: Archäologische Ausgrabungen in Baden-Württemberg 2011, Stuttgart 2012, S. 261–264.

Strobel, Richard: Die Burgruine Hohenrechberg, Stadt Schwäbisch Gmünd. In: Burgen und Schlösser 3, 2005, S. 162–175.

Teschauer, Otto: Philippsburg, Lkr. Karlsruhe – die ehemalige Reichsfestung. In: Karlsruhe und der Oberrheingraben zwischen Baden-Baden und Philippsburg. Führer zu archäologischen Denkmälern in Deutschland Bd. 16, hg. v. Landesdenkmalamt Baden-Württemberg, Stuttgart 1988, S. 102–108.

Wein, Friedrich: Drei rechtsrheinische Forts von Straßburg bei Kehl. In: Straßburg. Die Geschichte seiner Befestigungen. Fortifikation, Sonderausgabe 3, Saarbrücken [4]1998, S. 175–177.

Hinweise zur Besichtigung

Breisach

Stadtmuseum im Rheintor, geöffnet
Di–Fr 14–17 Uhr,
Sa, So u. Feiertag 11:30–17 Uhr

Information:
Breisach-Touristik, Marktplatz 16,
79206 Breisach
Tel. 07667/940155
www.breisach.de

Ellwangen

Höfe und Außenbereiche frei zugänglich,
das Museum geöffnet Di–Fr 14–17 Uhr,
Sa, So u. Feiertag 10:30–16:30 Uhr

Information:
Tel. 07961/54380
www.schlossmuseum-ellwangen.de

Esslingen

Ganzjährig frei zugänglich ◉

Information:
Esslinger Stadtmarketing und Tourismus
GmbH, Marktplatz 16, 73728 Esslingen
Tel. 0711/396939-69
www.tourist.esslingen.de

Freiburg i. Br.

Festungsrelikte auf dem Schlossberg und die
Hügel der ehem. Bastionen im Stadtgebiet
frei zugänglich. Museum für Stadtgeschichte, Münsterplatz 30, 79098 Freiburg: Di–So
10–17 Uhr

Information:
www.kuratorium-schlossberg.de

Heidelberg

Tgl. geöffnet 8–18 Uhr, letzter Einlass 17:30
Uhr, 24. Dez. 8–13 Uhr, 25. Dez. geschlossen.
Innenräume und Dauerausstellung nur mit
Führungen zugänglich. Ausführliche Sonder-
führung (mehrstündig!) durch die Festungs-
anlagen zu bestimmten Terminen ◉

Information:
Tel. 06221/65888-0
www.schloss-heidelberg.de

Hellenstein

Heidenheim a. d. Brenz
Hof frei zugänglich. Museum Schloss
Hellenstein u. Museum für Chaisen und
Karren geöffnet 1. April – 31. Okt. Di–Sa
10–12, 14–17 Uhr. So u. Feiertage 10–17 Uhr

Information:
Historische Museen und Archiv,
Grabenstraße 15,
89522 Heidenheim a. d. Brenz
Tel. 07321/327-4710
www.heidenheim.de

Hochburg

Emmendingen
Tgl. 7–21 Uhr frei zugänglich. Zahlreiche
Funde der Freilegungen sind in einem
Museum auf der Burg ausgestellt. Geöffnet
1. April – 31. Oktober So u. Feiertags
13–17 Uhr

Informationen:
Verein zur Erhaltung der Hochburg e. V.,
Landvogtei 10, 79312 Emmendingen
Tel. 07641/452-0
Tourist-Information Emmendingen
Tel. 07641/19433
www.hochburg-emmendingen.de
 www.hochburg.de

Hohenasperg

Asperg
Landesjustizvollzugskrankenhaus. Die Außen-
anlagen sind frei zugänglich. Gedenkstätte
April-Okt. Do-So 10–18 Uhr ◉

Information:
Tel. 0711/212-3989
www.hohenasperg-museum.de

Hohenneuffen

Neuffen
Frei zugängliche Ruine; Oberburg geöffnet
April–Okt. Mi–Sa 9–22 Uhr, So 9–19 Uhr,
Nov.–März Mi–So 10–18 Uhr 📷

Information:
Tel. 07025/2206
www.schloesser-magazin.de
www.hohenneuffen.de

Hohenschramberg

Schramberg
Frei zugängliche Burgruine 📷

Information:
Bürgerservice und Touristinformation Talstadt,
Hauptstraße 25
Tel. 07422/29-215
www.schramberg.de

Hohentübingen

Tübingen
Die Außenanlagen und der Hof sind bis 20 Uhr
frei zugänglich. Im Schloss Museum der Universität Tübingen zu Kulturen des Altertums,
geöffnet Mi–So 10–17 Uhr, Do bis 19 Uhr

Information:
Tel. 07071/2977384
www.uni-tuebingen.de/uni/qms

Hohentwiel

Singen
Geöffnet tgl., 1. April – 15. Sept. 9–19:30 Uhr,
16. Sept. – 31. Okt. 10–18 Uhr, 1. Nov. –
31. März 11–16 Uhr; letzter Einlass jeweils
eine Stunde vor Schließung
Im ehem. Wirtschaftshof Besucherzentrum
mit Festungsmodell 📷

Information:
07731/69178
www.festungsruine-hohentwiel.de

Hohenurach

Bad Urach
Frei zugängliche Burgruine, derzeit wegen Re-
novierungsarbeiten nur eingeschränkt
begehbar.

Information:
Tel. 07125/9432-0
www.badurach.de

Hohenzollern

Bisingen
Die Burg ist tgl. gegen Eintrittsgebühr geöffnet, vom 16.März – 31. Okt. 10–17:30 Uhr,
1. Nov. – 15. März 10–16:30 Uhr. Besichtigung
der Innenräume nur mit Führung 📷

Information:
Tel. 07471/2428
www.burg-hohenzollern.com

Honburg

Tuttlingen
Frei zugängliche Burgruine oberhalb von
Tuttlingen.

Information:
Rathaus Tuttlingen Tel.: 07461/99-254 oder 340
www.tuttlingen.de

Isteiner Klotz

Efringen-Kirchen, Istein
Festungsrelikte im Wald meist frei zugänglich
(Klotzennase als Naturschutzgebiet umzäunt).

Information:
Tel. 07628/351
www.istein.de

Kirchberg a. d. Jagst

Im Schloss ist das Alten- und Pflegeheim der
Evang. Heimstiftung untergebracht. Höfe frei
zugänglich.

Information:
Tel. 07954/802-0
www.ev-heimstiftung.de

Kirchheim u. Teck

Festungsanlagen außen frei zugänglich. Durch
die Kasematten werden zu bestimmten Terminen Sonderführungen angeboten.
Das Schlossmuseum (Schlossplatz 8) ist
geöffnet 1. Mai – 1. Nov. Mi u. Sa 14–17 Uhr,
So u. Feiertags 13.30–17:30 Uhr

Information:
Verwaltung der Staatlichen Schlösser und
Gärten Baden-Württemberg
Tel. 07071/6028-02
www.schloss-kirchheim.de

Küssaburg

Küssaberg
Ruine ganzjährig frei zugänglich 🍴

Information:
Touristinformation Küssaberg, Gemeindezentrum 1, 79790 Küssaberg-Rheinheim
Tel. 07741/6001-45
www.kuessaberg.info
www.kuessaburg.com

Langenburg

Außenanlagen frei zugänglich, das Schlossinnere nur mit Führungen. Geöffnet April bis Okt. Di-Fr 11–17 Uhr, Sa, So, Feiertags 10:30–18 Uhr; Okt., Nov. Sa, So, Feiertags 10:30–17 Uhr

Information:
Tel. 07905/9419034
www.schloss-langenburg.de

Lichtenstein

Hof gegen Eintritt zugänglich, das Innere nur mit Führungen. Öffnungszeiten: April–Okt. tgl. 9–17:30 Uhr, Nov., Feb. u. März Sa, So u. Feiertags 10–16 Uhr 🍴

Information:
Tel. 07129/4102
www.schloss-lichtenstein.de

Neckar-Enz-Stellung

Bietigheim-Bissingen
Zu besichtigen ist der Museumsbunker Ro 1 im Waldstück Brandhalde, geöffnet: Jeder 1. So im April, Juli u. Sept. 11–17 Uhr Entlang des Bunkerweges Forst lassen sich noch weitere Reste der Stellung begehen, darunter Bunker 302.

Information:
Geschichtsverein Bietigheim-Bissingen e. V.
Tel. 07142/74-364 oder -365
www.geschichtsverein-bietigheim-bissingen.de
www.neckar-enz-stellung.de

Rastatt

Reste der Bundesfestung im Außenbereich frei zugänglich. Führungen durch die Kasematten durch den Historischen Verein Rastatt e. V. nach Voranmeldung oder am 3. Wochenende im Monat Sonntagsführungen (Vorankündigung in Tagespresse und Internet).
Wehrgeschichtliches Museum (Herrenstraße 18): Di-So, Feiertags, 1. April – 31. Okt. 10–17 Uhr, 1. Nov. – 31. März 10–16:30 Uhr
Erinnerungsstätte für die Freiheitsbewegungen in der deutschen Geschichte: So–Do 9:30–17 Uhr, Fr 9:30–14 Uhr, Sa geschlossen
Stadtmuseum (Herrenstraße 11): Do–Sa 12–17 Uhr, So u. Feiertags 11–17 Uhr

Information:
www.wgm-rastatt.de, Tel. 07222/34244
www.stadtmuseum-rastatt.de,
Tel. 07222/972-8400
www. hist-ver-rastatt.de
www.bundesfestung-rastatt.de

Rötteln

Lörrach
Geöffnet Mitte März bis Mitte Nov. tgl. 10–18 Uhr, letzter Einlass 17:30 Uhr, Mitte Nov. bis Mitte März Sa, So u. Feiertags 11–16 Uhr, letzter Einlass 15:30 Uhr

Information:
Tel. 07621/56494 (Röttelnbund)
www. burgruine-roetteln.de
www.schloesser-und-gaerten.de

Schorndorf

Überreste der Schlossbastion frei zugänglich, im Schloss Behördennutzung, Hof und Außenbereich frei zugänglich.

Information:
Stadtinformation Schorndorf, Marktplatz 1
Tel. 07181/602-140
www.schorndorf.de

Überlingen

Außenanlagen in großen Teilen zugänglich und durch Rundweg erschlossen. Die Befestigungen werden auch im Rahmen der Stadtführungen besichtigt.
Städtisches Museum Überlingen:
Öffnungszeiten bitte erfragen.

Informationen:
Kur- und Touristik GmbH, Landungsplatz 5
Tel. 07551/94715-22
www.ueberlingen-bodenseee.de

Ulm

Die Außenanlagen der meisten Festungswerke frei zugänglich, die Forts, Wilhelmsburg, Wilhelmsfeste und einzelne Bastionen sind unterschiedlich privat genutzt. Festungsmuseum und Gedenkstätte Oberer Kuhberg:
So 14–17 Uhr
In der Kehlkaserne der Oberen Donaubastion Donauschwäbisches Zentralmuseum Ulm (Schillerstr. 1), geöffnet: Di–So 11–17 Uhr

Information:
Förderverein Bundesfestung Ulm e. V.
www.festung-ulm.de, Tel. 0731/1598779
Verein Dokumentationszentrum Oberer Kuhberg e.V.
www.dzokulm.telebus.de, Tel. 0731/21312

Wertheim

Die Burgruine ist geöffnet tgl. eine Woche vor Ostern bis 15. Okt. 9–22 Uhr, 16.Okt. bis eine Woche vor Ostern 10:30–16 Uhr

Information:
Tourismus Wertheim GmbH, Gerbergasse 16
Tel. 09342/93509-0
www.wertheim.de

Westwall

Regelbau 10 in Rastatt ist nach Voranmeldung zu besichtigen.

Information:
Tel. 07222/35173
www. hist-ver-rastatt.de

Wildenstein

Leibertingen
Die Burg dient als Jugendherberge, Hofraum frei zugänglich

Information:
Tel. 07466/411
www.leibertingen-wildenstein.jugendherberge-bw.de

Glossar

Armierung: Ausrüstung einer Festung mit Artillerie

Artillerie: schwere, weitreichende Feuerwaffen (Kanonen, Mörser)

Barbakane (Torzwinger): einem Tor vorgelagerte Befestigung, meist jenseits des Grabens, manchmal ebenfalls von Gräben umgeben

Bastei s. Rondell

Bastion: im Grundriss fünfeckiger, vor die Kurtinen tretender Wehrbau zur Aufstellung von Kanonen, der kasemattiert sein kann. Die Bastion setzt sich zusammen aus zwei Flanken, zwei Facen und einer Kehle.

Bastionsohr (Orillon): Verlängerung der Face über die Flanke einer Bastion zur Deckung der Geschütze in den Flankenstellungen gegen Einsichtnahme und direkten Beschuss

Batterie: Stellung für mehrere Geschütze

Berme: waagrechter Böschungsabsatz eines Walles

Blockhaus: bombensicher gewölbtes Gebäude im Außenbereich einer Festung

Bollwerk: besonders starkes Bauwerke einer Festung. Oberbegriff für Artillerieplattformen wie Rondelle und Bastionen

Brustwehr: mannshohe Brüstungsmauer oder -wall, tlw. mit Schießscharten, zur Deckung der Verteidiger, über die hinweg gefeuert werden kann

Bunker: bombensicherer, aus Stahl und Beton errichteter Unterstand, als Luftschutzbunker rein defensiver Natur

Carnotsche Eskarpenmauer: krenelierte, frei stehende Mauer am Fuße eines Walles

Defensionskaserne: verteidigungsfähige, befestigte Soldatenunterkunft

Detachiertes Werk: ins Umfeld einer Festung vorgeschobenes, selbständiges Werk

Enceinte: Umwallung einer Festung

Eskarpe: Außenwand einer Kurtine oder einer Bastion

Face: dem Angreifer zugewandte Frontseite einer Bastion

Flanke: seitlicher Teil eines Werkes, von dem aus der Graben, die anschließenden Wall-/Mauerabschnitte und das Vorfeld mit Flankierungsfeuer bestrichen werden können

Fort: kleine, selbständige, rein militärische Befestigung, die sich oftmals als vorgeschobenes Werk größerer Festungen findet

Gedeckter Weg: durch die Brustwehr des Glacis gedeckter Umgang auf der Kontereskarpe als äußerste Verteidigungsstellung, in der Regel durch Palisaden und Verhaue verstärkt. In den einspringenden Punkten lagen durch Traversen abgegrenzte dreieckige Waffenplätze zur Aufstellung von Geschütz.

Geschützturm: für die Verteidigung mit Wallbüchsen oder Kanonen gedachter Turm mit besonders dicken Mauern, der die Enceinte überhöht

Glacis: freies Schussfeld einer Festung, meist als nach außen flach geneigter Wall mit Schützengang (gedeckter Weg) und Waffenplätzen ausgeführt

Grabenkoffer s. Kaponniere

Gürtelfestung: Festung mit einem weit vorgeschobenen Außenring von Forts und Vorwerken.

Hohltraverse: kasemattiertes, erdgedecktes Bauwerk auf dem Wall quer zur Brustwehr als Schutz der Geschützstellungen gegen Querschläger und bombensicherer Rückzugsraum für Mannschaft und Material bei Artilleriebeschuss

Hornwerk: aus zwei Halbbastionen und einer verbindenden Kurtine geschaffenes Werk

Kapitalpoterne: zentrales Tor mit Tunnel in den Forts des späten 19. Jh., von dem aus die Verbindungsgänge zu den Kasematten, Streichwehren, Treppenaufgängen und Munitionsdepots führen

Kapitaltraverse: hoher, kasemattierter Erdbau in der Mittellinie eines Forts, der die Kapitalpoterne aufnimmt

Kaponniere (Grabenkoffer, Grabenwehr, Streichwehr): niedriges, im Graben liegendes, kasemattiertes Bauwerk zur Flankierung von Mauern und Kurtinen

Kasematte: schusssicherer und zur Verteidigung mit Schießscharten ausgestatteter Hohlraum

Kavalier (Katze): überhöhender Aufbau auf einer Bastion oder hinter einer Mauer/einem Wall für Fernfeuer

Kehle: offene und nur durch eine einfache Mauer geschlossene Innenseite einer Bastion, eines Vorwerks oder Forts

Kontergarde: Deckwall vor einer Bastion mit Geschützstellungen

Kontereskarpe: äußere, gemauerte Grabenwand, Gegenstück zur Eskarpe

Kordongesims: von ital. **cordone** = Gürtel. Meist gerundeter, umlaufender Sims zwischen dem unteren geböschten Teil einer Mauer oder eines Walles und dem senkrecht aufgeführten oberen Abschnitt. Typisches Zierelement der Festungsbaukunst

Krenelierte Mauer: Mauer mit dicht gereihten Schießscharten

Kronwerk: Festungswerk aus einer zentralen Bastion und zwei flankierenden Halbbastionen

Kurtine: Wall-/Mauerabschnitt zwischen zwei Bastionen, Rondellen oder Türmen

Linienbefestigung: fortlaufende und geschlossene Linie von permanenten oder passageren Festungswerken

Lünette: Vorwerk in Form einer in der Kehle offenen Bastion

Manier: Befestigungsweise. Man unterscheidet verschiedene Befestigungsmanieren, so z. B. die bastionäre Manier oder die polygonale Manier.

Maschikuli: durch die Konsolen einer vorkragenden Brustwehr geschaffene Reihe von Senkscharten zur Verteidigung des Mauerfußes. Typisch für den süd- und westeuropäischen Wehrbau

Minengang: unterirdische Stollen zur Verteidigung des Vorfeldes einer Festung durch Untergraben oder Sprengen feindlicher Stellungen

Mörser: schweres Wurfgeschütz mit kurzem Rohr für Steilfeuer, zumeist mit Granaten geladen

Ohrenbastion: Bastion mit Bastionsohren

Prellholz: Querholz, das in einer Scharte eingelegt ist, um daran die Hakenbüchsen einzuhängen. Erlaubte ein besseres Zielen und fing den Rückstoß der Büchsen auf

Postenerker: Ecktürmchen, meist auf Saillant und Schulterpunkten einer Bastion aufgesetzt zur Beobachtung des Vorfeldes

Poterne: Ausfallpforte für die Verteidiger, meist an einer verborgenen, wenig einsehbaren Stelle, in den Forts des 19. Jh. auch Durchfahrt durch den Wall (Kapitalpoterne)

Ravelin (Halbmond, Demilune): Vorwerk, das frei im Graben vor der Kurtine zwischen zwei Bastionen liegt und einerseits den Wall gegen Beschuss deckt, andererseits Flankenfeuer vor die Facen und Saillants der benachbarten Bastionen ermöglicht

Reduit: kasemattiertes, oft turmartiges Bauwerk in der Kehle einer Bastion oder eines detachierten Forts als letzter Rückzugs- und Haltepunkt für die Besatzung

Redoute: mehreckige Verschanzung ohne Flankierung

Rikoschettschuss (Prellschuss): flach gezielter Schuss, bei dem die Kugel mehrfach aufprallt und so eine Stellung auf dem Wall zerstört

Rondell: gerundetes, aus dem Wall/der Mauer vorspringendes Bauwerk zur Aufstellung von Artillerie, das die Kurtine nicht oder nur unwesentlich überragt und kasemattiert sein kann

Rondengang: Wach- und Verteidigungsgang am Fuß der Kurtine

Maulscharte: quergelagerte Schießscharte, meist in Form eines flachen Rechtecks, tlw. auch oval oder sogar in Brillenform

Saillant: Bastionsspitze, an der die beiden Facen zusammentreffen

Schlitzmaulscharte: Schießscharte, die innen einen senkrechten Schlitz und außen eine maulförmige Schussöffnung hat

Schlüsselscharte: Schießscharte in Form eines auf den Kopf gestellten Schlüsselloches

Schleifung: systematischer Abbruch von Festungswerken

Schütte: Erdaufschüttung hinter oder vor einer Wehrmauer, die u.a. der Aufstellung von Kanonen dienen kann

Schulter: feindseitige Eckpunkte einer Bastion, wo Flanken und Facen zusammentreffen

Streichwehr s. Kaponniere

Tambour: von einer krenelierten Mauer umgebener Torzwinger

Tenaille (Grabenschere): vor einer Kurtine im Graben liegendes, scherenförmiges Werk

Traverse: Querbau auf dem Wall zur Deckung gegen seitliche Schüsse

Waffenplatz: ausspringender Winkel im gedeckten Weg zur Flankierung des Glacis

Zeughaus: Gebäude zur Aufbewahrung von Kriegsmaterial, insbesondere der Waffen

Zitadelle: in sich abgeschlossener, abgeson-
derter Teil einer Festung, der als letzter Rückzugspunkt der Verteidiger dient, gleichzeitig
aber auch als Zwingburg der Kontrolle einer
unterworfenen Stadt fungieren kann

Zwinger: Zwischenraum zwischen der Haupt-
mauer und einer dieser vorgelegten niedrige-
ren Zwingermauer

Abbildungsnachweis